2006.4

两岸经贸论坛文集

中共中央台湾工作办公室海研中心
中国国民党国政研究基金会

九州出版社
JIUZHOUPRESS

图书在版编目(CIP)数据

两岸经贸论坛文集/中共中央台湾工作办公室海研中心,中国国民党国政研究基金会.—北京:九州出版社,2006.4

ISBN 7-80195-454-8

Ⅰ.两... Ⅱ.①中...②中... Ⅲ.一国两制—经济合作—研究—中国—文集 Ⅳ.F124-53

中国版本图书馆CIP数据核字(2006)第034814号

两岸经贸论坛文集

作　　者	中共中央台湾工作办公室海研中心　中国国民党国政研究基金会
出版发行	九州出版社
地　　址	北京市西城区阜外大街甲35号(100037)
发行电话	(010)68992190/2/3/5/6
网　　址	www.jiuzhoupress.com
电子信箱	jiuzhou@jiuzhou piess.com
印　　刷	北京毕诚彩印厂
开　　本	787×1092毫米　1/16开
印　　张	26.25
字　　数	300千
版　　次	2006年4月第1版
印　　次	2006年4月第1版1次印刷
书　　号	ISBN 7-80195-454-8/F·114
定　　价	50.00元

出版说明

2006年4月14日至15日，备受各方期待及舆论瞩目的两岸经贸论坛在北京隆重举办。举办两岸经贸论坛，是落实中国共产党中央委员会总书记胡锦涛与中国国民党主席连战2005年4月会谈达成五项共同愿景的一项重要举措，是国共两党交流与对话的深入和发展，也是两岸同胞集思广益、共谋发展的盛会。双方代表以及来自海峡两岸有关企业、工商团体负责人，两岸著名经济界专家学者、大陆台资企业协会会长等参加论坛，共襄盛举。在为期两天的论坛中，与会代表围绕“两岸经贸交流与直接通航”的主题进行了深入的研讨，在许多问题上取得广泛的共识，并发表了“共同建议”。现将论坛的重要讲话及有关论文选编成册出版，以飨读者。

九州出版社

2006年4月

目　录

胡锦涛会见连战时的讲话

（2006 年 4 月 16 日）

尊敬的连战荣誉主席和夫人，尊敬的吴伯雄副主席、江丙坤副主席、关中副主席、林益世副主席，尊敬的郁慕明主席，尊敬的台湾各界朋友，大家好！在这春意盎然的时节，有机会和连主席和夫人再次会面，并与众多的朋友们相见，我感到十分的高兴。

首先我要向连主席和夫人，向各位副主席，向郁慕明主席，向在座的各位朋友表示诚挚的问候！

这次连主席和各位朋友来北京，是来出席国共两党有关方面举办的两岸经贸论坛。举办这次论坛是我们两党继续开展交流和对话的一次重要活动，也是两岸同胞共商和平发展大计的积极作用。

两天来，与会的代表以务实、前瞻的态度，探讨了两岸经贸合作当前亟待解决的现实问题和未来发展的方向，提出了许多富有启迪的看法和创见。在两岸各界人士的共同努力下，这次论坛取得了重要成果，并且形成了两岸经贸论坛共同建议。在这里，我谨代表中共中央，对论坛的圆满成功表示热烈的祝贺！下面，我想请连战主席先致词。

刚才连战主席作了很好的讲话。去年，也是在春暖花开的四月，连主席率领中国国民党访问团首次来到大陆。我和连主席进行了富有成果的会谈，双方还发布了两岸和平发展共同愿景。这次访问和会谈，掀开了我们两党关系史上新的一页，对于台海局势、对于两岸关系的发展，都产生了重大影响，受到了两岸同胞的广泛认同，也得到了国际社会的高度评价。

在过去的一年里，我们两党为落实会谈达成的共识，进行了积极的努力。正像连主席刚才所谈的，一年来，两岸关系呈现出向和平、稳定方向发展的良好势头。事实充分证明，加强两岸交流，共同维护台海的和平、稳定，共同为两岸同胞谋福祉，这是包括两岸同胞在内的所有中华儿女的殷切期盼。

孙中山先生说得好，世界潮流浩浩荡荡，顺之则昌，逆之则亡。当今世界，正在发生深刻的变化。经济全球化和区域经济一体化的趋势加快发展，求和平、促发展、谋合作是时代的潮流。在这样一个大势面前，两岸都面临着难得的发展机遇，但同时也面临着严峻的挑战。我们更应该站在历史的新高度来审视和对待两岸关系，要维护台海的和平稳定，促进两岸的交流合作，最大限度地为两岸同胞谋和平、谋福祉。

刚才连主席谈了和平和繁荣的关系，讲得很深刻。在这儿我也想强调，和平发展理应成为两岸关系发展的主题，成为两岸同胞共同为之奋斗的目标！

在这儿我也想谈四点建议，和朋友们来一起商讨。

第一，坚持“九二共识”，是实现两岸和平发展的重要基础。50多年来，虽然两岸尚未统一，但大陆和台湾同属一个中国的事实没有改变，两岸同胞血浓于水的民族感情没有改变。14年前，两岸双方正是基于这样一个共同的认识，本着求同存异的精神，达成了“九二共识”，开启了1993年的汪辜会谈。

去年，我们两党也正是在这样一个共识的基础上，达成了两岸和平发展共同愿景，并且提出了为两岸同胞谋和平、谋福祉的一系列重要举措。反之，近些年来，两岸关系波折不断，根本原因也在于有些人罔顾民意，否定“九二共识”，蓄意破坏大陆和台湾同属一个中国的现状。

事实表明，坚持“九二共识”两岸才能够实现和平发展、共同繁荣。反对和遏制“台独”，才能够消除损害两岸关系和平发展的最大危险。

第二，为两岸同胞谋福祉是实现两岸关系和平发展的根本归属。实现两岸和平发展，目的是为了维护发展两岸同胞的利益。刚才连主席谈到，我们应该与人民同心。我认为作为一个领导人，作为一个政党，任何时候都要把人民的利益放在首位。我曾经多次说过，凡是涉及到台湾同胞利益的事情都要认真对待，凡是向台湾同胞作出的承诺都要认真履行。在这里，我愿再次郑重地表示，我们将忠实履行对台湾同胞作出的各项承诺。

第三，深化互利双赢的交流合作，是实现两岸关系和平发展的有效途径。20多年来，两岸民间的交流合作蓬勃发展，已经基本形成了互补、互利的格局。两岸同胞的利益已经更加紧密的联系在一起，在经济全球化和区域经济一体化趋势加快发展的形势下，两岸的有识之士对于深化两岸的经贸合作都有着强烈的紧迫感。深化两岸经贸合作，是关系到两岸的发展前途和人民利益的大事。刚才连主席谈到了会不会边缘化的问题，我觉得关键是自己不要把自己边缘化了。

昨天，陈云林主任受权宣布和通报了我们为深化两岸的经贸合作近期将要实施的一些政策措施。

我们将采取积极的举措，推进两岸早日实现直接“三通”，加强两岸的农业合作，推动两岸的教育交流，促进早日实现大陆居民赴台旅游，并且扩大台湾同胞在大陆的就业范围。我相信，随着这些政策措施的落实，将会有利于推动两岸的交流，促进两岸的互利合作，为两岸关系的和平发展创造更加有利的条件。

第四，开展平等协商，是实现两岸关系和平发展的必由之路。我们历来主张两岸通过前瞻性、建设性的态度，来进行对话和谈判，解决彼此间存在的一些问题。

去年在会谈的时候，我和连主席已经达成了共识，我们双方都要共同推动两岸在“九二共识”的基础上，尽速恢复平等协商，来讨论共同关心和一方关心的一些问题。我想只要谈起来，双方就可以务实协商台湾同胞关心的各种问题，以开辟两岸和平发展的道路。

尊敬的连主席，各位朋友，大陆有着广阔的市场，大陆的经济正保持着良好的发展势头，一季度我们的 GDP 增长了10.2%，进出口贸易增长了 25%。坦诚地讲，我们不希望也不追求有过高的速度，我们更看重的是发展的效益和质量，更看重的是增长方式的转变和资源的节约、环境的保护，更看重的是民生的改善。

但是，我在这里要强调的一点是，大陆的经济快速发展，为两岸深化经贸合作，创造了有利的条件，也为台湾的有志之士，特别是年轻人来大陆施展才华，创造了更多的机遇。

我衷心的希望，两岸同胞携起手来，紧紧围绕两岸关系和平发展这个主题，推动两岸关系向着和平稳定的方向发展，让我们的感情更融洽，让我们的合作更深入，共同开创两岸和平发展的新局面，共同为中华民族的伟大复兴贡献力量！

连战与胡锦涛会面时致词

（2006 年 4 月 16 日）

胡总书记、吴副总理、王主任、陈主任，各位贵宾、各位好朋友，大家早安。今天我们非常的高兴，能够再次来到北京，面见总书记和各位好朋友。我首先要在这里代表所有来自台湾的团员，包括我们很多的民意代表，工商企业界的领袖和学术界的专家学者，向总书记来表达感谢之意。

总书记在百忙之中能够拨冗来跟我们见面，尤其是在过去一年以来，总书记在两岸和平发展、经贸交流各项事务非常关心，也非常支持。所以过去一年，虽然面对很多的阻挠和困难，但是两岸在交流以及贸易各方面都有，可以说是长足的发展。

这两天在北京召开第一届两岸经贸论坛，尤其昨天，大会结束，宣布了 15 项重大的结论政策，可以说影响非常的深远，也代表着当前两岸主流民意的期盼，这些我觉得我们都应该在这里直接的、热情的向胡总书记来表达我们的谢意。今天来到这里，我刚才也提到，有 170 多位一起到北京来访问，我们大家念兹在兹的就是怎么样在一个和平的大环境之下，能够尽我们一己之力，来推动两岸经贸的发展，达到互惠、互利，乃至于共存共荣、双赢的目标。

我想和平和繁荣，应该是一体两面的事情。没有和平，绝对没有繁荣。有了和平，才给我们机会，能够来铺路搭桥，来追求繁荣。这也就是为什么我们可以看到，过去这一年以来，经过去年的“和平之旅”，到今年的经贸论坛，我们为两岸的经贸交流各项事业，已经奠定了一个非常良好的基础，也可以说活化了交流的条件。

我在这里也要借这个机会再一次的来强调，从人类的经济发展史上来看，许多的学者专家都指出来，从来没有见到过一个人口 13 亿的国家，长达 27 年以接近 10% 的经济增长率在那里昂首阔步向前迈进，这是空前的，这是大家共认的，今天的大陆正在创造奇迹。

来自于台湾的朋友，我相信也很熟悉，在过去 50 年来，台湾从一个百业凋蔽，民生非常疾苦的环境里面，我们一步一步的走过来，用的也就是我们的努力，我们的奋斗，我们的专心，我们的信心。50 年来，台湾的经济成长用台币来算，成长了 220 倍，所以也被称为是一个“台湾的奇迹”。

今天两岸的中国人，在不同的环境下面，我们都创造了经济的奇迹，我们觉得非常的骄傲。但是更让我们骄傲的，是在这样一个环境之下，双方都认为，这是我们整个民族百年所罕有的一个机会，也可以说是一个千载难逢的机会。因此，两岸同胞在此时此刻，怎么样能够运用我们的智慧、我们的能力、我们的机会来加紧彼此的合作，达到刚才所报告的“共荣双赢”的目标。

我们看到也感到非常的高兴，因为在过去这一段时间里边，大家可以看到，除了经贸来往之外，包括文化、教育、社会，每一个领域，我们彼此的交流和来往都是空前的。所以在这种方式、这种方向之下，我们相信，只要我们继续不断的、锲而不舍的来努力，我们一定会创造一个更亮丽的未来。

谈到这里，总书记，我稍微做一点点的回忆。今天能够有这样一个大好的环境，我们必须感谢当年双方的领导人，高瞻远瞩，不以意识形态为依归，开放了、开启了两岸交流的机会之窗。其次，我觉得在长久的过程以来，双方面的领导人实在是鞠躬阙伟，因为都能够跟随依循以人民同心，与时代同步，呼吁人民的一种期盼，就是大家要合作、要互惠、要双赢。

当然，两岸在基本上有一着一种优势互补条件的存在，所以再扩大以后，让我们今天两岸这种关系日益密切，这都是我们感到非常珍惜、宝贵的事情。但是另一方面，我也愿意借这个机会来向各位做一个报告，我们必须非常坦诚的指出来，今天两岸在一个形势大好的环境之下，但是仍然存在着不同方向的一种拉扯和力量。

换言之，今天我们一方面有和平，但是另一方面有冲突的事例。和平和冲突之间互相拉扯，互相消长。在一方面有开放的力量，但是也有关闭紧缩的拉扯，反方向的事例。所以怎么样在和平、开放的领域里面，我们能够在今天尽一己之力，今后更为团结、和平以及开放的力量，我想这是我们大家应该共同努力的一个总的方向。

非常感谢的就是在总书记关心支持之下，我们不但去年一年有了相当的成绩。昨天，15 项的政策决定之后，可以说更开启了一个新的机会，开启了更亮丽的未来。在去年，我个人和总书记曾经提出来两岸发展的一个愿景，中间也特别提到在经济贸易领域，我们很希望能够通过“共同市场”这种理念，怎么样排除很多贸易上的阻碍，怎么样能够鼓励生产要素自由的流通等等的事情，尤其台湾在过去几年自我的封锁、自我的封闭，已经产生严重的所谓“边缘化”的危机，我们怎么样能够通过这些努力，来让台湾的人民可以享受到一个蓬勃发展的经济成果，这是非常重要的事情。

另外，我们也谈到，和平是一切的基础。和平是繁荣的基础，是发展的基础，也是生存的基础。去年和总书记谈到两岸必须向前看、向远看，我们无论是在和平的机制、安全的机制，乃至于国际上的参与，各方面我们希望在这次非常成功的两岸经贸会谈之后，我们能够再接再厉，来面对更严肃的一些挑战。

我相信，我们都是有心之人，这个“心”，我讲过，就是以人民之心为心。今天两岸的同胞都希望能够紧紧的拉住手足之情，共同努力，开创一个光明、灿烂的经济中华、中华经济的时代。不但为我们的历史来写下光荣的一页，我相信也可以成为新世纪整个世界经济发展，乃至于政治发展一个主要的动力。非常感谢总书记给我这个时间让我多讲几句话。谢谢大家。

以民为本，深化合作，共同开创两岸经贸互利双赢的新局面*

（2006年4月14日）

贾庆林

尊敬的连战荣誉主席、尊敬的吴伯雄副主席、江丙坤副主席、关中副主席、林益世副主席、尊敬的亲民党代表殷乃平、尊敬的新民主席郁慕明先生及尊敬的各位来宾，各位朋友：春天的北京，和风拂煦，繁花似锦。在这美好的日子里，我们共同举办两岸经贸论坛，群贤毕至，贵宾满堂，我感到格外高兴。

举办此次论坛，是落实胡锦涛总书记与连战主席去年会谈新闻公报的重要举措，是我们国共两党继续交流和两岸关系中的一件大事。这次论坛以两岸经贸交流与直接通航为主题，融通睿智，凝聚共识，必将对深化两岸经贸合作、构建和平稳定发展的两岸关系产生重要而积极的影响。在此，我谨代表中共中央和胡锦涛总书记，对本届论坛的举办表示热烈的祝贺！对与会各位嘉宾表示诚挚的欢迎和亲切的问候！

去年4月，中共中央和胡锦涛总书记邀请中国国民党主席连战先生率团来大陆访问，两党最高领导人亲切握手，揭开了两党

---

* 贾庆林在两岸经贸论坛开幕式上的演讲。

正视现实、开创未来的新一页。胡总书记与连主席正式会谈取得了重要成果，双方共同发布了“两岸和平发展共同愿景”，使两岸同胞看到了两岸关系和平稳定发展的新的希望。这一历史盛事，契合两岸民意，顺应时代潮流，充分展现了国共两党为两岸同胞福祉的真诚愿望和实际努力，具有里程碑式的重大意义。随后，亲民党主席宋楚瑜先生、新党主席郁慕明先生相继率团来大陆访问，为推动两岸关系和平稳定发展进一步创造了良好氛围。事实已经证明并将继续证明，我们作出了正确的选择，开启了光明的前景。我们以积极的作为向全世界表明，两岸的中国人有能力、有智慧解决彼此存在的矛盾和问题，共同争取两岸关系和平稳定发展的前景，共同致力于中华民族的伟大振兴。

一年来，国共两党共同努力，积极推动落实双方达到的重要共识，并取得实质性进展，为两岸关系发展开辟了一片新天地。为切实履行对台湾同胞的承诺，我们主动推出并落实了一系列惠及广大台湾同胞的重要举措。进一步扩大了台湾水果准入品种、对部分水果实施进口零关税举措；进一步简化了台湾居民入出境和居留手续；恢复了对台渔工劳务合作业务；对在大陆高等院校就读的台湾学生执行与大陆学生相同的收费标准；设立了台湾学生奖（助）学金；专门为大陆台资企业安排了开放性贷款。优选大陆同胞赠送给台湾同胞的一对大熊猫，等等。这些措施得到了台湾同胞的热烈欢迎和国际舆论的高度评价。在两岸同胞共同努力下，两岸关系中有利于遏制“台独”分裂活动的积极因素增多，两岸关系朝着和平稳定方向发展的势头增强。努力构建和平稳定发展的两岸关系，已经成为两岸同胞的共同心愿，也成为国际社会的普遍期待。

各位来宾、各位朋友！去年春天，胡总书记在与连主席会谈时郑重提出，应当努力构建和平稳定发展的两岸关系，并就此提出了四项主张：第一，建立政治上的互信，相互尊重，求同存异。第二，加强经济上的交流合作，互利互惠，共同发展。第三，开展平等协商，加强沟通，形成共识。第四，鼓励两岸民众加强交往，增进了解，融合亲情。这四项主张切合两岸关系发展的实际，符合两岸同胞的共同愿望，入情入理，务实前瞻。我们将继续按照这四项主张，与广大台湾同胞一道，共同努力，实现构建和平稳定发展的两岸关系的目标，开创两岸关系未来发展的光明前景。

"求木之长者，必固其根本；欲流之远者，必浚其源泉"。构建和平稳定发展的两岸关系，需要我们脚踏实地地从加强两岸经济交流合作做起。经过20多年的发展，两岸经济交流合作已经达到了相当的规模和水平，互补互利的格局基本形成，两岸同胞的利益更加紧密地联系在一起。进一步深化两岸经济合作、实现共同发展，既是大势所趋，也具备了雄厚的基础和前所未有的良好条件。台湾经济正处于新的转型期，产业结构需要进一步升级，在全球产业分工中的地位需要巩固和加强。加强与大陆的经济合作，是实现这一目标的重要一环。

前不久，我们制定了《国民经济和社会发展第十一个五年规划纲要》，为今后5年大陆的经济社会发展描绘了蓝图，其中经济方面的主要目标是：保持经济平稳较快发展，使国内生产总值年均增长7.5%，到2010年实现人均国内生产总值比2000年翻一番。我相信，大陆的经济社会发展，不仅将造福于大陆同胞，也会给台湾同胞带来巨大的商机，必将进一步促进两岸经济交流合作在更大范围、更广领域和更高层次上得到加强和提升。

展望未来，两岸经济合作潜力巨大，前景广阔。实现两岸经济关系正常化，两岸合作发展的互补条件和巨大空间将充分显现，两岸经济优势将相得益彰，两岸同胞将共享其利，共获实惠。实现两岸直接、双向、全面“三通”，两岸将获得更充分的信息、更便捷的运输、更畅通的资金流动和更优化的资源配置，大大提高两岸经济的竞争力，也更有利于台湾产业转型和企业的持续发展。如能开放大陆企业赴台投资、实现大陆居民赴台旅游，将大大促进岛内消费，扩大就业机会，为台湾经济注入新的活力。面对新的形势，两岸同胞必须抓住机遇，加强合作，不断扩大共同利益，努力实现互利双赢。在此，我就全面深化和扩大两岸经济交流合作，提出几点建议。

一、以为民谋利为出发点，实现两岸经济共同发展繁荣。古语有云：为政之道，以顺民心为本，以厚民生为本，以安而不扰为本。深化两岸经济交流合作，是实现两岸经济共同发展繁荣的必由之路，也是两岸同胞的共同利益所在。近20年来两岸经济交流合作的历史，实际上是两岸同胞互利双赢的历史。只要是有利于扩大两岸同胞切身利益的事情，我们都应当积极地推动；只要是有助于谋求两岸民众共同福祉的事情，我们都应当尽力促成。目前，两岸经济交流合作呈现良好的发展势头，但仍然存在许多人为的障碍和政治干扰。长期以来，两岸经贸关系不能正常化、两岸贸易严重不平衡、资金流动和货物运输间接进行、大陆企业不能入岛投资等问题，迄今都未能得到妥善解决，既严重阻挠着两岸经济交流合作的顺畅发展，损害了两岸同胞的共同利益，也违背了经济发展的客观规律，有百害而无一利。我们应当从维护和扩大两岸同胞的共同利益出发，尽快排除干扰，消除障碍，兴利除弊，不断地拓展两岸经济交流合作的新境界。

二、以直接通航为突破口，开创两岸经济关系正常发展的新局面。我们认为，当前应本着方便两岸人员往来、便利两岸经济关系发展、符合两岸航运企业利益的原则，采取务实灵活的措施，积极推进两岸空中、海上直航进程。在空中直航方面，可在以往三次春节包机成功实施的基础上，进一步推动实现两岸客运包机节日化、常态化和货运包机便捷化。我们希望两岸民间航空行业组织尽快地按既有模式，就两岸客货运包机相关问题进行商谈，力争取得实质性进展而努力。为便于包机的商谈和实施，可以根据两岸航空业者和市场的需要，务实灵活处理相关事宜。在海上直航方面，应积极推动两岸民间航运行业组织按照2005年春节包机澳门协商的方式，就海上直航相关事宜进行沟通，取得共识，尽早实施。当前，可以零关税农产品直航为先导，推动台湾农产品从台湾本岛到大陆的直航运输；继续扩大福建沿海与金门、马祖海上客货运直航的功能与范围，推动福建沿海与澎湖的直航及两岸贸易货物经金门、马祖、澎湖的中转，加快直航、双向、全面“三通”的进程。

三、以提高技术水平和竞争力为重点，促进两岸经济关系持续健康发展。提高技术含量、转变经济增长方式、增强自主创新能力，发展创新型经济，是现阶段两岸经济发展共同面临的迫切任务。两岸在科技研发、人才资源、市场规模以及科技成果产业化等方面，存在着很强的互补性与巨大的合作潜力。今后，两岸应在一些重点产业领域加强交流合作，建立两岸分享科技资源的机制与平台，共同提高两岸的产业技术创新能力。应当本着优势互补、互惠互利的原则，加强两岸在电子信息、光电、生物、农业等产业的分工与合作，协调两岸高新技术产业布局，优化资源配置，共同建立自主技术标准，创造中国人自己的国际品牌。

在深化两岸经济交流合作的进程中，需要始终注意立足当前、着眼未来，深入探讨建立两岸经济合作机制问题。只有努力实现两岸经济关系的规范化、制度化，才能保证两岸经济关系持续健康发展。我们认为，建立这样的合作机制，应本着“双向互惠、共同繁荣，先易后难、逐步推进”的原则进行。当前，可以考虑在互相尊重和保障对方经济利益的前提下，以区域对区域、民间对民间、行业对行业、企业对企业的方式，灵活处理有关事宜，不断深入探索，不断积累经验。在“九二共识”基础上恢复两岸对话和谈判后，双方可以协商构建长期稳定的两岸经济合作机制问题。

四、以加强交流沟通为途径，广泛凝聚两岸促进互利合作的智慧和力量。全面扩大和深化两岸经济交流合作，推动两岸关系和平稳定发展，实现中华民族的伟大复兴，是两岸同胞的共同愿望，要靠两岸同胞的共同努力。中国共产党和中国国民党有关方面共同举办两岸经贸论坛，是一次新的探索和尝试，目的在于搭建起一个平台，广邀各界有识之士，共商两岸互利合作大计。我们应当充分发挥好这个平台的作用，以这次论坛取得的成果和经验为基础，进一步加强对话，增进互信，凝聚智慧，挖掘合作潜力，拓展合作渠道，丰富合作内涵，创新合作模式，努力开辟一条符合两岸同胞要求、顺应时代发展潮流、符合两岸自身特点的经济交流合作的发展道路，共同开创两岸经贸互利双赢的新局面。

我们两党搭建的交流沟通平台，空间是广阔的，议题是开放的，欢迎两岸各界人士参加。既可以通过举办两岸经贸文化论坛，讨论加强两岸经济合作的议题、加强文化交流的议题；也可以通过举办两岸和平发展论坛，讨论台湾同胞关心的其他议题。凡是有益于增进两岸同胞福祉的议题，凡是有利于促进两岸交流的议题，凡是有助于两岸关系和平稳定发展的议题，我们都愿意讨论。这两个论坛形成的共同建议，可以作为两岸对话和谈判一旦恢复之后的重要参考，以利于推动两岸对话和谈判与解决问题的进程。

但是，我们也必须看到，“台独”的阴霾并没有从台海上空散去。今年以来，台湾当局领导人为了一己之私，逆潮流而动，执意推行激进“台独”路线，加紧进行“台独”分裂活动，蓄意在台湾内部和两岸之间挑起新的对抗和冲突，直至公然背信弃诺，强行终止“国统会”和“国统纲领”。这是对国际社会普遍坚持的一个中国原则和台海和平稳定的严重挑衅，是在走向“台独”的道路上迈出的危险一步。事实表明，台湾当局领导人企图通过“宪改”谋求台湾“台湾法理独立”的冒险性、危险性在上升。一旦其“台独”分裂图谋得逞，势必导致台湾社会陷于混乱，引发两岸关系高度紧张，严重威胁台海地区乃至亚太地区的和平稳定。对于这种危险性，我们必须有充分的估计。为了保护两岸同胞的根本利益，我们绝不会容忍“台独”。

各位来宾、各位朋友！中华民族是勤劳、智慧、勇敢的伟大民族，对人类社会的发展进步作出了不可磨灭的贡献。现在，中华民族的发展已站在了新的历史起点上。盈盈海峡咫尺，两岸青山守望。共同的根脉造就共同的命运，共同的历史昭示共同的未来。我坚信，只要我们站在时代的前列，以历史和世界的眼光观察两岸关系发展大势，以为两岸同胞谋福祉的胸怀把握未来，以互利双赢的精神致力于促进两岸交流合作，我们就一定能克服前进道路上的艰难险阻，促进两岸关系和平稳定发展，谱写中华民族伟大复兴的新篇章。两岸同胞们，让我们共同努力吧！

最后，祝愿两岸经贸论坛圆满成功！谢谢大家！

和平繁荣，共同期望*

（2006年4月14日）

连　战

贾主席，刘市委书记，曾副总理，唐国务委员，王市长，各位领导干部，郁主席，亲民党代表团殷乃平，国民党各位副主席以及各位亲爱的贵宾，女士们、先生们，大家早安！大家好！今天非常荣幸能够来参加第一届两岸经贸论坛，首先要在这里向贾主席以及各位贵宾表示感谢，感谢大家莅临对我们的鼓励，同时也要感谢各位贵宾来参与这一次的论坛，更要感谢主办单位所投入的很多的辛劳。

我演讲的题目刚才林丰正先生已经指出来了，“和平繁荣，共同期盼”。我昨天从台北绕了一个大圈子，花了八个半小时才到北京，昨天半夜大概12点左右，很多“国会议员”、民意代表辗转来到北京，我想大家都有同感，这个路绕得非常冤枉，所以我给我的题目取了一个副名、一个小名，叫做“截弯取直工程研讨会”，我希望我们在未来这两天，透过讨论，让我们所发出来的声音可以超越时空，超越海峡，让我们所提出来的意见能够真正地引领两岸的同胞们，作为今后经贸发展的一个主流民意，事情都是千变万化的，但是历史却永远是大势所趋，所以我们在观察客

* 连战在两岸经贸论坛开幕式上的演讲。

观环境的时候，我觉得我们最重要的是要掌握历史的趋势，就好象孙中山先生所讲的“顺应时代的潮流”。

去年，我到北京来进行了50多年以后的一个重逢，今年是去年以来第一次的相会，50年的重逢让我非常深刻地体会到，两岸今天一定要迈向一个和平双赢的大的历史方向。一年之后的再次相会让我深深地感到虽然在过去一年有很多的阻挠、困难，但是因为我们大家共同的努力，已经为两岸合作、互相协助，共融共立开启了一个机会之窗。

各位都可以看到，21世纪是在我们大家所期盼中间来临的，但是同样地像以往，也给我们带来很多的动荡和挑战，自然的灾害、海啸、地震、飓风接二连三，环境已经给了我们一个很大的警讯。前几年SARS，也就是“非典”的疫情，给我们造成了很大的恐慌，而现在禽流感让我们大家都觉得如临大敌。恐怖主义现在已经进入一个新的阶段，在欧洲、在中东持续地发生群众示威，而因为宗族、宗教所引起的各种暴力，可以说在各地层出不穷，以色列、伊朗、黎巴嫩、非洲都有新的问题、新的危机。

但是，在另外一方面，我们看到新的世纪同样给我们带来很多的新希望，全球化的趋势越来越明显，全球的分工吸引全球的部件、资源使用效率的提升，乃至于竞争力的全面的提升，都是很普遍的事情。而在科技发展方面，网际网络无远弗届让大多数的企业可以在世界的平台上和人家一较长短。

我相信这些都是新时代新趋势。但是，在这个非常平坦、崭新的环境里，我们尤其要注意到的是两项不可逆转的大形势、大趋势，那就是国际上区域经济的合作和中国大陆的崛起。谈到经济区域的合作，是一个方兴未艾的大趋势，因为WTO多哈的多边谈判进展很缓慢，多边解决问题也非常来不及。因此，今天世界上将近50%以上的贸易也是透过区域合作、区域组织等等的方式来进行的，我们看到过去这几年区域的经济合作，各种的安排已经达到334亿，仅在去年的1月—9月就增加了27个，这是大势之所趋。

就具体来讲，欧洲、美洲、亚洲，这种经济板块的整合更是明显的，现在在欧洲向东扩展之后，已经形成了一个25个国家组成的经济体，占有世界4.5亿的人口、20%的贸易额。美洲、北美的自由贸易区占有世界4亿的人口、22.5%的贸易额，这样发展下去将来更不得了。亚洲虽然起步比较慢，但是今天中国大陆和港澳地区已经成立了CEPA，东协（即东盟）+1，东协+3，箭在弦上，蓄势待发。尤其在去年年底，马来西亚召开的高峰会议，中国在会议上是一个主流，是一个主角，澳、新、印度都被纳入，所以一个包括亚洲和大洋洲的大经济的架构也若隐若现。我要反问，我们的台湾在哪里？台湾在这样一个竞争激烈的大环境里，我们何去何从？我们的切入点在哪里？我们今天必须要思考这个问题。

另外一个大的趋势，就是中国大陆的趋势。各位都知道在1979年改革开放之后，中国经济的成长，无论是就速度，无论是就幅度，都造成全球的震撼，许多的学者都指出来，在人类经济发展史上面，从来没有一个13亿的国家以长达27年之久的时间能够产生一个接近10%的经济增长率，从来没有过。2003年，中国大陆FDI（外国直接投资）已经攀升至世界第一名，超过美国，2004年中国大陆进出口贸易攀升至世界的第三名，这是难能可贵的事情，难能可贵的事情。

虽然对改革开放，我们从台湾来看，很多的文献有不同的看法，但是这次“两会”期间，我们也很高兴地看到，开弓没有回头箭，对于改革开放攻坚的定调让我们感到非常肯定，也非常欣慰。在国际上，对于中国大陆改革开放的看法同样也是言人人殊，根据自己的观点和立场，有的悲观、有的乐观、有的肯定、有的敌视。但是，我觉得这样一个历史的发展，一定要从历史和事实来出发，什么是历史、事实？我们看到 WTO 所提供的资料，中国在开放市场之后，最近 5 年整个的进口增长了 193%。

针对许多国家，比如说像韩国、东南亚的国家，从那些地方所来的进口，是这些国家平均出口额的一倍到三倍，这代表什么？这代表大陆市场的开放促进了这些国家地区出口的昌旺、经济的增长，帮助他们早日脱离亚洲金融风貌的阴霾，这是一个事实。不但这些国家，对台湾来讲，过去 6 年，我们因为内需的不振，投资消费可以说每年都在衰退之中，但是台湾还可以维持平均起来3.57%的成长，力量从哪里来？

我可以跟各位报告，主要的关键就是和大陆的贸易，能够维持台湾3.57%的成长，否则的话，不敢想象。除了这些以外，对于先进的国家，美国、日本，大家的看法更为分歧，但是我要讲的是，大陆不但提供了对这些国家的市场，同时透过出口的贸易，刺激了这些国家来提升他们自己生产的效率，增加了他们人民购买的能力，减缓了他们通货膨胀的争论和压力，同时也鼓励他们向附加价值高的新产业活动来投资。

何况，中国大陆出口一半以上是来自于有外资投资的外国工厂或者是公司。今后假如再增加内需，我相信对外的贸易应该不是一个摩擦式的贸易，而是很多学者，欧美的学者自己平心静气所谈的，面对中国的这种崛起，应该采取一种与人为善、乐观其成、共存共荣的态度。不要把中国大陆妖魔化、诬蔑化，认为它是一个威胁。

另外一方面我们要看台湾的发展。各位贵宾都很了解，二战之后的台湾可以说是经济凋敝，物资极端缺乏，失业、通货膨胀、贫富不均，所有落后的社会所具有的现象在那个时候台湾都有。但是，从1950年，具体来讲从1953年开始到公元2000年，将近50年的时间里，国民党执政当局先后推动了12期的“四年计划”，我们就在这12期的“四年计划”里，将台湾从800万人口增加到2200万，维持了平均8.1%的成长率，2.5%的失业率，这是世界的第一名。以很简单的例子来讲，1953年台湾国民所得只有50块美金，菲律宾188块；到了公元2000年，台湾的国民所得14181块美金，菲律宾1034块。所以，我们由菲劳取代了过去50年代的台劳，这是一个事实。

但是，这种成就并不是在风平浪静中间所获得的，比如说1986年台币大幅度升值，传统产业外移，外移资金超过1000亿美金，经济危机严重，但是因为我们未雨绸缪，让台湾的经济能够升级、能够转型，而这个政策非常成功。所以，不但渡过这个危机，还让我们当年的失业率和以后的失业率都压在3%以下，我们的出口从400亿美金到2000年的时候已经达到1480亿美金。

如果再举一个例子，也就是1998年亚洲金融危机的时候，可以说一片静默，但是我们采取了振兴股市，扩大内需，用安定和振兴的方式，种种的措施使得台湾不但安然渡过亚洲金融危机，同样也能够维持4.6%的经济增长。这些都是得来不易的事情。而在50年过程中，台湾的奇迹在哪里？有几个特点：第一，在快速的经济成长过程中，我们维持了物价的稳定；第二，我们由出超变成入超，在这个过程中做了机制、体制的改变，脱胎换骨；第三，我们维持了一个低度的失业率，而使得所谓充分就业的理想能够达到；第四，光复之后，财富的分配非常迅速，贫富不均，经过50年来，我们逐渐地进入了一个均富的社会。

但是，各位先进、各位好朋友，要维持一个快速的成长、长期的成长，并不是一个很容易的事情，假如没有一个特殊的因素来注入的话，是不可能的。在九十年代，台湾的经济增速减缓，所以我们必须未雨绸缪，而当这个时候，也正是中国大陆经济崛起非常明显而同时非常具有成效的一个时候。所以，怎么样来结合互补的优势、产业的分工，把台湾的资金、技术、人才、行销、地理位置能够跟大陆崛起的方向结合在一起，是一个为政者必须要负起的责任。我在1993年出任全面行政工作的责任，当时我就提出来，要把台湾建立成为一个亚太的营运中心，我想很多来自于台湾的朋友都还很清楚，就是从这个方向来努力，一切的事情都开始你会找到顺序，以大陆为腹地，以经贸为主轴，大家都非常有信心。

但是人算不如天算，1996年，忽然之间政策大转弯，来了一个“戒急用忍”，“戒急用忍”让台湾失去了先机。2000年，台湾政党轮替，民进党上台，由于民进党赋予台湾的政治定位和台湾经济发展的需要产生了最严重的一个矛盾、摩擦和距离，所以根本没有办法让台湾能够来继续前持50年来所创造的经济向前冲的动力。我们不必去讲什么积极的管理制度问题，不要去讲什么无视于WTO规范的问题，更不要去谈无视于市场经济法则的问题，台湾不管怎么样拼经济，拼了几十次的经济，它就是不动，躺在那里，一蹶不振。

但是，在这样的环境之下，我要讲“政府”虽然把门关起来了，但是人民开了大门。在过去这6年来，我们可以看到，台湾产生了一个非常明显的两极化，“政府”冷、民间热，政治冷、经济热的现象。去年，两岸的贸易额达到934亿，因为教育、文化、社会各方面的往来交流，来往的人数410万人。“和平之旅”之后，我们的水果登陆了，我们的春节包机扩大了，我们信息产业的标准化推动了，还有很多很多，不在这里一一赘述，这些都是非常好的现象。

那么，现在的问题是，我们今后怎么样走？我在这里要跟各位报告，根据WTO最新的统计，去年一年台湾转到大陆的钱，也就是说我们的出超，或者是我们对大陆的入超，已经高达580亿美金。台湾对大陆的产业间贸易超过全世界产业间贸易的一半，表示的意思是两岸经济贸易关系非常非常密切，而不只密切，这个密切代表了两个非常重要的特质：第一，以资讯硬件产业来做一个例子，资讯硬件产业在台湾海内外的产值合起来是730亿美金，所以被人家称为是重镇，大陆以产地来讲，资讯硬件产业产值720亿美金，所以被人家称为是王国，一个是重镇，一个是王国，都是世界名列前茅的两个，而台湾在大陆生产580亿。各位可以想一想，假如台湾没有机会到大陆来生产，或者大陆不允许跟台湾合作，相互的一减掉，台湾不过就是100多亿，大陆也不过就是100多亿，在世界的市场上无关宏旨，但是合起来叫什么？叫做1+1大于2，事实数字会说话。

另外还有一种意义，因为在合作的过程中，台湾的企业家已经看出来了，借着大陆快速的成长，一方面在产业的分工上，台湾可以继续地向所谓“微笑曲线”的两端来发展，笑口常开向两边发展。在产业价值链里面，可以向附加价值高的方面来发展，简单讲这就是过去几年台湾的工商企业界把经济带向科技岛或者是运营中心这两个方向去努力。什么叫科技岛？什么叫运营中心？简单地来讲，研发、创新、设计、专利都是一流的，另外一方面仓储、通路、物流、服务、金融、品牌、行销又是运作方面的一条路子，这就是未来台湾必须要走的路，没有大陆的资源，台湾能够走得出去吗？这是我要问的一个问题。

但是，再反过来我也愿意提到，就是大陆本身是不是永远是一个世界工厂而已呢？不是，最近有一本很新的书，一个法国的国家经济委员会的委员，《世界报》的一个主笔写了一本书，叫《当中国改变世界》。当中国改变世界的时候，他告诉我们，中国不会永远地逗留在劳动密集型的产业层次，因为很快中国将出现在高科技的产业，出现在服务业的产业里。事实上，大陆都在向价值链的上游贡献技术。我们以 IC 产业来讲，今天在座很多都是 IC 产业的领导人，IC 整个产业链非常复杂，从 IC 的设计一直到厂商，中间一大串的事情，大陆向上游在力争，台湾在这方面整个的产业体系已经相当完整，也相当成熟。但是，因为它的市场规模太小，国际的品牌始终没有办法建立起来，所以在这个时候，怎么样能够让“政府”和民间结合起来，就彼此的优势，所谓产销、管销的能力、技术的能力、市场的规模等等，相互的结合，也就是说上、中、下游全面地结合，那将产生 21 世纪上半期最庞大的商业机会。

但是，我们到现在都是零星的，没有整体的来做。一位日本人对台湾提出来，他说假如你们不能抓住这个机会，台湾 Passing、台湾 Nothing，失去了这个机会，机会就永远不再来。我今天可以再演绎他的话，假如两岸失去了合作的机会，Passing together、losing together。这就是我们今天必须面对的一个大环境。所以在今天的大环境里，我们有这样的机会聚集在一起，它的重要性实在是不言而喻的。

我在去年，曾经在此提出所谓共同市场的观念，共同市场主要是三个阶段：第一，排除双方贸易障碍；第二，希望能够建立良好的合作；第三，让所有生产要素能够自由地流通。但是，我们也知道，这是一个愿景，这不是一蹴可及的，需要大家透过协商，形成共识，逐次来形成的，这是一个目标。

但是，我觉得今天我们在这里，我愿意用这个时间来提出来一些对双方都是有利益的，对人民都是有需要的，而可以说阻碍比较少的，争议比较小的，效益比较好的几个方向来共同努力，掌握这个千载难逢的机会。第一，我要讲农业的合作，因为时间的关系，不能够非常详细，但是我们现在已经在沿海地区的好几个地方有农业合作的实验区，我们希望能继续地扩大。尤其是台湾在过去几十年，推动小农企业化经营有相当的心得和成就，如何能够把小农企业家经营那一套从组织、金融、行销等等，提供给大陆同胞做参考，我觉得这是一个努力的方向；

第二，当然就是金融方向的合作。台湾在过去几十年来国际化、自由化，信用的保证，中小企业的融资，人才的培育、管理等等，也都有相当的心得。今天我们怎么样能够进入市场，以及监管机制的建立，应该是一个时候了，大家可以深入地来探讨，作出决定。第三，我要谈到能源的问题。能源供应的安全，能源效率的提高，能源的管理，能源的勘探、开发等一系列的问题，两岸有没有合作的可能？如何合作？如何来推动？

第四，我要谈到包机的问题。我刚才讲，民进党“政府”已经同意客货、运的包机，这是我们推动多年的，我记得大陆在1979年的时候就谈到这个问题，台湾政党、党团到大陆来不晓得多少次，就是为了这些问题，今天开放了，当然还要协商，我们是觉得不错，是正确的方向，但是给人家一种感觉不推不动，一推才动，大器晚成的感觉。

这些之后，“三通”的问题、直航的问题，我们还要面对，否则的话，就像我们这样子，绕了一大圈，昨天坐了八、九个钟头的飞机，从台湾都可以跑到夏威夷去了。除了这个之外，大陆的观光客到台湾观光的事情应该仔细地办理，我们在拓展品牌的工作上，是不是可以合作，比如说在贸易拓展、举办展览会等方面共同来建立品牌。在教育方面，台湾兴学的问题，集资教育推广的问题，推广教育本身的问题，学历认证的问题。在医疗方面，兴建医院的问题，医师人员执证的问题。在产业方面，继续推动规格标准化的问题，继续维护台商权益的问题，等等。

总而言之，我非常殷切地期盼能够在这次大会上就以上十个方面和大家交换意见，有一个开始，就有达到目标的一天。各位先生、各位女士，我们今天聚集在这里，是从务实的立场来出发的，我们没有任何的意识形态，我们念兹在兹的都是人民的福祉，都是民族的利益。今天各位在这里所代表的真正可以说是人民殷切的期盼，所以今天这个会议不是两党之间的会议，台湾的亲民党、新党都在这里，而是两岸人民之间的大事情。经过我们的讨论，我们智慧的结晶形诸于我们的共识，我非常期盼主政的人能够以一种开阔的心态来倾听这种声音，而两岸对于整个未来发展关心的政党，更希望以积极的态度来落实这些宝贵的建议。

今天我们在这里没有错，只是坐而言，只是在这里提供意见，只是在这里 Making a point。但是，后天会议结束了，我们不只是坐而言，我们要起而行，我们要争取绩效，要 Making a indifference，不再是一个 Making a point 而已，而是一个完全可以改观这个现实社会的真正有效能的作用，让我们大家共同团结在一起，心手相连，为我们中华民族光荣、进步、繁荣写下历史的新一页。同时，结合两岸三地所有的力量，形成一个新的中华经济或者是经济中华，成为未来世界经济发展的原动力最重要的推手。

谢谢大家。

陈云林受权宣布惠及台湾同胞的政策措施

中共中央台办主任陈云林4月15日下午在两岸经贸论坛闭幕式上，受权宣布和通报了大陆方面将进一步采取的促进两岸交流合作、惠及台湾同胞的15项政策措施。

这15项措施分为两部分，一部分是国务院批准实施的，一部分由国务院有关部门批准实施。

经国务院批准的3项政策措施如下：

（一）为扩大台湾农产品在大陆销售，自今年5月1日起，对台湾水果检验检疫准入品种由18种扩大到22种，新增柳橙、柠檬、火龙果和哈密瓜4种水果准入。

（二）为帮助解决台湾产蔬菜丰产季节出现的销售困难，开放甘蓝、花椰菜、丝瓜、青江菜、小白菜、苦瓜、洋葱、胡萝卜、莴苣、芋头、山葵等11种台湾主要蔬菜品种检验检疫准入，并实行零关税。

（三）为扩大台湾捕捞和养殖的水产品在大陆销售，对台湾部分鲜、冷、冻水产品实行零关税优惠措施和检验检疫便利。对台湾籍渔船打捞的部分远洋、近海水产品和在台湾地区养殖的部分水产品进口，实行零关税措施；具体品种为鲳鱼、鲭鱼、带鱼、比目鱼、鲱鱼、鲈鱼、虾和贻贝等8种。对来自台湾渔船自捕水产品输往福建，参照大陆自捕渔船做法，凭公海自捕渔许可证、贸易合同、发票等资料向检验检疫部门报检，不再要求提供台湾主管部门出具的卫生证书。

经国务院有关部门批准的12项政策措施如下：

（一）为进一步加强两岸农业合作，在现有五个海峡两岸农业合作试验区的基础上，农业部、商务部、国务院台办决定，新批准在广东省佛山市和湛江市、广西区玉林市设立两个海峡两岸农业合作试验区；农业部、国务院台办批准在福建省漳浦县、山东省栖霞市设立两个台湾农民创业园。

（二）为帮助台湾农民解决水果、蔬菜丰产时出现的销售困难，供销总社等将根据台湾农民和农民组织反映的情况与要求，适时组织由有实力的农产品供销企业和行业组织组成的台湾农产品采购团，赴台采购。

（三）为方便原产于台湾的水果进入大陆，降低台湾果农和台商的经营成本，福建省厦门市建立台湾水果销售集散中心，对入驻集散中心的进口台湾水果经销商，给予免交保鲜冷库储存使用费以及经销场地免一年租金的优惠。

（四）为降低台湾农产品在大陆销售的运输成本，交通部决定，开放台湾农产品运输“绿色通道”；台湾农产品在大陆运输，享受部分地区过路、过桥费减免的优惠政策。

（五）为进一步促进两岸交流，教育部决定，自即日起，正式认可台湾教育主管部门核准的台湾高等学校学历。

（六）为促进大陆居民赴台旅游早日实现，国家旅游局、公安部、国务院台办已制定《大陆居民赴台湾地区旅游管理办法》，将于4月16日公布。该办法规定，大陆居民赴台湾旅游，由指定的大陆旅行社作为组团社组织，以旅游团形式整团往返。组团社由国家旅游局会同有关部门，从已批准的特许经营出境旅游业务的旅行社范围内指定。这些旅行社大多是大型旅行社，信誉好，服务质量有保证。台湾接待大陆居民赴台旅游的旅行社也就是接待社，须经大陆有关部门会同国家旅游局确认。该办法还规定，大陆居民赴台湾地区旅游实行配额管理，配额由国家旅游局会同有关部门确认后，下达给组团社。组团社在开展组织大陆居民赴台旅游业务前，须与接待社签订合同、建立合作关系。组团社须为每个旅游团选派领队，领队要经过专门的培训、考核，并申领赴台旅游领队证。大陆居民须持有效的《大陆居民往来台湾地区通行证》及旅游签注赴台湾地区旅游。

（七）为进一步方便台湾同胞来往大陆，公安部决定，在原有开放海口、三亚、厦门、福州、上海五个口岸签注点（即“落地签注”）基础上，增设沈阳、大连、成都三个台胞口岸签注点，并将根据各地的实际需要，继续增加新的口岸签注点，为未办妥入境手续直抵大陆的台湾同胞办理签注手续。

（八）为满足在大陆工作的一些台湾同胞希望取得报关员资格的愿望，海关总署决定，开放台湾同胞参加报关员考试，成绩合格者在报名地海关即可申请报关员资格证书。海关总署将制定并公布具体报名办法，以利台湾同胞报名考试。

（九）为了给在大陆居住的台湾同胞提供良好、便利的医疗服务，卫生部采取积极有效措施，开展适合台湾同胞就医习惯和特点的服务。继续在台胞较集中的广东、福建、江苏、上海等地医院指定相对固定的诊区，为台湾同胞提供医疗服务。在有条件的地方，挑选一些资质好的医院，如心血管、脑神经、口腔医院等，设立专门门诊部，接待台湾同胞，实行“一条龙”服务。接诊医师可以是大陆医师，也可以是按规定经卫生行政部门批准、取得在大陆行医许可的台湾医师。

（十）为有利于两岸医疗卫生交流合作、方便台湾同胞在大陆就医，将为台湾同胞在大陆就医后回台湾报销医疗费用提供便利。大陆医院在按大陆有关规定书写和保存医疗文书的同时，据实给就诊的台湾同胞提供一份符合回台湾核退费用要求的医疗文书。

（十一）继续欢迎和鼓励台湾医疗机构与大陆合资合作兴办医院。台湾投资者最高股权可占70%，合作期限暂定20年，合作期满可申请延长。

（十二）卫生部决定，准许符合规定条件的台湾同胞在大陆申请执业注册和短期行医。台湾同胞可在大陆申请参加医师资格考试、注册、执业或从事临床研究等活动。在大陆取得医学专业学历、考取医师资格的台湾学生，如需要在大陆执业，可在各地卫生部门办理执业注册手续。台湾地区医师申请来大陆短期行医，在履行相应手续后，可在大陆从事为期1年的执业活动，期满后可申请延长。

两岸经贸论坛共同建议

（2006 年 4 月 15 日）

依据 2005 年 4 月 29 日中国共产党中央委员会总书记胡锦涛与中国国民党主席连战会谈新闻公报中关于“建立党对党定期沟通平台”的共识，由中共中央台湾工作办公室海研中心与中国国民党国政研究基金会共同主办，海峡经济科技合作中心与两岸和平发展基金会共同承办的两岸经贸论坛，于 2006 年 4 月 14 日至 15 日在北京举行。

两岸经贸论坛的举办，是中国共产党与中国国民党继续开展政党交流与对话的一次重要活动。4 月 14 日，中国国民党荣誉主席连战、中共中央政治局常委贾庆林出席论坛开幕式并先后发表演讲。两党人士和两岸企业界人士、专家学者、台商代表等共 400 余人出席了会议。本届论坛之主题是“两岸经贸交流与直接通航”。与会人士就“在全球化浪潮下，两岸经贸交流对双方经济发展的影响”、“两岸农业交流与合作”、“两岸直航对产业发展策略、企业全球布局的影响”、“两岸观光交流对双方经济发展的影响”、“两岸金融交流与两岸经贸发展”五项议题，进行了广泛而深入的研讨。

会议认为，去年 4 月，中国共产党中央委员会总书记胡锦涛与中国国民党主席连战就促进两岸关系改善和发展的重大问题深入交换了意见，取得广泛而重要的成果，其中在促进两岸经济全面交流，建立两岸经济合作机制，推动两岸实现全面、直接、双向“三通”，加强两岸农业合作和解决台湾农产品在大陆销售、推动大陆居民赴台旅游等涉及两岸经贸合作方面达成的共识，对于维护两岸同胞的利益和福祉、改善和发展两岸关系、实现两岸双赢和共同繁荣，有着重大意义。论坛积极评价去年以来两党在推动两岸经济关系发展方面所做的各种努力，并就进一步落实两党领导人会谈成果、在新的历史发展机遇面前加强和深化两岸经济交流与合作，提出以下共同建议。

——两岸经济交流与合作，符合两岸同胞的共同利益和期望。面对经济全球化和区域经济整合的各种机遇与挑战，两岸同胞应当在两岸经济关系持续发展之基础上，更加紧密地携起手来，全面深化和扩大经济交流与合作，相互扶持，优势互补，实现两岸共同繁荣，推动两岸关系朝和平稳定的方向发展，造福两岸同胞。

——积极推动两岸直接通航。共同推动两岸民间航空行业组织尽快按既有模式，就两岸货运包机便捷化和客运包机节日化、周末化、常态化的相关问题进行协商，作出安排，尽早实施。为便于包机的协商和实施，可以根据两岸航空业者和市场的需求，务实、灵活处理相关事宜。大陆“海峡两岸航空运输交流委员会”与“台北市航空运输商业同业公会”应尽早就两岸空中通航的航路进行协商，争取建立最为便捷的直达航路。积极推动大陆“海峡两岸航运交流协会”与台湾民间航运行业组织按2005年春节包机澳门协商的模式，就海上直航相关事宜进行沟通，务实推进两岸海上直航进程。继续扩大福建沿海与金门、马祖海上客货运直航的功能与范围，推动福建沿海与澎湖的直航及两岸贸易货物经金门、马祖、澎湖的中转。

——促进两岸农业交流与合作。两岸农业具有很强的互补性，两岸应结合双方的农业优势，强化研发、技术管理及行销的能力，互惠双赢，扩大两岸农业技术交流与合作的平台。大陆方面将进一步扩大开放台湾部分农产品的准入品种，对其中部分农产品实行关税优惠政策。双方共同努力促成两岸民间团体就有关台湾农产品输入大陆所涉及的原产地认证、检验检疫等技术问题进行协商，并采取措施防止假冒台湾农产品。大陆方面积极提供方便条件，欢迎台湾农民、农业企业到大陆投资、兴业。推动两岸农业组织本着互利互惠的原则，加强经验交流，相互合作，振兴农村经济。呼吁台湾方面同意农产品采取直航方式经高雄等港口销往大陆，以争取时效，减少损耗。

——加强两岸金融交流，促进两岸经贸发展。鼓励和推动两岸金融行业组织就监管机制的建立开展研讨。鼓励两岸金融行业的业者和组织就双方金融机构相互准入有关业务技术性安排进行进一步研究。鼓励和推动两岸金融业者采取多种形式、通过多种渠道开展人才培训和学术交流，共享经验，共同发展。大陆方面将进一步创造条件，为广大中小台资企业在经营过程中的融资需求提供方便。呼吁台湾方面尽快同意大陆金融机构在台湾设立代表处。

——积极创造条件，鼓励和支持台湾其他服务业进入大陆市场。开展两岸产业合作研究，实现优势互补、互惠互利和共同繁荣。加强两岸在通讯、资讯（信息）领域的交流与合作，共同推动信息产业标准的制定。大陆方面进一步鼓励和支持海峡西岸及其他台商投资相对集中地区与台湾的经济交流与合作。

——积极推动实现大陆居民赴台旅游，促进两岸人员往来及经济关系发展。开放大陆居民赴台旅游，是海峡两岸同胞和业者多年的期盼，有利于推动台湾地区旅游业及相关服务业的发展与繁荣，有利于稳定和振兴台湾经济。建议大陆方面尽快公布大陆居民赴台湾地区旅游管理措施。呼吁台湾方面参照2005年春节包机澳门协商模式，同意台湾民间旅游行业组织与大陆“海峡两岸旅游交流协会”尽快进行协商，做出安排，建立健康有序的两岸旅游交流合作机制。

——共同探讨构建稳定的两岸经济合作机制，扩大和深化两岸经济交流与合作，促进两岸关系发展，实现共同繁荣。要努力推动两岸经济关系实现正常化、规范化、稳定化，消除在两岸经贸关系中的各种障碍。推动两岸学者专家、工商界人士就更紧密的两岸经贸合作关系、两岸共同市场的相关问题进行研讨。

大会与会人士共同认为，在经贸发展全球化的浪潮下，两岸经贸的进一步推展与合作，必能产生互利互补的效果。因此，除了透过民间力量将大会所做结论认真推动外，并呼吁透过两党沟通平台所建立的机制，将大会结论运用各种管道积极研商付诸实施的办法，同时将建议转达两岸有关方面重视并获得支持。

"十一五"规划为两岸经贸合作开辟新前景*

吴敬琏

大陆从今年起开始实施第十一个五年规划（2006－2010）。这一规划是大陆初步建立市场经济体制后的第一个五年规划，对于大陆经济今后的发展具有十分重要的意义。与此同时，它也为两岸经济贸易合作开辟了新的前景。

"十一五"规划具有一些重要的特点。

第一，它由"计划"改称"规划"。

虽然大陆在1992年开始了向社会主义市场经济的转型，但这一市场取向的改革是一个增量渐进的过程。在2000年初步建立起市场经济体制以前，资源配置仍然带有相当大的计划经济的特点，行政命令在资源配置中起着主导的作用。因此，我们还是沿用计划经济下的做法，每五年编制一个"五年计划"。这些"计划"保持了大量必须完成的指令性指标。

现在，经济体制已经发生了根本性的变化。在这种情况下，从"计划"到"规划"一字之改，表明领导机关发出了明确的信号，要求各级政府要认真转变职能，改变自己管理经济的方式，以便充分发挥市场机制在资源配置中的基础性作用。

从规划的文本上看，有一个明显的改进，就是大大减少了具

---

* 标题为编者所加。

有行政约束性的指标的数量。“规划”一共提出了9个方面的目标和39个量化指标，同时把“发展目标”一章中列出的22个指标分成“预期性指标”和“约束性指标”两个类别。其中各级政府负有完成责任的约束性指标只有8个，它们是：单位工业增加值用水量降低率、人口增长率、单位GDP能源消耗降低率、耕地保有量、主要污染物排放总量、森林覆盖率、城镇基本养老保险覆盖人数和农村合作医疗覆盖率。至于预期性指标，它们只是国家期望的发展目标，并不是具有指令的性质。

当然，实现规划工作的真正转轨不能只是靠量化指标的消极减少，还要靠积极地通过进一步改革完善市场机制和完善法治，使市场机制更充分地发挥作用。

“十一五”规划的第二个特点，是把优化产业结构，转变增长方式，建设资源节约、环境友善的社会放到了中心地位。

从1953－1957年的第一个五年计划开始，大陆一直循着苏联式的重工业优先增长的工业化道路，不是通过效率提高、而是试图通过资源投入支持的粗放增长方式，实现工业化和现代化。这种增长方式和工业化道路造成了严重的后果，导致了1958年大跃进以后那样的巨大灾难。到了1966－1976年的“文化大革命”期间，经济甚至濒临崩溃的边缘。因此，在20世纪70年代末期改革开放以后，政府采取了一系列措施才改变这种状况。但是，由于旧体制用行政命令配置资源的诸如各级政府对土地等重要资源的配置权力仍然过大，要素价格仍然偏低等遗产仍然存在，使增长方式的转变进行得很不顺利，以致每当经济增长率提升到年增9%－10%的水平，很快就会出现资源瓶颈约束突显、通货膨胀压力增加等经济“过热”的现象，不得不停下来进行调整。至于由于这种增长方式对生态环境的破坏，其影响就更加深远。

沉重的历史和现实教训使朝野上下达成了共识，一定要在“十一五”期间立足于节约资源、保护环境，优化就业结构，实现经济增长由主要依靠增加资本等资源投入带动向主要依靠提高资源利用效率带动的转变。

为了贯彻新的发展思路，“十一五”规划对大陆今后五年的产业发展确定了以下的主要任务和战略重点：

(1) 建设社会主义新农村。这就是说，通过统筹城乡社会经济发展，通过工业反哺农业和城市支援农村，通过充实农村基础设施，通过扩大公共服务覆盖农村的范围以及通过发展农业生产力来破解“三农”（农民、农业和农村）问题。

(2) 提升制造业的素质。要把增强自主创新能力作为中心环节，调整和优化制造业的产业结构、企业组织结构和产业布局，提高它们的整体技术水平和综合竞争能力，使工业由大变强。

(3) 加快发展服务业，特别是生产性服务业。大陆服务业整体滞后，即使根据去年经济普查后调高了的数字，也只占 GDP 的 40%；其中，生产性服务业的发展更加滞后。这造成了大陆经济中交易成本过高和经济整体效率偏低的重大缺陷。因此，“十一五”规划提出要大力发展现代物流业、有序发展金融服务业，积极发展信息服务业，规范发展商业服务业，以降低社会交易成本和提高经济的整体效率。

“十一五”规划的第三个特点，是强调转变增长方式，调整优化产业结构必须以市场为导向，以企业为主体，避免政府主导、过度干预和不当干预的偏向。正如胡锦涛总书记最近所说：“要在新的历史起点上推进社会主义现代化建设，说到底要靠深化改革，扩大开放。要毫不动摇地坚持市场经济的改革方向，不断完善社会主义市场经济体制，充分发挥市场在资源配置中的基础作用。”

为此，“十一五”规划规定了进行完善企业制度和产权制度，建立反映市场供求状况和资源稀缺程度的价格形成机制等方面的经济改革，以及转变政府职能等方面的公共治理改革，以此推动经济增长由主要依靠行政力量推动向主要依靠市场力量推动转变。

我在今天讲话的开头说过，大陆的“十一五”为两岸经贸合作开辟了新的前景。为什么我作出了这样的论断？首先，十多年前，台湾经历过和今日的大陆相同的制造业提升和服务业大发展的过程。在这方面，台湾取得了举世公认的成就，台湾同胞在产业升级过程中的经验教训很值得大陆同胞认真学习和汲取。第二，大陆产业升级的顺利进行，将为台湾同胞在大陆这个全世界华人的共同家园中进一步大显身手创造更大的空间，提供更好的条件。

总之，祝愿两岸同胞更紧密地携起手来，同舟共进，良性互动。这样，我们就一定能够共同建立起一个强大的经济体，使中华腾飞于世界这个我们祖祖辈辈梦寐以求的理想得到实现。

作者简介：

吴敬琏，男，1930 年 1 月 24 日生于江苏省南京市，著名经济学家。

1954 年毕业于复旦大学经济系。1984 年以来，相继担任国务院发展研究中心常务干事，国务院经济体制改革方案办公室副主任，第九届、第十届全国政协常委兼经济委员会副主任，国务院信息化专家咨询委员会副主任，国际管理学会（International Academy of Management，IAM）执行委员，国际经济学会（International Economic Association，IEA）执行委员，中国社会科学院研究生院、北京大学、中欧国际工商学院教授，《比较》、《洪范评论》杂志主编。在耶鲁大学、牛津大学、斯坦福大学、麻省理工学院任客座研究员或客座教授，香港浸会大学和香港大学荣誉社会科学博士。曾在1984年、1986年、1988年、1990年和1992年五次获得中国经济学的最高奖励——孙冶方奖；2003年被国际管理学会授予“杰出成就奖”；2005年荣获首届“中国经济学奖杰出贡献奖”。

他与经济学界的几位同仁一起创建了我国的比较制度分析学科。运用这一学科的研究成果，他对发展我国社会主义市场经济的基础理论作出了重要贡献。他提出的改革应当以建立市场经济为目标，应当缩小国有经济范围，发展私营经济，实现多种所有制经济平等竞争、共同发展，应当建立法治，实行宪政民主等主张，对中国改革有重要影响。

主要著作有：《经济改革问题探索》（1987，俄文版1990）、《中国经济改革的整体设计》（合著，1988）、《中国经济的动态分析和对策研究》（合著，1988，韩文版1989）、《论竞争性市场体制》（合著，1991）、《计划经济还是市场经济》（1992）、《现代公司与企业改革》（1994）、《何处寻求大智慧》（1997）、《当代中国经济改革：战略与实施》（1999）、《改革：我们正在过大关》（2001）、《十年纷纭话股市》（2001）、《转轨中国》（2002）、《发展中国高新技术产业：制度重于技术》（2002）、《吴敬琏自选集》（2013）、《当代中国经济改革》（2004，英文版；2005，繁体字版）、《吴敬琏专集》（2005）、《中国增长模式抉择》（2006）等。

台湾经济自由化的经验与检讨

孙　震

一、寻找发展的模式

台湾于 1953 年实施第一期经济建设四年计划，开始有系统的经济发展。虽然以市场经济为基础的指示性计划（indicative plan），不同于共产主义国家的命令性计划（commanding plan），前者以“政府政策”影响市场运作，后者则以“政府命令”取代市场机制，然而 1950 年代大致是“政府”高度干预的时期。这段时期后来被称为进口代替时期，“政府”采高关税、进口管制与复式汇率，以保护与发展选择的产业，代替对国外进口。复式汇率的作用，在藉不同的汇率，一方面鼓励出口，以促进经济成长，增加就业；另一方面节制若干商品的进口，与降低若干商品进口的台币成本，以稳定物价。实际上促进成长、增加就业与稳定物价三个目标都很少达成。

1958 年台湾实施外汇贸易改革，分两阶段将复式汇率简化为单一汇率，并将新台币对美元贬值，使台湾经济发展的模式从进口代替转变为出口扩张。自 1960 年代以来，台湾经济快速成长：1960 年代发展的重要工业以劳力密集为主，特别是纺织业，1970 年代发展资本密集的重化工业，1980 年代发展技术密集的信息电子工业，1990 年代成为世界科技产业的重镇。直到 20 世纪结束之前，台湾被视为世界发展中经济（developing economies）的楷模，台湾所采取的发展策略为国际著名经济学家所称道，亦为其他发展中国家所遵循。

哈佛大学经济系的柏金斯（Dwight H. Perkins）教授说："台湾经济发展的成功并非由于其领导者发现了一个成功的发展模式（successful development model），坚守不移，而是由于发现了好几个发展模式，于需要时加以变换。"[①] 不过进一步观察这些发展模式变换的原则，一直是顺应市场（market friendly），藉助市场，终于走上自由化的道路。

台湾经济的自由化经历三个重要的阶段。第一阶段是 1958 年外汇贸易改革，使台湾经济发展从进口代替转向出口扩张，带动快速的经济成长，但助长了 1970 年代初期的物价膨胀。第二阶段是 1970 年代和 1980 年代初期，台湾对外面临两次世界性能源危机，对内发展资本密集和技术密集的重大工业，需要不同市场条件的配合，政府管制减少，贸易、汇率和利率逐步走上自由化。第三阶段是 1984 年台湾宣布自由化、国际化、制度化，开始走向全面自由化。但却徘徊迟疑，导致 1980 年代后期的资产膨胀（assets inflation）。

台湾于 1995 年即因在教育、研发和高科技产业发展上的成就被美国视为其在亚洲的新竞争者。[②] 1997 年和"亚洲四小龙"的另外三条小龙新加坡、香港和南韩以及以色列在国际经济社会中晋级为"先进经济"（advanced economies）。而且诺贝尔经济学奖得主克莱恩（Lawrence R. Klein）教授早在 1986 年即预测台湾和南韩在发展中国家当中，最有可能继日本之后于 20 世纪之末跨越

---

① Li－min Hsueh, Chen－kuo Hsu, and Dwight H. Perkins, Industrialization and the State, The Role of the Taiwan Government in the Economy, 1945－1998, Harvard University Press, 2001, pp. 1－2.

② National Science Foundation, "Asia's New High－Tech Competitors", 1995.

从发展中（developing）到已开发（developed）的界线。[①] 然而如今已是2006年，台湾似乎距“已开发”的境界日远，其中固然有更深层的制度和文化的因素未能具备，但决策者对经济自由化缺少认识和信心，以致踌躇不进，应亦是重要原因。

以下三节分别检讨上述三阶段台湾经济自由化的经验，希望从中汲取教训，供其他发展中国家参考。第五节讨论大陆经济兴起对台湾可能的影响，与台湾应有的因应之道。最后一节是一些引申的意见。

二、局部自由化的成就与困境

1958年的外汇贸易改革是台湾经济发展的一项重大政策，也是台湾经济迈向自由化的一大步。这次改革将当时复杂的多元汇率分两阶段简化为单一汇率，然后经过数次调整，于1961年稳定于1美元兑换40元新台币的水平。此一改革的理念，是希望回归市场机制，藉合理的汇率自动发挥鼓励出口、节制进口的作用，以改善贸易差额，促进经济成长，减少失业。不过在进口方面仍有高关税和人为的限制，出口方面则有退税、外销贷款与优惠利息的补贴，因此曾任“经济部长”和“财政部长”的李国鼎先生在他后来的著作中回顾这一段时期，称为局部的自由化（partial liberalization）。[②]

一国在经济发展中究竟应否补贴出口、限制进口，经济学家一向有不同的看法。芝加哥大学经济系的哈伯格（Arnold C. Harberger）教授在一次研讨会中综合若干国家的经验，主张应藉助国际贸易（take advantage of international trade），但不可过度干预，以

---

① Lawrence J. Lau, ed., “Models of Development: A Comparative Study of Economic Growth in South Korea and Taiwan”, San Francisco, Institute for Contemporary Studies, 1986, pp. xii – xv.

② K. T. Li, “The Evolution of Policy Behind Taiwan’s Development Success”, New Haven, Yale University Press, 1988, p. 136.

免扭曲资源的有效利用。他特别以台湾1950年代的自由化为例，说明其对出口增加的重大效果。[①]

台湾于1958年外汇贸易改革后，出口大幅增加，贸易差额迅速改善，带动快速的经济成长，加以当时主要工业多为劳动密集的工业，因此就业迅速增加，使失业率降低。从1961年到1970年，按美元计算的出口金额增加六倍半，平均年增加率为25.3%；1961年贸易差额占GDP的百分比为-7.1%，其后逐年改善，至1970年达到平衡；国内生产毛额（GDP）的平均年成长率为9.7%；失业率从1961年的4.1%降低到1970年的1.7%。

此一以“局部自由化”为手段，利用对外贸易促进经济成长的发展策略，其有效性受三个重要条件的限制。（一）储蓄率是否随贸易差额改善而提高。一国对外贸易的差额，如不计算国际收支平衡表经常账上的其他项目，恒等于其储蓄与国内投资的差额，储蓄如不相对于国内投资增加，贸易差额即不可能改善。1960年代到70年代和80年代大部分时期，台湾对外贸易的差额由逆差不断减少到顺差不断扩大，固然是出口拓展的结果，但国民储蓄（national savings）不断增加也有一定的贡献。（二）货币供给是否能不受贸易顺差扩大、外汇资产增加的影响，维持适度增加，不引起物价膨胀。在一定汇率下，国内物价如相对国外物价上涨，贸易的优势即无法保持。（三）就业是否仍可增加，使生产能量继续扩充。失业如已达充分就业水平，贸易差额所代表的国外净需要继续扩大，就会引起物价上涨。台湾经过1960年代的快速成长，（二）（三）两个条件在1970年代之初，大致都已到达极限。1971年12月，美元对黄金贬值7.89%，其他工业国家的货币大都

① Arnold C. Harberger, “Economic Policy and Economic Growth”, San Francisco, Institute for Contemporary Studies, 1985, pp. 10-11.

对美元升值，使美元相对于其他主要货币贬值约 12%，新台币对美元的汇率维持不变，因而亦随之对其他主要货币贬值。加以 1972 年国际物价上涨，更有利于台湾的出口。

下表是 1970 – 1974 年台湾贸易差额占 GDP 百分比、外汇资产增加率、货币供给增加率、趸售物价上涨率与失业率：

(%)

项目 / 年别	贸易差额占 GDP 百分比	外汇资产增加率（年底）	货币供给增加率（年底）	趸售物价上涨率（年平均）	失业率（年平均）
1970	0.0	29.4	15.0	2.7	1.7
1971	2.5	42.8	30.6	0.0	1.7
1972	6.3	72.7	34.1	4.4	1.5
1973	5.3	36.6	50.4	22.9	1.3
1974	–7.8	–27.1	10.5	40.6	1.5

资料来源：转引自孙震《台湾经济自由化的历程》，台北市，三民书局 2003，pp.65&87。

进入 1970 年代，贸易差额扩大，外汇资产累积迅速，其增加率 1971 年达42.8%，1972 年达72.7%，致货币供给大幅增加，1973 年竟达50.4%，物价膨胀当然是无法避免的后果。虽然政府于 1973 年 2 月美元再度贬值 10%时，将新台币对美元升值 5%至 1 美元兑换 38 元新台币，但"太迟又太少"（too late and too little），无济于事。1973 年 10 月爆发世界能源危机，石油价格剧涨，更使台湾的物价膨胀如火上加油。1974 年世界经济盛极而衰，由繁荣转为衰退，台湾由于物价上涨超过国际水平，致新台币对外币值从偏低转为偏高，阻碍出口，衰退的程度较世界更为严重。

台湾在 1960 年代，如果能顺应出口扩张与贸易差额改善的情势，逐步取消对出口的补贴，放宽对进口的限制，调整汇率，修正偏低的币值，一定会增进资源利用的效率，达成更稳定的物价，与更高的经济成长率，1974 年的衰退也会较为缓和。

三、从重化工业到科技工业

经济自由化是回归价格机制（price mechanism），以市场决定取代政府的管制与干预。命令式计划企图以计划代替市场，终于证明失败；指示性计划常欲对抗市场，却发现不如顺应市场，加以利用。司马迁说得好：

“……耳目欲极声色之好，口欲穷刍豢之味，身安逸乐，而心夸矜执能之荣使。俗之渐民久矣，虽户说以眇论，终不能化。故善者因之，其次利导之，其次教诲之，其次整齐之，最下者与之争。”①

台湾在 1970 年代初期第一次能源危机爆发，经济从物价膨胀转为经济衰退前，政府怕新台币升值对出口不利，利率提高增加企业的负担，不愿采用，反而对重要民生物资限价，扬汤止沸，致使物资逃避，物价更涨；经济衰退后，又怕新台币贬值和利率下降使物价膨胀死灰复燃，心存疑虑，只有使问题更严重。西谚说：“到地狱之路是由好意铺成的。”（The road to hell is paved by good intentions.）好心不一定得到好报，因为还需要知识和智能。

然而台湾毕竟从经验中学到教训。1970 年代后期和 1980 年代初期，是“政府”作各种制度性安排走向更自由化的准备时期。1975 年下半年，台湾经济开始复苏，出口增加，对外贸易由逆差转为顺差，继而顺差扩大。1978 年 7 月，“政府”将新台币对美元的汇率从 38:1 升为 36:1，并宣布改采机动汇率制度，就是一般所

---

① 司马迁，《史记·货殖列传》。

说的浮动汇率（floating exchange rate）制度。[①] 利率也从 1980 年开始由“政府”决定逐步转变为由市场决定。

1970 年代也是台湾所谓“工业升级”或“产业结构转型”的时期，严格说，经济成长为劳动生产力持续增加的现象，而生产力持续增加就是因为技术水准不断提升与产业结构不断转变，高生产力产业替代低生产力产业，使平均生产力不断提高，因此“升级”和“转型”都应是渐进的过程。然而“政府”的产业政策（industrial policy）的确会造成不连续的变化，其成功往往需要市场条件的配合。

1970 年代台湾有两项重大产业政策：一项是重化工业建设，另外一项是科技产业的萌芽。所谓重化工业建设是当时的“行政院长”蒋经国先生于 70 年代所推行的十大建设中的三项工业建设，包括大钢铁厂（中钢）、造船厂（中船）和石油化学工业，都属资本密集的工业。当时流行的理论认为有了下游的劳力密集工业之后，继续发展中、上游的资本密集工业，下游工业为中、上游工业提供市场，中、上游工业供应下游工业所需的中间产品和原料，上、中、下游工业连结在一起，发挥“产业关联效果”，可增加经济的自主性，减少对外依赖；而且上、中、下游任何一个环节需要增加，都可经由“向前联锁”（forward linkage）或“向后联锁”（backward linkage），带动所有关联工业的发展，使生产和就业增加。钢铁工业的下游是汽车、造船、机械等工业，石化工业的下游是人造纤维、纺织、成衣、塑料制品、橡胶制品、化肥等工业。

不过此一建立在“投入—产出”（input output）关系之上的发

① 康乃尔大学刘大中教授认为“政府”多年来不肯接受蒋硕杰教授所建议的浮动汇率制度，可能因为“浮动”令人联想到人心浮动，因此建议改称“机动汇率”。

展理论，有两个致命性的缺点。一个是未考虑价格问题，如上游的原料或中游的中间产品成本与价格偏高，致下游产品出口困难，所有关联工业都将随之发生困难。此一理论性的问题，曾于70年代中期政府内部讨论中提出，未获重视，1979年第二次能源危机爆发，果然出现，“政府”检讨政策，旧议重提，于1981年10月采取各阶段石化产品按国际市场订价的政策，引起中游工业调整，台湾的石化工业始得正常发展。另外一个缺点是台湾并不出产煤、铁、原油，一旦供应短缺，中、下游工业都将难以为继。因此，上、中、下游产品都在国内生产，并不能增加自主，也不能减少对外国的依赖，任何产业都必须具备竞争优势，才能通过市场考验。

“产业关联效果”犹如三国演义中赤壁之战中的庞士元献连环计，曹操铁索连舟，虽然冲涛激浪，如履平地，然而一旦东南风起，火烧战船，一切优势都成为劣势。

台湾于1973年推出“十大建设”包括上述三项重大工业建设后，1974年“经济部长”孙运璇先生接受留美学人潘文渊博士的意见，决定以研制积体（积层）电路（integrate circuit，IC）为中心发展电子工业，由工业技术研究院成立电子工业发展中心负责其事。工研院选定与美国RCA合作，于1976年派遣40余位青年工程师赴RCA受训，在院部兴建集成电路示范工厂从事开发。1979年研发成功，移转技术与人力，成立联华电子公司；电子工业发展中心也升格为电子工业研究所，除继续提升集成电路的研制能力外，并负责计算机技术的开发。电子所后又分出计算机与通信研究所与光电研究所，成为台湾科技产业发展与人才供应的摇篮。1987年衍生台湾集成电路公司，1994年衍生世界先进公司。光电业与无线通信也渐在台湾兴起。台湾在1990年代，信息、光电与通信产业不断成长、茁壮，并且经由投资在大陆开枝散叶，渐成世界科技产业的重镇，2005年5月16日亚洲版《商业周刊》（Business Week）以“何以台湾关系重大”（Why Taiwan Matters）为封面主题，副标题是“全球经济无它没法运作。这就是与中国维持和平所以如此重要的原因”。这篇报道开头就说：“想要找到全球经济的隐藏中心？开车走一趟台湾的中山高速公路。由此可以到达那些将美国广大市场与数字化研发中心和中国的巨大制造中心加以连结的公司。”这篇报道并列举了台湾的七项科技产品其市占率排名世界第一，三项产品排名第二。

台湾在倡议研制集成电路之初，并未预期信息电子未来会成为主流产业，带领整个经济的发展，若干科技界的领袖甚至根本即抱持悲观的看法。然而后来各种配合因素日趋成熟，创备了所需的市场条件，才使台湾科技产业国际竞争的实力不断提升。这些因素除了工研院的不断壮大外，如新竹科学工业园区，定期举行的全国科技会议与随后订颁的科技发展方案，更重要的是高级人力的培育和延揽。从1981年到1998年，台湾高等教育学府毕业的人数，学士增加1.7倍，硕士增加6.3倍，博士增加19倍。1980年至1995年自海外返台的留学生包括已在海外工作多年的早期留学生，共有45118人，其中37061人有硕士学位，7256人有博士学位，其他801人。①

四、全面自由化的理念与实践

1978年孙运璇先生就任“行政院长”之初，鉴于香港将于1997年中英租约届满后回归中国，希望在台湾择地发展为一自由贸易区，扩大加工出口区的功能，吸引香港地区的人才，特别是

① 孙震，《台湾经济自由化的历程》，台北，三民书局，2003年，pp. 152－153。《台湾发展知识经济之路》，台北，三民书局，2001年，第二篇，“科技、知识与产业”。

金融与服务业方面的人才，以在某种程度上取代香港在国际经济中的地位。此一构想经交“经济建设委员会”研究，由于难觅适当地区，且不易与区外作妥适的隔离，致未提出可行的方案。

1981年12月“行政院”通过“经建会”所提出的1982－85年“台湾经济建设四年计划”，虽仍宣示“计划性自由经济”之体制，但却提出健全法治，减少干预，促进价格与市场机制之发展策略。

1984年5月“中央银行”总裁兼“经建会”主任委员俞国华先生出任“行政院长”，宣布自由化、国际化、制度化的主张，9月在对“立法院”的施政报告中正式提出，从此成为台湾经济政策的三项基本原则，为社会各界所接受，迄今未闻有不同的意见。这是意见分歧争论不休的台湾社会难得一见的共识。自由化的意义已见前述，国际化是指增进国际接触，加强国际交流，使台湾通过商品与人员的交流，更密切的与国际社会相结合。制度化是指改善相关的法令和制度，使自由化和国际化得以在有效的游戏规则（the rules of the game）下顺利运行。在俞国华提出自由化、国际化、制度化政策后18年，世界银行于2002年以《建立制度以利市场运行》（Building Institutions for Markets）为主题发表其年度报告，指出贫国因欠缺健全的制度，以致纵有好的政策，亦难发挥作用。俞国华的主张实具有高远的前瞻性，不过他当时所说的制度仅指“政府部门”的法规制度，而世界银行近年所强调的制度则指更具广泛意义的社会制度或社会资本（social capital）。[①]

然而“政府”虽然已宣示自由化的政策，各种相关的机制大致也已具备，但对自由化的实施则迟疑不决。1979年第二次能源危机发生，导致经济衰退，贸易差额恶化，政府将新台币对美元

① 孙震，《理当如此——企业永续经营之道》，台北，天下文化，2004年，pp. 209－212。

贬值，然而一直到1985年底，经济早已复苏，贸易差额也由逆差转为顺差，其占GNP的比率不断扩大，1985年达14%，1986年竟达20%，但新台币对美元的汇率至1985年底仍少变动，大致接近40:1。

贸易顺差使政府的外汇资产增加，外汇增加引起对新台币升值的预期，导致资金流入，使外汇增加更速。1986年底“政府”所拥有的外汇资产达463亿美元，1987年底增为767亿美元，相当于当时23个月进口所需的外汇，约为岛内资本形成毛额的4.1倍。

外汇资产大幅增加使货币供给随之增加，从1985年底到1988年底，增加达158.9%。在一般情形下应会引发物价膨胀，然而贸易自由化的结果，使台湾物价受到国际物价的约束，甚少变动，货币供给剧增的影响，主要反映在股票市场和房地产市场，引起严重的“资产（价格）膨胀”（Assets inflation），形成泡沫经济。股价指数从1985年平均只有745点，至1990年2月初飙涨到12，682点。房地产价格上涨台北市大约在三至四倍。虽然新台币对美元的汇率于1986年后大幅升值，1987年底至28.55:1，1989年底至26.16:1，“太晚又太猛”（too late and too big），造成企业界适应的困难，但已无法阻挡形成中的资产膨胀。

检讨“政府”迟不调整新台币汇率引起1980年代后期资产膨胀的经济后果，前“财政部长”邱正雄先生认为，此一时期资本市场的繁荣，有利于科技公司取得资金，对科技产业的发展有很大的帮助。邱先生的观察应是十分正确。不过在资产膨胀过程中，房屋大量兴建，造成百万户以上的空屋，形成严重资源浪费。资产膨胀形成的泡沫破灭后，无数厂商因资产缩水陷入财务困境，凡是旗下有建筑公司的财团，几乎无一不遭受拖累，背负重大财务负担，致使因应风险与衰退的能力降低。因此1990年代以来，企业经营困难时有发生，“政府”往往指示金融机构予以融资协助，致将厂商的负债转变为银行的不良债权。有句笑话说：“如果你欠银行100万元，你就麻烦大了；如果你欠银行十亿元，银行就麻烦大了！”（If you owe a bank 1 million，you are in trouble；if you owe a bank 1 billion，the bank is in trouble.）何况若干企业集团的银行负债何止十亿百亿！银行不胜负担，最后只好由“政府”牺牲税收，又以“政府”预算，帮助银行打消坏账，而“政府”的支出就是全民的负担。外汇增加太快是灾害，不是福利；过多的外汇是负担，无益于民生。

假定“政府”于宣布自由化政策后认真实施，容许新台币顺应贸易情势自然升值，则预期升值不会出现，国际资金不会大量流入，货币供给不会大量增加，资产膨胀不会发生，产业界可以从容调整以适应汇率变动，让人民可以安享经济成长与升值所引起的经济福利增加，“政府”也可以垂拱而治，不必手忙脚乱。

五、两岸经贸关系的开放与限制

1980年代后期新台币大幅升值，使若干劳力密集的传统产业对外竞争力降低，于是随了资金移动的自由化转向对外投资。贸易顺差表示一国的储蓄大于国内投资，顺差国将过多的资金投资到国外，在积极方面可赚取更多的利润，并增加在国际经济与政治活动中的影响力，在消极方面可避免招致外国的贸易报复和引起物价膨胀。台湾的对外投资早期以东协（ASEAN）的原始会员国泰国、马来西亚、印度尼西亚与菲律宾为主，随了大陆的开放渐向大陆移转，特别是1997年东亚金融危机以后，近年则主要集中于大陆。

台湾对大陆的投资大致可分为三阶段。第一阶段以劳力密集的产业为主，第二阶段以技术渐趋成熟和标准化的科技产业为主，第三阶段主要将为企业家盱衡两岸情势，衡量比较优势，在两岸间作理性的选择；当然愈到后一阶段受“政府”政策的限制愈多。

尽管大陆已是世界经济大国主要的投资对象国，台湾由于同为一个中国的语言文化以及两岸特有的经贸关系与台湾经验，对大陆的发展，（不以经济发展为限），有不同于一般的重要意义。实际上早在大陆于 1978 年改革开放之前，台湾和香港在市场经济之下的快速发展与人民生活改善，应即对当时尚在封闭期间的大陆有一定的启示。香港由于中英鸦片战争于 1842 年割让英国；台湾由于中日甲午之战于 1895 年割让日本。当时可能没人想到，100 年后此二地在世界经济发展中有出众的表现，并回头贡献于大陆的发展。傅安明先生在世时常说：“真是天佑中华！”[①]

大陆自 1978 年改革开放以来，经济成长快速，在战后世界各国的经济发展中，只有台湾和南韩可以相比。2003 年大陆的经济规模，按人民币对美元的汇率计算，排名世界第六，按购买力平价（ppp）计算则排名第二，出口和进口均排名第三。过去两年 GDP 成长率都在 9% 以上，2004 年且有大幅上修，世界排名应已提高。[②] 由于经济规模扩大、成长快，已超过美国成为世界经济成长最重要的动力；在贸易方面，对美国和欧洲出超，以低廉之商品助其维持稳定的物价，对东亚发展中国家入超，促进其经济成长。

一国从其他国家的繁荣中得到利益，而非从其贫穷中得到利益。国际货币基金前副总裁费希（Stanley Fischer）说：“我尚未看

---

① 孙震，《回首向来萧瑟处》，台北市，天下文化，1998 年，pp. 224 – 229，“船坚炮利之后”；傅安明先生有《中国近代史大事记》遗世，台北市，金禾出版社，1996 年。

② 根据今年 1 月 14 – 20 日 Economist 的报道，去年官方修正 2004 年之 GDP 为 $ 1.9 trillion 美元，即人民币 16trillion，较前调高 17%，其中 93% 为服务业产值之调高。

过很多例子，居于快速成长的经济之旁，不利于本国之经济发展。”[①] 台湾如顺应市场情势，排除投资与贸易的障碍，发展对大陆的投资与贸易关系，最能从大陆的快速发展中得到利益；而大陆亦可经由台湾拓展贸易关系，获致源源不绝的技术进步。台湾如自我设限，为两岸经贸增加成本与不便，将使欲以台湾为基地拓展包括大陆在内东亚事业的投资却步，亦将使大陆台商迫而形成自给自足体系，或另作布局，而终于舍弃在台湾的母体。台湾的企业家施振荣先生在一次研讨会上说：“五年内，台湾还有机会成为各国拓展亚洲市场的创业基地，如果三通未作，恐怕机会将永远失去。”[②] 施振荣担心之事在台湾已经发生。唯对台湾不利之发展，亦非大陆之福。

大陆经济本身有很多问题，由于其与其他国家之关系日愈密切，故亦成为世界各国关注的问题。第一，大陆的外汇准备目前已达8500余亿美元，每年接受的外国直接投资（FDI）近年约在500亿美元左右，然而实际上为一资本输出国家。一国只有对外贸易为逆差时，自国外输入之资源大于输出之资源，始得利用外国之资源。目前世界上享受外国资源最多的国家是最富有的美国。贸易顺差国以其输出超过输入之资源供美国消费与投资，再以顺差所赚获之外汇予以融通，而不能不忧心美元可能贬值，造成损失。诺贝尔经济学奖得主傅利曼（Milton Friedman）教授有一次批评台湾说：“以贫穷的台湾补贴富有的美国，没有道理。”过多的外汇准备反映长年以偏低的币值补贴出口所牺牲的经济福利。[③] 第二，金融系统未能有效分配资金，不生产与低生产力部门获得相对较多的资金，高生产力部门反而获得相对较少的资金，甚至

① 《Far Eastern Economic Review》，Feb. 22，2002.

② 《中国时报》，2003年1月16日，第22版，“财经焦点”。

③ 孙震，《台湾经济自由化的历程》，p. 163。

得不到资金，不仅造成过高之不良债权，亦不利于资源之有效利用。第三，以 GDP 45%左右之投资，产生接近 10%之成长率，边际资本产出率偏高，部分可能由于社会固定设施（infrastructure）投资高，尚未反映于当前产出；但经济发展权力下放，地方政府各自“招商引资”，不遗余力，导致过度投资与重复投资，终必拖累经济之长期成长。第四，经济发展重视成长多，重视就业少，隐藏性失业长期存在，所得差距随经济成长扩大，终为社会隐忧。

六、余论

近年大陆努力改善与邻国关系，促进东亚经济整合，有显著的成绩。去年 12 月 12 - 14 日，东协 10 国与中国、南韩、日本（东协 + 3）、印度、澳洲、纽西兰（东协 + 6）齐集吉隆坡，俄罗斯并以地主国贵宾之身份参加，未来东亚各国，经由自由贸易协议迈向区域经济共同体（economic community），与欧盟、北美鼎足而三，为期不远。两岸应如何互相对待？孟子早就告诉我们：“唯仁者为能以大事小……唯智者为能以小事大。”

目前世界正经由自由化走向全球化，区域化为进而攻、退而守的中间地位。全球化使个体（包括个人与企业）与国家的关系，回到 2000 多年前我国春秋战国时代，才俊之士游走各国追求自己的成就。齐国的孙武仕于吴；卫国的吴起仕于鲁国、魏国和楚国；越国的范蠡经商于齐为鸱夷子皮，至陶，称朱公。全球化时代各国政府努力创造良好的经营与居住环境以吸引人才与投资，而非造成险恶的环境，再以爱“这块土地”相号召，迫使人民选边。

以下两段话引自战国时期的孟子，作为本文之结束：

(一) “域民不以封疆之界，固国不以山溪之险，威天下不以兵革之利。得道者多助，失道者寡助。寡助之至，亲戚畔之；多助之至，天下顺之。以天下之所顺，攻亲戚之所畔，故君子有不

战，战必胜矣！”（公孙丑）

（二）“今王发政施仁，使天下仕者皆欲立于王之朝，耕者皆欲耕于王之野，商贾皆欲藏于王之市，行旅皆欲出于王之涂，天下之欲疾其君者皆欲赴愬于王。其若是，孰能御之！”（梁惠王）

两岸政治领袖应善加体会。

作者简介：

台湾大学名誉教授

元智大学远东经济讲座教授

两岸经贸关系对台湾的影响*

胡鞍钢

摘要：

大陆发展不仅是中国近代历史上前所未有的现代化振兴，而且还是世界历史上前所未有的超大规模的崛起。它不仅使得十几亿大陆人的福利迅速提高，也使得港澳台三地和世界各国共享了这一崛起的溢出效果。纵观近年来两岸之间的经贸发展对台湾的影响，突出表现为以下几个特点：大陆是台湾最大的贸易伙伴；大陆是台湾最大的出口市场；大陆是台湾贸易顺差最大来源；大陆是台湾经济增长最大外部需求因素；大陆是台湾创造新增就业最大外部来源；大陆是台湾最大的海外投资地。台湾经济发展面临十字路口：是继续与大陆经济和贸易一体化呢？还是闭关自守？是全面开放全面融合呢？还是千方百计限制和人为阻碍？是参与者和分享者？还是排斥者和边缘化者？这对全球激烈竞争环境下的台湾经济特别是台湾企业界和投资者是生死攸关的选择。对于世界和东亚区域各国和地区来说，都在搭乘中国的发展这趟促进增长、共享繁荣的高速快车。台湾搭上大陆经济崛起的车，搭稳车，搭好车，对于台湾的未来发展是至关重要的。反之，“台独”会使台湾经济与贸易付出巨大的经济和社会代价。

---

* 本文系作者参加 2005 年 9 月在上海举行的“第一届两岸民间菁英论坛”会议论文，后作了修改。文中吸取了叶万安、马凯等学者的研究成果，在此一并致谢。

经济一体化是世界发展的趋势。以中国大陆崛起为背景和动力的区域经济一体化是东亚发展的趋势。20 世纪 80 年代以来，以战略崛起和全面开放为标志，中国大陆逐渐成为世界增长最快的市场，世界最大的新兴市场，世界最有潜力的特大市场，逐步占据全球经济格局中的重要环节。同时，中国大陆开始从经济全球化和贸易自由化的最大受益者，转变为经济一体化和贸易自由化的有力推动者；从世界市场和全球经济体系的加入者，转变为全球资源、产业分工体系和地区经济秩序的整合者；从周边国家的怀疑者、防范者、恐惧者，转变为东亚区域发展的引导者，巨大正外部性的提供者，共享繁荣的贡献者。

国际货币基金组织《2004 年世界经济展望》报告认为，中国崛起包含两个方面的含义：一是中国 GDP 持续快速增长，与世界经济的融合不断加快；二是中国对其他国家的影响显著增加。对于东亚区域内各国和地区来说，中国的崛起过程是一趟促进发展、共享繁荣的高速快车。2002 年，中国大陆超过美国成为韩国第一大出口市场；两年之后，韩国对大陆出口依存度超过美国和日本的总和。① 2004 年，世界第二大经济体日本对华贸易依存度超过美国，成为冷战结束以后经济全球化进程中的重大事件。② 此外，中国—东盟自由贸易区的构建步伐也在不断加速，降税进程已经全面启动。截至 2005 年前三季度，东盟已经成为中国第四大贸易伙伴。③ 事实证明，中国大陆既扩大了自身的出口，也为东亚各国提供了巨大的出口市场；既为本国吸引了大量的外国直接投资，

---

① 指香港和大陆的总和。

② 同上。

③ 2005 年前三季度，中国大陆与东盟国家的贸易额达到了945.5 亿美元，东盟在大陆贸易总额中的比例达到 9%，成为中国大陆第四大贸易伙伴。

又通过促进区域繁荣和整体投资环境的改善为本地区吸引了巨额外国直接投资；既保持了自身的高速经济增长，又使得东亚各国和地区通过对大陆贸易获得了巨大的收益和红利。中国已经并将持续为世界经济发展和东亚区域繁荣贡献巨大的正外部性。

在东亚各国（地区）和大陆的经贸往来中，台湾具有无可比拟的先天优势。虽然两岸经贸关系近年来颇多曲折，但台湾依赖大陆的特征日益显著，承接大陆崛起的正外部性的态势日益明显，融入大陆全球加工制造体系的程度日益深化，两岸经济一体化的程度日益紧密。但由于台湾当局的阻碍和限制，对比潜在的发展水平和理应实现的融合程度，两岸还有相当大的差距。大陆是如何全面影响台湾经济发展的？台湾又是如何充分利用大陆迅速崛起的历史机遇？两岸经贸关系在各自的经贸往来和发展战略中占据什么样的位置？对各自有什么样的影响？台湾未来的出路在哪里？

本文将主要利用台湾方面提供的数据，站在台湾的立场，分别从水涨船高、审时度势、迎头赶上三个方面，分析大陆对台湾的影响，为实现两岸互利双赢提出政策建议。

一、水涨船高：台湾是大陆经济崛起的最大受益者

尽管政治上对峙，两岸经济的互补性远大于竞争性。台湾对大陆的依存度迅速提高，经济一体化进程在曲折中不断加快。伴随着大陆崛起，两岸经济关系如同水涨船高：大陆经济崛起的潮水规模越来越大、上涨的速度越来越快，则台湾的经济收益越来越多，与大陆经贸相关的就业规模越来越大，台湾融入大陆产业加工体系的程度越来越深，影响也越来越广泛。

纵观近年来两岸之间的经贸发展对台湾的影响，突出表现为以下几个特点：大陆是台湾最大的贸易伙伴；大陆是台湾最大的

出口市场；大陆是台湾贸易顺差最大来源；大陆是台湾经济增长最大外部需求因素；大陆是台湾创造新增就业最大外部来源；大陆是台湾最大的海外投资地。尽管各方有不同的统计口径，专家们有不同的研究方法，但是对上述分析的结论两岸经济学家有高度的共识。

第一，大陆是台湾最大的贸易伙伴

据台湾经济部门的估算，① 1991 年两岸贸易占台湾贸易总额比重为5.8%，2000 年则上升为11.2%。2001 年末和 2002 年初，大陆和台湾相继加入世界贸易组织，两岸之间直接贸易迅速增长。2002 年，大陆一举超过美国成为台湾第一大出口伙伴；次年，贸易总量超过美国跃居榜首。2005 年，两岸商品贸易总额为 717 亿美元，占台湾贸易总额比重为19.3%，在 2000 年（324 亿美元）的基础上翻了一番。同期，世界其他国家和地区占台湾对外贸易比重则不断下降。美国从 1991 年的26.2%降至 2005 年的 13.3%；日本由20.2%下降至 16.3%；欧盟 15 国由15.6%下降至 10.1%。由于转口贸易的原因，台湾的数据很可能被低估。若以大陆海关的数据为范本，2004 年两岸的间接贸易总额已经达到783.2 亿美元，自 1980 年以来平均增长 30%以上。

---

① 本文中如非特殊说明，所有关于大陆的数据皆采用为台湾“经济部”的估算值，引自历年《两岸贸易情势分析》。在其数据构成中，除台湾与大陆的直接贸易之外，还包括台湾经香港转口到大陆的贸易估计值。具体推算方法可参见台湾“经济部国际贸易局”2004 年《两岸贸易情势分析》。网址为 http：//www．moea．gov．tw/。

表 1　台湾贸易的地区结构(占总贸易额的比重,%)

年份	大陆(a)	大陆(b)	美国	日本	EU—15
1991	5.8	0.4	26.2	20.2	15.6
1992	7.1	0.5	25.6	20.0	15.3
1993	8.5	0.6	24.9	19.8	14.3
1994	9.3	1.1	23.8	19.6	14.0
1995	9.8	1.6	21.9	20.2	13.7
1996	10.2	1.7	21.5	18.9	14.8
1997	10.3	1.9	22.3	17.2	14.8
1998	10.4	2.3	22.8	16.9	16.8
1999	11.1	3.0	21.8	18.3	14.4
2000	11.2	3.6	20.8	19.1	13.1
2001	13.0	4.6	19.9	16.8	13.6
2002	15.4	7.4	18.5	16.1	11.9
2003	17.1	11.9	15.8	16.4	11.7
2004	18.0	14.8	14.6	16.6	11.0
2005	19.3	16.4	13.3	16.3	10.1

注:(a) 为台湾"经济部"的估算值,除台湾与大陆的直接贸易之外,主要考虑了经香港的转口贸易,具体推算方法参见台湾"经济部国际贸易局"2004 年《两岸贸易情势分析》。(b) 只包括台湾与大陆的直接贸易。

资料来源:各年《两岸贸易情势分析》,台湾"经济部"网站 http://www.moea.gov.tw/。

第二，大陆是台湾最大的出口市场

台湾是岛屿经济，地理的局限性决定了资源的稀缺性和战略的外向型，出口促进增长成为最重要的因素。自 20 世纪 60 年代台湾实行出口导向型经济发展战略以来，美国一直是台湾的最大出口市场。台湾本土产业具有生产成本和汇率优势，对美出口比重1984年曾高达48.8%。台湾从中获取了大量贸易顺差。但随着台美贸易摩擦的加剧、美国贸易保护主义的盛行和NAFTA的成立，台湾在美国市场的份额逐渐缩小。相反，台湾对大陆的出口比重不断提高，出口市场从对美国的单边依赖转为对大陆和美国双重依赖。1991年台湾对大陆出口贸易占出口贸易总额的9.1%，2000年上升为17.6%，2005年达到27.3%（数据见附表1）。而台湾对美国、西欧和日本出口比重则持续下降（见图1）。大陆已经成为台湾最大的出口市场。

图1　台湾出口商品贸易地区结构　（%）

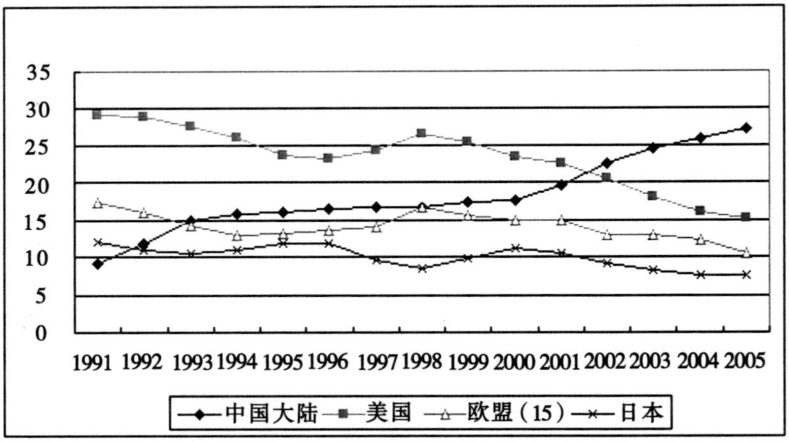

注：2005年为1－11月份数据。大陆数据包括香港转口贸易。

资料来源：同表1。

在过去10年，所谓“大陆因素”对台湾出口增长贡献明显增大，成为首位贡献者。1995－1999年期间，台湾对大陆出口的增长占台湾出口增长的23%，排在欧盟之后（24.7%），与美国大体相当（23%）；2000－2004年期间，台湾对大陆出口的贡献额在

45%以上，远高于美国(-5.3%)、欧盟(4.0%)、东盟(16.9%)和日本(2.5%)等其他贸易伙伴。大陆已经成为推动台湾出口增长的最重要的贡献因素。

第三，大陆成为台湾最大的贸易顺差来源

十几年来，两岸贸易往来给台湾带来的巨额贸易顺差，表现为持续扩大、总量最大、影响重大。台湾对大陆的贸易顺差从1991年的58亿美元变为2004年的283亿美元，增长了将近4倍。从1992年起，大陆开始成为台湾最大的顺差来源地，远远超过其他国家和地区。自1993年以来，如果除去对大陆的贡献，台湾对世界其他国家/地区的贸易皆为逆差。2005年，台湾贸易收支78亿美元，对大陆顺差318亿美元，对世界其他国家/地区合计逆差240亿元。1991年大陆对总顺差贡献额只有43.6%，而2004年已经变为464%，是原来的10倍（见表2）。近年来，大量台商赴大陆投资，使本岛直接输出最终产品的功能逐渐弱化，转而集中于研发和部分核心组件的生产上；大陆逐渐在台湾产业链条中逐渐占据重要位置，成为台湾产品输往欧美的发源地。这一方面是两岸依据各自比较优势进行产业分工的结果，另一方面也为台湾规避贸易保护主义、转移贸易摩擦提供了很大的空间。同时，巨大的贸易顺差带来了充足的外汇储备，为台湾成功避过1997年东亚金融危机提供了根本保障。

表2　台湾对主要贸易伙伴的贸易收支　单位：10亿美元

年份	总顺差	大陆	大陆以外	美国	欧盟	东盟	日本
1991	13.3	5.8	7.5	8.2	4.8	2.5	-9.7
1992	9.5	8.6	0.9	7.8	2.8	2.2	-12.9
1993	8.0	11.7	-3.7	6.9	1.0	2.4	-14.2

续表

年份	总顺差	大陆	大陆以外	美国	欧盟	东盟	日本
1994	7.7	12.8	-5.1	6.3	-0.9	2.7	-14.6
1995	8.1	14.8	-6.7	5.6	-0.3	4.4	-17.1
1996	13.6	16.1	-2.5	6.9	-0.8	4.3	-13.8
1997	7.7	16.6	-8.9	6.3	-0.7	2.9	-17.3
1998	5.9	14.3	-8.4	9.7	0.8	-0.8	-17.7
1999	10.9	16.7	-5.8	11.2	4.6	-0.2	-18.7
2000	8.3	19.9	-11.6	9.7	6.7	-1.8	-22.0
2001	15.6	18.2	-2.5	9.4	5.5	-1.0	-13.1
2002	18.1	21.5	-3.4	8.7	4.9	-0.7	-15.3
2003	16.9	24.4	-7.5	9.1	5.4	-0.1	-20.7
2004	6.1	28.3	-22.2	6.5	4.8	2.9	-30.4
2005	7.8	31.8	-24.0	7.5	3.3	5.5	-31.5

注:逆差为负。

资料来源:大陆数据来自台湾历年《两岸贸易情势分析》,其他国家数据来自台湾海关统计。

第四，大陆是台湾经济增长最大外部需求因素

台湾对大陆的贸易增长有力地推动台湾经济增长。1998-2004年，台湾岛内GDP累计新增20540亿元新台币。其中，岛内消费增加9930亿，占新增GDP的48%；新增全球贸易顺差48亿台币，占不到1%；对大陆贸易顺差4430亿台币，占新增GDP的22%。2001年，全球经济不景气，台湾政局动荡，台湾经济倒退了2.2%，各项指标均大幅下滑。依靠外部需求因素的拉动，2002年GDP回到3.94%的正增长。其中，对大陆出口起了重要作用。我们估算，2002年台湾总体贸易顺差拉动GDP增长2.75个百分

点，占 GDP 增长率的69%。仅对大陆贸易顺差就拉动 GDP 增长1.19个百分点，占 GDP 增长率的 30%。2004 年，台湾贸易顺差依存度为2.0%。对大陆顺差依存度为9.3%，远高于其他任何国家或地区。美国只有2.1%，欧盟为1.6%，东盟为0.9%，日本则是台湾最大的贸易逆差国，逆差依存度高达 10%（见表 3）。从整体来看，台湾经济“内冷外热”的格局明显，两岸之间的经贸往来已经成为台湾未来发展中最为倚重的因素。

表 3　台湾对主要贸易伙伴的顺差依存度　　（%）

年份	总依存度	大陆	美国	欧盟	东盟	日本
1991	7.4	3.2	4.6	2.7	1.4	-5.4
1992	4.5	4.0	3.7	1.3	1.0	-6.1
1993	3.6	5.2	3.1	0.4	1.1	-6.3
1994	3.1	5.2	2.6	-0.4	1.1	-6.0
1995	3.1	5.6	2.1	-0.1	1.7	-6.5
1996	4.9	5.8	2.5	-0.3	1.5	-4.9
1997	2.6	5.7	2.2	-0.2	1.0	-6.0
1998	2.2	5.3	3.6	0.3	-0.3	-6.6
1999	3.8	5.8	3.9	1.6	-0.1	-6.5
2000	2.7	6.4	3.1	2.2	-0.6	-7.1
2001	5.6	6.5	3.4	2.0	-0.4	-4.7
2002	6.4	7.6	3.1	1.7	-0.3	-5.4
2003	5.9	8.5	3.2	1.9	0.0	-7.2
2004	2.0	9.3	2.1	1.6	0.9	-10.0
2005	2.2	9.0	2.1	0.9	1.5	-8.9

注：顺差依存度是指顺差额与 GDP 的比值，逆差为负值。

资料来源：同表 2。

第五，大陆是台湾创造新增就业最大外部来源

据台湾“中华经济研究院”的估算，1994年因两岸贸易而增加的就业人口约104万人，占当时台湾总就业人口的11.7%。2004年，两岸贸易规模是1994年的3.73倍。粗略估计，目前累计从事和两岸贸易相关的台湾岛内人口应该在300万人以上，占台湾岛内人口15%以上。

同时，服务业自由化可以进一步增加台湾的就业机会。中国大陆已经成为世界上最大的外出旅游国之一，出境旅游人数由1997年的532万人次激增到2004年的2885万人次，年均增长达到27.3%。2005年，大陆宣布将开放居民赴台旅游，台湾规划未来每天开放1000人。台湾旅行商业同业公会秘书长许高庆表示，由旅游观光衍生出航空、餐饮等就业机会，估计一名大陆观光客可创造两个就业机会，一年将可创造出70万个岛内就业机会。而我们根据台湾资料所作的计算显示，1998－2004年台湾累计新增民间劳动力69.4万人，也即开放大陆旅游1年的新增就业机会，已经可以解决台湾以往6年的新增民间劳动人口的就业问题。

据国台办的统计资料，2004年来大陆探亲、旅游、访问的台湾同胞将近有370万人次，平均每天有1万名台湾同胞进出大陆。但是，由于两岸不能够直接“三通”，长期造成了货运和人员往来成本的极大浪费，限制了大陆游客赴台湾探亲旅游的美好愿望。

第六，大陆已经成为台湾最大的海外投资地区，促进了台湾产业结构升级

台湾在短短30年时间内，从发展中国家进入中上发达国家的行列，占据市场主体的中小企业居功至伟。20世纪80年代中期，台湾劳动力成本上升，台币大幅升值，进口关税被迫下调，环保问题突出，传统的加工出口业优势消失殆尽，中小企业面临极大

的生存危机。一旦破产倒闭，必将导致经济增长萎靡、失业激增、银行呆坏账膨胀、社会失稳等严重的问题，头20年积累的优势可能毁于一旦。正当此时，大陆开始向着开放型经济转变，廉价优质的劳动力、丰富的自然资源和土地为台湾“夕阳产业”提供了理想的转移场所。两岸的比较优势不同，发展阶段不同，台湾企业获得了巨大的发展空间。即使从2004年大陆的平均工资水平来看，两岸的差距仍很明显：大陆港、澳、台商投资企业平均月工资为158美元，全国制造业职工平均月工资为141美元，工资水平最高、台商密集的上海，其制造业职工平均月工资也只达到276美元。相较之下，2004年台湾制造业职工平均月工资为1272美元，分别为前三者的8.0倍、9.0倍、4.6倍。[①]

与此同时，产业外移为台湾岛内产业结构升级提供了空间和契机，台湾企业开始由劳动密集型向资本密集型、技术密集型演变，中上游企业转而生产和出口高附加值、高技术含量的原材料及零部件产品，供给大陆的下游企业，从而大幅提高了国际竞争力。台湾对大陆的投资不仅直接带来两岸贸易量的扩张，而且通过刺激了产业链条上各个生产环节和相关服务行业的繁荣，间接推动了台湾经济发展。据统计，台湾对大陆出口额的65%来自于大陆台商回岛采购，对大陆投资占对外投资总量的比重已经从1991年的9.5%上升到2004年的67.2%，13年时间增长了6倍。截至2004年底，台湾累计赴大陆间接投资33155件，累计金额412亿美元，平均投资规模124万美元。据我商务部的统计，同一时期台商累计赴大陆投资64188件，协议金额为800亿美元，实际金额接近400亿美元，位于香港、美国及日本之后，列第四

① 大陆数据出自《中国统计年鉴2005》，台湾数据出自台湾“行政院”主计处《薪资与生产力统计》。

位。[①] 考虑到许多台商以第三地（维尔京群岛、香港、新加坡等地）公司的名义赴大陆投资，故台商实际投资数据还要更高。据叶万安估计，台商在大陆实际投资在 1200 亿 – 1500 亿美元之间，相当于台湾海外资产的 1/3 到 1/4 之间。[②]

二、审时度势：两岸经贸关系表现出巨大的不平衡性

从新贸易理论看，两边或多边贸易增长遵循“万有引力”定律，即双边或多边贸易额与各自的市场规模成正比，与它们之间的距离成反比。但这是有条件的：如果交易成本（如关税或非关税壁垒）过高、双边政治关系恶化，将会影响双边的贸易增长；反之，双方交易成本（如开放市场、降低关税）降低、双边政治关系改善，则会刺激双边的贸易增长。大陆与台湾的贸易关系基本符合上述贸易理论和贸易模式。

自改革开放以来，大陆从台商投资和两岸贸易中获得了各种收益。资本、技术和先进管理经验的不断引进、转移和扩散，为大陆经济起飞起到了较大的促进作用；承接台商投资较多的沿海地区，经济发展较快，创新能力较强；大陆通过成为台商出口导向型产业中的重要环节拓宽了国际市场，积累了国际经验；受益于台商投资规模的扩大和层次的提升，大陆自身的产业结构也在不断优化和升级；台湾劳动密集型产业为大陆提供了部分就业机会。两岸比较优势各异，发展阶段不同，互补互利的大格局初步形成。

但是，由于大陆和台湾在人口、经济总量、比较优势、市场规模、发展战略等方面的巨大差异性，两岸经贸关系对各自的影响是不平衡的，收益也是随着时间推移而动态演变的。这种巨大

---

① 台湾数据出自台湾“经济部”投资业务处，大陆数据为商务部对外发布资料。

② 叶万安：《台湾经济发展与两岸经贸交流》，上海，“第一届两岸民间菁英论坛”会议论文，2005 年 9 月。

的不平衡性表现为以下几个方面。

第一，整体性与局部性的不平衡。如上所述，两岸经贸关系影响到台湾经济增长、出口扩张、就业创造、外汇储备积累、产业结构升级等多个方面，是整体性的影响。但对大陆而言，由于自身经济规模巨大，内部市场潜力巨大，贸易伙伴众多，两岸经贸关系的影响力是局部性的。从商品分类来看，两岸贸易集中在少数几个台湾具有国际竞争优势的产业。[①] 2003 和 2004 年，电机设备及其零件（HS85）各占台湾出口大陆（包括香港）总额的33.2%。其中，积体电路及微组件（HS8542）一类产品分别占两年HS85 类产品总额的49.6%、52.2%。如果参照 HS 四位码，2004年台湾出口大陆（包括香港）的前两大产品分别为积体电路及微组件（HS8542）和液晶装置（HS9013），分别占当年对大陆出口的25%和 17%，远远高于第三位的自动资料处理机及其零附件(HS8473)。后者只占总出口的不到 6%。由此可以看出，两岸贸易联系涉及的产业相对集中，对于台湾来说关乎其整体国际竞争力，影响广泛。对于大陆来说，主要是为其完成加工装配环节，附加价值较低，影响较为有限。[②]

第二，决定性与次要性的不平衡。无论是以哪一个指标来衡量，大陆对台湾的影响都是决定性的。台湾经济已经属于高度依赖大陆类型，两岸经济一体化速度相当快，经济整合程度相当高。依照台湾的数据，2004 年台湾对大陆的出口依存度、贸易依存

---

① 数据来源：台湾《2004 年两岸贸易情势分析》和《2004 年对外贸易发展概况》。

② 2004 年，台湾出口大陆的前 6 项产品按照份额大小依次分别为电机设备及其零件（HS85）、光学产品及零附件（HS90）、机械用具及其零件（HS84）、塑料及其制品（HS39）、钢铁（HS72）、有机化学品（HS29），占对大陆出口的76.2%；台湾进口大陆的前 6 项产品分别依次为电机设备及其零件（HS85）、机械用具及其零件（HS84）、钢铁（HS72）、燃料（HS27）、光学产品及零附件(HS90)、有机化学品（HS29），占从大陆进口的61.6%。实际上，两岸贸易主要集中在台湾具备国际竞争力的笔记本电脑、液晶显示器、桌上电脑、主板等少数细分行业，产业内贸易特征非常突出。

度、顺差依存度分别达到14.7%、20.2%、9.3%，远超过任何其他国家。而按照大陆商务部的统计资料，2004年大陆对台湾的出口依存度、贸易依存度、顺差依存度分别为0.8%、4.7%、－3.1%，台湾是大陆最大逆差来源地。两岸贸易总量占台湾的18%，大陆则不到7%。[①] 随着大陆经济持续快速的增长，两岸之间的收益平衡也将逐渐向台湾倾斜，大陆更多地向正外部性提供者的角色转变，台湾更多地向大陆崛起的最大获益者的角色转变。

第三，关键性和补充性的不平衡。对于台湾来说，大陆是台湾经济发展的最大外部需求因素，是台湾对外贸易和产业链条不可或缺的中间环节，是台湾投资的理想市场和未来经济发展的最大依赖因素。但对于大陆来说，台湾只是大陆全球贸易格局中的组成部分之一，台湾的技术优势、人才、产品、管理经验并非是不可替代的。两岸经贸关系一旦走入低谷，大陆短期可以从与台湾竞争激烈、发展水平相当的韩国、新加坡、马来西亚等东亚国家获得，长期可以通过配置全球资源而获得。随着中国在东亚的崛起和对全球格局的变革，这一角色差别也会越来越明显。

第四，长期性和阶段性的不平衡。两岸经贸关系对大陆的重要影响是阶段性的，集中体现在20世纪八九十年代。随着大陆产业结构的不断完善、企业创新能力不断增强以及利用全球资源水平的提升，两岸经贸关系对大陆的影响力将逐步弱化。但对于台湾来说，两岸经贸关系对台湾的影响将越来越强，并长期占据不可替代的位置。这一点在大陆推动东亚区域共同发展、带动全球经济增长的21世纪将变得尤其明显。台湾未来的新兴市场主要在大陆，经济发展的动力主要来源于大陆。更紧密地依靠大陆，更多地分享大陆崛起的收益，更快地融入东亚经济一体化的进程，

---

① 台湾数据如表1所示，大陆数据引自《中国统计年鉴2005》。

是台湾发展的唯一选择。大陆的最终市场在全球。通过在世界范围内吸取经验、吸引资金、引进技术、扩大市场、参与分工、配置资源、建立秩序，通过融入世界经济来推动世界经济增长、贸易增长和投资增长，让全世界共同分享中国崛起的正外部性。这将是中国对于世界历史的巨大贡献。

因此，以更长远的视角来看：两岸互利双赢，台湾的收益将会大大超过大陆；两岸两败俱伤，台湾的损失同样大大超过大陆。对此，台湾当局必须审时度势，不要因为少数人的私利而让台湾同胞承担巨大的政治成本和经济成本。

三、迎头赶上：台湾要避免成为新一轮东亚增长和繁荣的落伍者

2000年以来，台湾经济增长速度明显下降，年平均增长率只有3.3%。相比之下，1951－1987年期间（“两蒋”主政）为9%，1988－1999年期间（李登辉主政）为6.6%。[①] 可见台湾地区领导人的主政纲领直接影响其经济增长。两岸经贸关系是从互利互补、共兴共荣发端的。但近年来，台湾岛内不少人打着减少台湾对大陆的经济依赖、保障台湾经济安全的幌子，对两岸经贸往来设置重重障碍。不仅限制台商赴大陆投资的领域和规模，禁止和限制从大陆进口产品，还通过各种直接、间接的手段阻碍两岸人员交流。但最大受害者恰恰是台商和台湾的产业。对于台商来说，台湾当局的限制和阻碍直接增加了交易成本，迫使他们在狭小局限的台湾市场和前景广阔的大陆市场之间做出选择，最终加大加快对大陆的进一步投资和产业转移。由于为大陆提供下游产品的中

---

① 叶万安：《台湾经济发展与两岸经贸交流》，上海，“第一届两岸民间菁英论坛”会议论文，2005年9月。

上游产业过快地转移，导致岛内产业结构无法获得足够的时间和空间更新换代、强化竞争力，大陆对台湾的产业替代效应可能提前出现。所谓的台湾“产业空洞化”的根本原因恰在于此。在20世纪90年代初期，前往大陆投资的主流企业的平均投资规模在100万美元以下；90年代李登辉推出“戒急用忍”之初，平均投资规模已经超过200万美元；到2000年陈水扁当政，平均投资规模再次扩大为300万美元以上。[①] 与此同时，随着台湾产业转移的层次不断向上拓展，互补互利的、共兴共荣的局面开始出现变化。加速的产业转移和本地化进程导致对台湾上游企业的需求出现减弱的趋势，大陆企业和台湾中上游企业开始出现竞争态势。加之大陆企业还可以从日本、韩国等地获取中间产品和零部件，两岸贸易有可能从以前的“正和游戏”转向“零和游戏”。这恰恰是台湾当局所更始料不及的。

近年来，台湾当局不断推行政治挂帅，以意识形态干涉两岸正常的经贸往来，勾心斗角于政党纷争之中，反倒忽视推动经济发展、改善人民生活、提供公共服务、营造良好的投资环境。短短几年内，岛内投资环境江河日下，高科技产业竞争力形势严峻，政治因素导致的产业外移不断加速，台湾在国际经济格局中的地位面临巨大挑战。2004年，台湾对日本逆差304.3亿美元，同比增长46.8%；对韩国逆差62.8亿美元，同比增长52.6%。发展水平相近、产业结构相似、竞争性较强的韩国，已经成为台湾的第二大贸易逆差来源国，逆差主要来源于积体电路、液晶装置、电子零部件及对二甲苯等关键中间产品与原材料，而这些恰恰是台湾对大陆出口最多的产品，两岸之间的产业内贸易也多是围绕相

---

① 马凯：《起伏的投资贸易紧系两岸经济命脉》，上海，“第一届两岸民间菁英论坛”会议论文，2005年9月。

关产业展开。由此，不能不说台湾在高科技产业发展方面落后于人了。[①] 2005 年 4 月，台湾欧洲商会再次对台当局发出告诫，指台湾目前仍有逾 200 项源自中国大陆制造的欧洲品牌货品被列入“禁止进口”名单，这种做法不符合世贸组织精神，严重损害了台湾的投资环境。如果台湾当局继续坚持这种错误策略，外商将会在大陆及台湾市场之间被迫选择前者。实际上，外商对台湾投资于 2000 年达到高峰后，开始逐年递减。2001 年及 2002 年分别大幅衰退 33% 及 36%，2003 年与 2000 年比较，3 年来衰退 60%。民进党执政 5 年多来，台北美国商会会员厂商已由过去 600 多家减至 400 多家，欧洲商会会员也自 400 多家降至 300 多家，撤资的欧美厂商基本都搬到大陆。[②]

外资减少的同时，台湾岛内经济增长和产业竞争力不断下降。东亚金融危机之后，亚洲四小龙中台湾的出口增长率高于其他三国（参见图 2）。但自从陈水扁上台以来，形势急转直下。2001 年全球经济不景气，台湾的出口跌幅最大，此后一直没能重振旗鼓。到 2004 年，台湾出口增长率为20.7%，排在韩国(31.3%)和新加坡(24.5%)之后，反映出台湾在世界新兴出口市场上的份额呈下降趋势。作为世界上最大的新兴市场，这一趋势必然会体现在大陆市场上。5 年之前，台湾和韩国对大陆的出口增长率几乎相同，远高于新加坡；5 年之中，新加坡和韩国不断扩大对大陆的份额，台湾逐渐落在了后面；5 年之后，新加坡对大陆出口年增长率为51.9%，韩国为41.7%，而台湾只有27.2%，几乎只是新加坡的一半。这充分表明，当东亚各国和地区纷纷将大陆视为最大新兴

① 社论《从贸易统计剖析当前产业问题》，台湾《经济日报》A2 版经济要闻，2005 年 1 月 13 日。

② 曹小衡：《自 2004 年以来台湾投资环境江河日下》，人民网 http://tw.people.com.cn，2005 年 11 月 11 日

市场，并不断融入大陆主导的新东亚经济格局之时，台湾的企业却受制于台湾当局的干扰和限制，白白地放弃了巩固领先地位、继续扩大市场、最大化分享大陆崛起的正外部性的历史机遇。时至今日，如不改弦更张，台湾20多年来在大陆市场的格局大有被重新划分的危险。倘若再有背时逆势之举，必将遭遇灭顶之灾。

图2　亚洲四小龙对世界和大陆出口增长率的比较

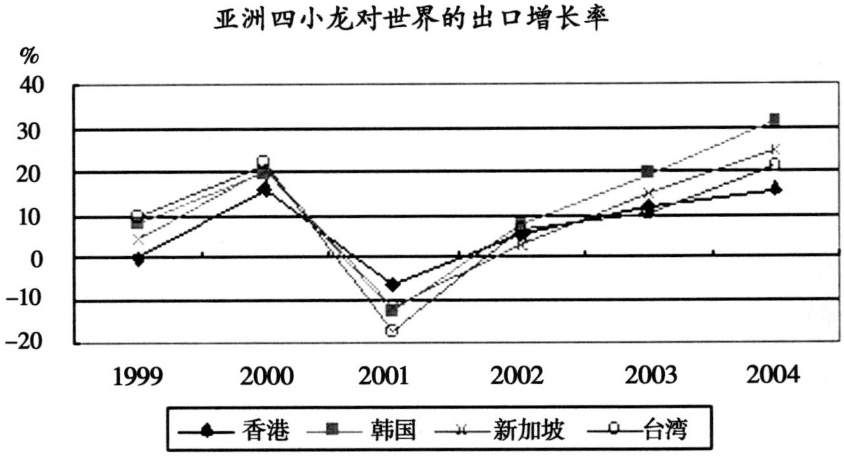

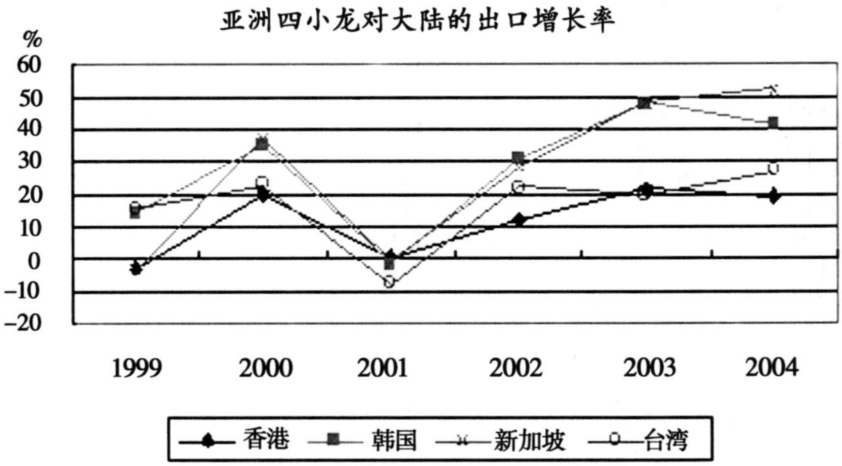

资料来源：台湾数据来自历年《两岸贸易情势分析》，其余数据来自 IMF DOT CDROM。

四、结论和政策建议

大陆崛起不仅是中国近代历史上前所未有的现代化崛起，而且还是世界历史上前所未有的超大规模的崛起。它不仅使得十几亿大陆人的福利迅速提高，也使得港澳台三地和世界各国共享了这一崛起的溢出效果。伴随着中国崛起对世界越来越显著的影响，中国将为世界其他国家创造新的巨大发展机遇。中国的崛起，不仅开创了中国经济发展的黄金时期，还将开拓世界经济发展的黄金时期，不仅深刻地改造中国社会，还将重新塑造世界经济版图。

如今，两岸关系的发展趋势有两种不同选择和结果。从正面的角度来看，是“水涨船高”，即大陆经济、贸易的大潮水不断上涨，台湾之船借机上升；从负面的角度来看，如果台湾当政者胆敢玩火，则是灭顶之灾。大陆今天的策略空间相当大，我们有很多牌可以出，比如经济牌、贸易牌、政治牌。如果陈水扁宣布独立，从台湾同胞的角度来看，冲突的巨大成本将会导致台商从大陆的朋友变成两岸冲突的人质，从对大陆的受益投资者变成两岸冲突的投资抵押者，大量台湾岛内的就业机会将被摧毁，投资环境急剧恶化，破坏台湾人民的生活；从大陆的角度来看，则如同一辆大卡车（大陆）与小汽车（台湾）碰撞一般，虽然大陆的出口、就业将受到一定的影响，但是巨大的经济实力和发展潜力将会迅速降低冲突的成本，缩小冲突的损失，继续行驶在经济高速增长的道路上。因此，两岸的经贸关系对于台湾来说是一把双刃剑。到底如何取舍，取决于台湾当政者的选择。如果他们是理性的，就应该选择“水涨船高”。反之则反。即使大陆不选择军事手段，经济手段如贸易战也足以对台湾经济施加重大影响，甚至是致命性的、灾难性的结果。一旦如此，则台湾的牵涉范围远远广于大陆，受损程度将远远高于大陆，影响时间远远长于大陆，恢复过程远远慢于大陆。

近年来由于台湾主政者的阻挠和短视，台湾已经在东亚经济一体化的大潮中落在了后面。无论是“10+1”还是“10+3”会谈，台湾都被排除在外。在整个东亚经济一体化的进程中，台湾处在被边缘化的边缘。台湾经济发展面临十字路口：是继续与大陆经济一体化？还是闭关自守？是全面开放、全面融合？还是千方百计限制和人为阻碍？是参与者和分享者？还是排斥者和边缘化者？这对全球激烈竞争环境下的台湾，特别是台湾企业和普通民众来说，是生死攸关的选择。

世界和东亚各国都在搭乘中国崛起这趟促进增长、共享繁荣的高速快车。台湾如何搭稳车、搭好车、搭久车对于未来的发展至关重要。顺应两岸经济一体化，参与两岸经济一体化，就会带来巨大的机遇，实现双赢；反之，抵触一体化，阻碍一体化，甚至独立，则必定会使台湾付出巨大的经济和社会代价，遭受“灭顶之灾”。2005年3月4日，胡锦涛总书记发表新形势下发展两岸关系的四点意见，4、5月间，国民党和亲民党相继访问大陆，两岸关系开始向着好的方向发展。越来越多的岛内有识之士借助民间交流的渠道，提出了“两岸共同市场”、“一个经济”、“两岸自由贸易区”等顺应历史发展趋势的建议。在此大背景下，两岸经贸关系重新获得又一次加速发展的契机。唯有从解决现实问题入手，首先实现两岸“三通”，力促台湾当局逐步放弃为两岸经贸联系与民间往来设下的诸多限制与障碍，方能造福于两岸人民，实现两岸双赢互利的发展局面。因此，台湾当局必须本着对台湾未来负责、对台湾人民负责的态度，抓住历史机遇，积极、主动、全面地开放，尽快融入到海峡两岸的经济一体化进程中来，实现持续的增长和未来的繁荣。

附表1　台湾出口商品贸易地区结构(%)

	中国大陆	美国	日本	EU-15	东盟
1991	9.1	29.3	12.1	17.4	17.4
1992	11.9	28.9	10.9	16.1	16.1
1993	14.9	27.7	10.5	14.2	14.2
1994	15.7	26.2	11.0	12.9	12.9
1995	16.0	23.7	11.8	13.1	13.1
1996	16.5	23.2	11.8	13.6	13.6
1997	16.8	24.2	9.6	14.1	14.1
1998	16.6	26.6	8.4	16.7	16.7
1999	17.5	25.4	9.8	15.7	15.7
2000	17.6	23.5	11.2	14.9	14.9
2001	19.6	22.5	10.4	14.9	14.9
2002	22.6	20.5	9.2	13.0	13.0
2003	24.5	18.0	8.3	12.9	12.9
2004	25.8	16.2	7.6	12.2	12.2
2005	27.3	15.1	7.6	10.7	10.7

参考文献:

1. 胡鞍钢、门洪华主编:《中国:东亚一体化新战略》,杭州,浙江人民出版社,2005年。

2. 叶万安:《台湾经济发展与两岸经贸交流》,上海,“第一届两岸民间菁英论坛”会议论文,2005年9月。

3. 马凯:《起伏的投资贸易紧系两岸经济命脉》,上海,“第一届两岸民间菁英论坛”会议论文,2005年9月。

4. 殷存毅:《交流与合作是两岸双赢的必然选择》,中国台湾网 http://www.chinataiwan.org,2001年11月。

5. 张冠华：《两岸经济关系的演变、影响与展望》，香港中文大学中国研究服务中心，2005年。

作者简介：

祖籍浙江省嘉善县，1953年4月27日生于辽宁省鞍山市，现任清华大学国情研究中心主任，清华大学公共管理学院教授、博士生导师。主要研究领域为中国经济发展与发展政策。已正式出版中国国情研究系列专著和合著共计43部，其中个人专著9部，作为第一作者的合著20部；在海外出版中文版8部、英文版6部；在国内核心期刊发表文章近200篇；由新华社、人民日报社内部刊物摘发的国情研究报告及政策建议若干份。其代表作有《中国国家能力报告》、《中国经济波动报告》、《中国地区差距报告》、《就业与发展——中国失业问题与就业战略》、《中国发展前景》、《中国挑战腐败》、《中国战略构想》、《影响决策的国情报告》、《中国大战略》、《第二次转型：国家制度建设》、《透视SARS：健康与发展》等。

务实推动两岸“三通”
积极促进经贸交流

唐　炜

摘要：

本文简要回顾了自1979年以来，大陆为推动两岸直接“三通”，促进两岸经贸交流与合作所采取的一系列措施，主要介绍了2005年以来我在推动落实我党与国民党、亲民党达成的共识方面所做的工作。在两岸同胞的共同努力下，两岸经贸交流日益密切，互惠互利的经济合作格局已经形成，贸易额屡创新高，台商投资平稳增长，形成了以台商投资为主线，加工贸易为主要方式，投资带动贸易，贸易促进投资的两岸经贸交流发展格局。海峡两岸同胞血脉相连，休戚与共，两岸经济各具优势，优势互补。在这种新的形势之下，我们将继续采取积极措施，进一步改善贸易投资环境，推动两岸经贸交流，促进两岸实现直接“三通”。

一、大陆为推动两岸“三通”，促进两岸经贸交流与合作所采取的措施

自从1979年元旦，全国人大《告台湾同胞书》首次提出两岸直接通商、通邮、通航（简称“三通”）的倡议至今，虽然历经坎坷，但在两岸人民的不懈努力下，两岸“三通”从无到有，取得

不同程度的进展，尽快实现“三通”已成为两岸业界和民众的普遍共识。

多年来，在中国共产党的正确领导下，大陆主动采取了许多切实有效的措施，积极推动两岸直接“三通”，促进两岸经贸交流与合作。先后制定出台了《台湾同胞投资保护法及其实施细则》、《关于鼓励台湾同胞投资的规定》、《台湾海峡两岸间航运管理办法》及《对台湾地区贸易管理办法》等一系列有利于推动两岸“三通”，促进两岸经贸交流的法律、法规和具体政策。2005 年 4、5 月间，中国国民党、亲民党组团来大陆访问，胡锦涛总书记与来访的连战、宋楚瑜主席分别进行了会谈，就共同促进两岸关系发展达成多项共识。为落实达成的共识，大陆各有关部门都积极研究和落实加强两岸经贸交流与合作的具体措施。去年 8 月我们宣布将台湾水果准入品种从 12 种扩大到 18 种，并对其中的 15 种水果实施进口零关税措施。批准福州、漳州“海峡两岸农业合作试验区”扩大到福建全省，在福建、山东、黑龙江等地设立台湾农民创业园。举办两岸“信息产业技术标准论坛”，就两岸信息技术标准等领域的交流与合作交换意见。国台办与国家开发银行签署《关于支持台湾同胞投资企业发展开发性金融合作协议》，并制定了具体暂行办法，为大陆台资企业安排了为期 5 年、额度 300 亿人民币的开发性专用贷款。修订了《台湾、香港、澳门居民在内地就业管理规定》，大幅放宽了台湾同胞的就业条件。宣布恢复对台渔工劳务合作业务。自 2005 年 9 月起对在我高等院校和科研院所就读的台湾学生实行与大陆学生同等收费标准，并设立每年总额 700 万的台生奖学金。10 月，国家旅游局局长邵琪伟率“大陆赴台旅游考察团”赴台考察，积极推动大陆居民赴台旅游。简化台湾居民入出境手续。实现了 2006 年台商春节包机。批准台湾四家航空公司的客、货运定期航班飞越大陆空域、延长台湾媒体记者在大陆驻点采访的时限等多项政策措施。

二、近期两岸经贸交流与合作发展情况

在大陆各项措施的推动下，在两岸同胞的共同努力下，海峡两岸的经贸交流与合作结出了丰硕的果实，两岸经贸交流日益密切，互惠互利的经济合作格局已经形成，贸易额屡创新高，商品结构不断改善，台商投资平稳增长，产业逐步优化，形成了以台商投资为主线，加工贸易为主要方式，投资带动贸易，贸易促进投资的两岸经贸交流发展格局。

两岸贸易持续增长。2005 年，两岸贸易额达912.3 亿美元，同比增长16.5%，其中大陆对台湾出口165.5 亿美元，同比增长22.2%，大陆自台湾进口746.8 亿美元，同比增长15.3%。目前，台湾是我第七大贸易伙伴，第七大出口市场，第四大进口市场；大陆已成为台湾最大的贸易伙伴，最大的出口市场。两岸贸易主要集中在我东部沿海省市，以台资企业为主体，加工贸易为主要形式，机电产品和高新技术产品为主要商品。在落实两党共识，推动台湾水果在大陆销售方面，2005 年进口台湾水果 3318 吨，金额 322 万美元，其中进口零关税水果1158.5 吨，金额155.8 万美元，同比增长 23%，免税额 180 万人民币，两岸农产品贸易有了很大的突破与发展，成为 2005 年两岸贸易的最大亮点。

台商投资保持稳定。2005 年大陆共批准台商投资项目 3907 个，实际使用台资金额21.5 亿美元。截至 2006 年 2 月底，大陆累计批准台资项目 68567 个，实际使用台资420.7 亿美元。台湾 1200 多家上市、上柜公司中有近一半在大陆投资发展，大陆成为台湾最大的境外投资地区。台商投资领域以制造业为主，投资区域集中在东部沿海省市。广大台商在大陆的投资对大陆的经济发展和

就业做出了重要贡献，促进了两岸经贸交流与合作的长足发展，并成为联系两岸关系的最重要纽带之一，同时台湾企业也获得了巨大的发展空间，两岸同胞的利益更加紧密地联系在一起，互利双赢的格局已经形成。

两岸展览蓬勃发展，入岛办展取得成效。我们积极支持民间行业组织赴台办展，2005 年 10 月，中国机电产品进出口商会、海峡两岸经贸交流协会和台湾区电机电子工业同业公会在台北世界贸易中心共同主办“2005 年海峡两岸秋季电子展”，12 月福建省海峡商务交流协会在台中世界贸易中心主办“两岸优良家庭用品礼品博览会”，成功搭建了两岸行业合作交流平台。此外，我有关部门相继在大陆各地举办一批面向台湾企业，具有一定规模和影响力的对台专业展览，如厦门海峡两岸机械电子商品交易会暨厦门对台出口商品交易会、上海海峡两岸农产品贸易展销会等，取得了较好的效果。

我们也看到，由于台湾当政者的阻挠，当前两岸经贸交流还面临着一些困难。两岸经贸交流还处于间接、单向的状态，至今不能在海上、空中直航，大陆产品输台受到歧视性限制，2200 多种商品不能进入台湾，大陆的企业也不能入岛投资，经贸人士赴台访问还有很多限制。特别是今年初台湾地区领导人提出“积极管理、有效开放”的新思维，已经受到包括台湾工商界人士在内的广大台湾同胞的质疑和反对。

三、大陆有关鼓励外商投资的政策介绍

（一）继续完善鼓励外商投资的政策措施

在开放投资领域方面，采取了一系列新举措，不断开放大陆市场，大力引进外资。修订《对外贸易法》，放开外贸权；颁布《外商投资商业领域管理办法》，允许外商从事分销业务；《外资金

融机构管理条理实施细则》，进一步放宽了外商投资金融、保险的经营地域、业务范围、持股比例的限制；《汽车金融公司管理办法》及其实施细则开放了汽车融资金融服务市场；新修订的外商投资设立投资性公司的相关规定，为跨国公司设立地区总部、营运中心、财务公司，承接服务外包业务创造了有利条件。按照入世承诺，迄今为止商务部相继颁布了40多项开放服务业的法规、规章，涵盖直销、分销、特许经营、拍卖、租赁、汽车品牌销售、成品油市场开放等几乎所有服务贸易领域。

在产业政策方面，为更好地发挥外商投资对大陆国民经济和社会发展的积极作用，合理引导外资投向，再次修订了《外商投资产业指导目录》，增加了鼓励类的内容，并放宽外资准入范围（新《外商投资产业指导目录》中列明鼓励类项目共256条，限制类77条）。重点鼓励外商投资高新技术产业、设立研发中心及投资现代服务业。

在区域政策方面，2005年6月，国务院办公厅正式公布了《关于促进东北老工业基地进一步对外开放的实施意见》，鼓励外资参与国有企业改组改造，加快体制和机制创新。商务部会同有关部门发布了《关于积极合理有效利用外资，落实〈关于实施东北地区等老工业基地振兴战略的若干意见〉的意见》，提出了19个方面的政策建议，支持东北地区加快发展。重新修订了《中西部地区外商投资优势产业目录》，进一步拓展了原有的鼓励外商投资范围。我相关部门还在研究制订吸收外资促进中部崛起的政策，完善外资参与西部大开发的措施，以对外开放和吸收外资促进区域经济协调发展。

在股市股权分置改革方面，积极落实《国务院关于推进资本市场改革开放和稳定发展的若干意见》要求，2005年10月发布了

《关于上市公司股权分置改革涉及外资管理有关问题的通知》，明确了外商投资上市公司股改相关事项的审核程序、股改后的企业性质和企业待遇等问题，允许境外投资者对上市公司进行战略性投资。2005年底，公布了《外国投资者对上市公司战略投资管理办法》，明确了战略投资者的资格、战略投资的审批程序、实施及享受待遇等具体问题，继续鼓励外商投资参与现有企业改组改造，优化配置存量资产、促进上市公司质量提高。

（二）大力推进依法行政

实施《行政许可法》，以法律形式最大限度地减少行政审批事项，规范政府机构的行政许可行为，相关部门还积极研究进一步下放审批权限，简化审批程序和减少审批内容。国务院颁布实施了《关于投资体制改革的决定》，在一些方面扩大了地方外商投资审批权限。商务部会同有关部门按照外商投资的三个大法和新修订实施的《公司法》及《公司登记管理条例》，对现行外商投资相关规定进行了梳理，明确了外商投资企业审批和登记的法律适用原则和具体操作办法。商务部还将对《关于外商投资举办投资性公司的规定》、《外商投资企业境内投资的规定》等进行补充和修订，进一步完善外商投资的法律法规体系。

（三）加强知识产权保护工作

我们高度重视知识产权保护工作，将其作为改善投资环境的主要内容。已经建立了符合国际规则的知识产权法律法规体系，并参加了几乎所有保护知识产权的国际组织。为加大执法力度，国务院成立了由12个部门组成的保护知识产权工作组，由吴仪副总理担任组长，统一领导和协调全国保护知识产权工作。最高人民法院和最高人民检察院制订了“关于办理侵犯知识产权刑事案件具体应用法律若干问题的解释”，降低了知识产权犯罪的刑事制裁“门槛”。

今年，我们将认真贯彻胡锦涛总书记关于新形势下发展两岸关系的重要讲话精神，继续推动落实我党与国亲两党达成的共识。一是继续推动建立两岸经济合作机制。目前情况下，我们会积极推动两岸民间机构就建立两岸经济合作机制等相关问题进行交流探讨，听取台湾各界人士对此问题的意见和建议。二是推进两岸全面直接双向“三通”。努力促进两岸客货运包机尽早实现，实现两岸货物、资金双向直接往来，继续促成两岸邮件互寄、互办特快专递和邮政汇兑业务。三是加强两岸在农业领域合作，继续扩大台湾农产品在大陆的销售。

“以民为本、为民谋利”，是解决“三通”问题的立足点和出发点，在推进“三通”的过程中，只要真正对两岸同胞有利、对两岸人员往来有利、对两岸经贸关系发展有利，我们都愿意务实推动，积极促成。我衷心地盼望两岸同胞携起手来，共同努力，将海峡两岸经贸交流与合作推向高潮，也祝愿台商在参与祖国大陆改革和经济发展过程中，进一步拓展自己的事业，实现互利双赢。

作者简介：

现任商务部台港澳司司长、海峡两岸经贸交流协会副会长，主要研究方向是两岸四地区域经济合作，近期主要组织和参与了与香港、澳门更紧密经贸关系的安排磋商、对台湾15种水果实施零关税措施、恢复对台渔工劳务合作等多项台港澳经贸领域重要工作。

“三通”直航对两岸经济发展的影响

——从宏观角度分析

高 长

一、前言

随着两岸交流日益频繁，要求开放两岸“三通”的呼声不绝于耳，其中以直接“通商”和直接“通航”特别受到关注，因为这两项措施所衍生的贸易便捷性以及成本效益，攸关厂商在两岸投资布局和经营利润。然而，由于两岸“三通”并非纯粹为经济课题，特别是航权牵涉谈判，“三通”即无法避免涉及政治问题，因此，“三通”问题乃成为两岸关系难以突破的一个焦点。

近年来，大陆经济快速崛起，已成为全球重要的生产基地，在国际产业链上所占地位大幅提升。大陆的成本优势加上广大的市场腹地，逐渐成为东亚经济成长的领导者，两岸经贸之融合程度也愈来愈深。然而，由于两岸直航迄未开放，台湾相对于大陆原有的竞争优势逐渐流失，区位优势更是无从发挥；对于台湾企业而言，两岸不能直航徒增经营成本，在国际竞争上处于不利地位，因此，台湾各界力促开放两岸直航的声浪更加高涨。

盱衡目前经济形势与两岸经济整合状况，开放两岸直航的确有其必要，而且有迫切性。本文试图从宏观的角度探讨开放两岸直航对台湾经济可能造成的影响，并进一步提出开放两岸直航的策略思维，以及配套措施之看法。

二、开放两岸直航的经济效益

开放两岸直航可创造的经济效益是十分明显的。首先，两岸直航若能实现，则两岸之间的交通运输不需绕经第三地，可以节省运输成本，包括货币成本（即指运输费用）和时间成本。中华经济研究院（2002）针对相关企业调查结果显示，两岸直航将使货物运输（海运）费用节省14.56%，使人员往返两岸的货币成本节省27.12%。就货物空运来看，以台北、上海和台北、厦门航线为例，直航运送的时间仅需目前非直航时间的四分之一；若再考虑台北、北京和台北、广州等两个航线，以 2002 年该四个航线两岸进出口空运货物量估计，直航一年可以节省三分之一以上运费。

另外，根据台湾当局于 2003 年提出的“两岸直航之影响评估”报告，针对直航对运输成本的影响，指出海运直航可以节省相关运输成本每年估计约新台币8.2 亿元（据不同估计从 8 亿元至 12 亿元）；运输时间则约可减少一半（以不经石垣岛估计每航次可节省 16 至 27 小时）。空运方面，直航可节省旅客旅行成本估计每年约新台币 132 亿元（以多航点直航估计），旅行时间节省 860 万小时；货物运输成本每年约可节省新台币8.1 亿元，运输时间则可节省 26 万吨小时（空运直航因各种假设条件不同，成本估计有甚大差异）。对个别企业而言，因海、空运直航可节省的运输成本估计约一成五至三成，且运输时间缩短可减少产品库存及增加生产效率，有助于降低整体营运成本。对航运者的利益来说，以空运业者受益较大，海运业者受益较有限。

其次，开放直航，可以促进两岸产业分工，建立有利台湾产业结构转型及竞争力提升的产业分工体系。开放两岸直航将增进两岸之投资及贸易关系，根据《制造业国内投资实况调查报告》（2001 年），有23.2%的受访厂商表示两岸“三通”后，将增加在台湾投资，其中大型和中型企业表示将增加在台湾投资的比率均超过三成；按四大行业别来看，信息电子工业表示将增加在台湾投资者所占比率最高，达29.9％，其次依序为金属机械工业（占22.4％）、化学工业（占20％）、民生工业（占17.9％）。另外，受访厂商中表示两岸开放“三通”后，在台湾之投资将维持不变，表示将减少在台湾投资者只占15％，其中大都属于在台湾竞争力已逐渐丧失的劳力密集产业。在对大陆投资方面，中华经济研究院之调查研究发现，两岸“三通”直航后，台湾制造业对大陆投资平均将增加6.7％，其中增加幅度较高的产业包括基本金属及金属制品(22.5％)、塑料制品(22.7％)及成衣服饰品（20％）。台湾在全球化潮流之冲击下，经济结构已面临转型，原有不具经济效益之产业不得不外移，在语言、地利等因素考虑下，前往大陆可说是合理的选择。开放两岸直航，将有利于台湾制造业者在两岸投资布局，更有效利用大陆成本低廉及广大市场腹地的优势。

第三，开放两岸直航，有利于吸引跨国企业来台投资。直接通航便利两岸商贾往来，加上两岸同文、同种，以及台湾在管理和技术方面具有优势条件等因素，有利于外商利用台湾作为其经营大陆市场之跳板。近年来，外商来台直接投资已不像过去那么热络，美侨、欧侨商会年终提出的白皮书都指出，两岸之间持续不能“三通”，是影响外资来台投资意愿的主要因素。换言之，缺少了“三通”的支持，台湾原本具有的制造、营运、服务等方面的优势逐渐褪色。前美国在台协会处长包道格即曾指出，两岸直航迟未开始，台湾竞争力将逐渐丧失。美侨商会在台会员在两年内流失百家[①]。

跨国企业对大陆市场一直抱有高度兴趣，若能开放两岸“三

① 台湾《联合报》，2002年9月27日。

通”直航，势将有利于跨国企业来台投资并与台商策略联盟，共同开发大陆市场。跨国企业来台直接投资增加，将进一步促进台湾经济全球化，有利于建立台湾成为亚太运筹中心，对台湾有利。

三、开放两岸直航的总体经济效果

两岸“三通”直航一旦开放，各界最关注的议题莫过于，是否导致台湾产业外移和资金外流过多，最后造成台湾产业空洞化和总体经济衰退，学术界常利用 GTAP（Global Trade Analysis Project）模型估计开放直航对两岸经济发展的影响[①]。举例来说，翁永和等人的研究指出，两岸开放直航对台湾与大陆总体经济之影响，无论是实质 GDP 的变动、贸易条件或是社会福利方面，都具有正面的作用（表一）。

表一　开放直航对台湾与大陆经济之影响

	单位	台湾		大陆	
		海运直航	海空直航	海运直航	海空直航
实质 GDP	%	0.027	0.030	0.038	0.042
贸易条件	%	0.580	0.648	0.311	0.348
社会福利	百万美元	1033	1150	985	1090

资料来源：翁永和等人(2001)。

Chou 等人（2002）的研究亦发现（表二），加入 WTO 后两岸关系调整，开放两岸直航对台湾与大陆的 GDP 变动、贸易条件和

① GATP 模型是由美国普渡大学（Purdue University）全球贸易研究中心（Center for Global Trade Analysis）所建立的多地区多部门可计算一般均衡全球贸易分析模型（含资料库）。该模型是由各地区之次模型组合而成，其次模型内部乃依据会计恒等式及行为方程式在新古典经济理论下所建构，而这些次模型再透过双边与多边国际贸易的联结并达到均衡，而形成全球一般均衡模型。

社会福利效果，无论在短期间（一年内）或长期间，都会有正面的效益，尤其长期的经济效益更大。另外，表二的数据显示，开放两岸直航后，台湾的投资将会增加，唯幅度均低于1%；相对而言，大陆的投资增加幅度大一些，超过2%。另一方面，开放两岸直航有利于台湾出口和进口扩张，贸易余额亦会增加；对大陆而言，货物出口在短期呈现负成长，长期则呈现扩张效应，进口贸易将维持2%左右的成长。陈丽瑛等人（2002）的研究结果显示，开放两岸直航对台湾与大陆总体经济的影响都是正面的（表三）。

表二　开放直航对两岸总体经济之影响(一)

	单位	台湾		大陆	
		短期	长期	短期	长期
GDP	%	0.04	0.39	0.02	0.84
投资	%	0.62	0.91	2.26	2.27
出口	%	0.29	0.71	-1.53	0.33
进口	%	1.21	1.48	1.90	2.00
贸易余额	百万美元	163	346	-6260	-2754
贸易条件		0.82	0.73	0.84	0.43
社会福利	百万美元	1418	2141	3247	6463

资料来源：Chou et.al(2002)。

说明：1.加入WTO后的两岸关系直航效果。

2.短期是指增加固定投资只有刺激内需但对生产不造成影响；长期则是对生产造成影响。

3.假设航运成本可节省40%；台湾对大陆投资增加2.27%。

表三　开放直航对两岸总体经济之影响(二)

	单位	台湾	大陆
GDP	%	0.15	0.06
贸易余额占 GDP	%	0.04	0.01
贸易条件		0.24	0.16
社会福利占 GDP	%	0.25	0.09
劳动工资率	%	0.45	0.11

资料来源:陈丽瑛等人(2002)。

高长等人（2002）亦曾利用第五版 GTAP 数据库，可计算一般均衡模型估计在各种仿真政策情境下，台湾经济可能受到的影响。首先，考虑在 WTO 架构下，全面放宽对大陆投资限制可能造成的影响，模拟估计结果发现，放宽厂商赴大陆投资限制对台湾的实质 GDP 成长及投资均有正面帮助；在实质贸易余额的变动方面，台湾贸易余额约减少 200 万美元，而台湾的贸易条件也将处于不利的局面（表四 A 栏）。

表四　开放直航对台湾总体经济之影响

	单位	A	B		C	
			B1	B2	C1	C2
实质 GDP	%	0.0098	0.0017	0.0072	0.2136	0.2191
贸易条件	%	-0.0035	0.6392	0.3534	0.5850	0.2992
实质贸易余额	百万美元	-1.98	85.09	46.60	185.41	146.92
岛内投资	%	0.0131	0.6261	0.3596	0.8141	0.5475

资料来源:高长等人(2002)。

说明:A.在 WTO 架构下,全面放宽赴大陆投资限制。

B.在 A 的情境下,再考虑开放两岸直航。

C.在 B 的情境下同时考虑整体对等投资。

* 两岸直航使运输成本节省幅度,假设 39%(B1、C1)和 20%(B2、C2)。

其次，在前述模拟情境的基础上，增加考虑开放两岸直航的因素，假设两岸直航可节省运输成本39.3%（表四 B 栏），估计结果显示，无论实质 GDP 成长、贸易条件、岛内投资或是实质贸易余额均呈现有益的效果；当我们考虑两岸直航运输成本节约的幅度缩小时（假设 20%），则额外考虑两岸直航下，放宽赴大陆投资限制对台湾经济的影响，就实质 GDP 成长、实质贸易余额、贸易条件、岛内投资金额等各项指标来看，对台湾也都有利。令人好奇的是，开放两岸直航对台湾的实质 GDP 成长、贸易条件、实质贸易余额和投资等指标虽都具有正面的效果，当运输成本节省幅度较小时，开放两岸直航对实质 GDP 成长的影响较为显著，而对于贸易条件、实质贸易余额和岛内投资等三项指标的影响效果较低。

比较表四 A 栏和 B 栏实质 GDP 成长变动的情形，我们发现，在放宽对大陆投资限制下，增加开放两岸直航后对台湾实质 GDP 成长的帮助，反而比不开放两岸直航的效果缩小，其中意味着，若投资已开放，直航的效益会较小；不过，无论如何，整体效果还是正的。表四 C 栏数据显示，当我们在放宽对大陆投资限制及开放两岸直航的基础上，同时考虑在台湾对等投资时，各项总体经济指标均呈现正面的效果。比较表四 A、B、C 三栏，可以发现额外考虑在台湾对等投资，对台湾经济的正面影响非常大。

值得注意的是，开放两岸直航对台湾产业结构之调整将造成明显的影响，表五 A 栏数据显示，只考虑放宽对大陆投资限制时，各产业中除农业、食品加工、成衣及其他制品等行业面临实质产出减少的不利地位外，其余产业之产值均呈现增加。不过当再额外考虑开放两岸直航时（表五 B 栏），台湾的农产、矿业、食品加工等十五个行业的实质产出水平均呈现衰退的局面，其中成衣、木材制品、汽车及其零件、其他运输工具等产业的衰退幅度均超过1%；而纺织、塑化、纸及纸制品、石油及煤制品等行业的实质产出则有不同程度的成长。当再考虑配套措施鼓励厂商在台湾对等投资时，表五C栏的数据显示，各产业实质产出水平的变动，衰退产业衰退的幅度明显减轻，而成长产业成长幅度提升。不过，从表五C栏呈现的估计结果看来，显然，开放两岸直航将扩大台湾产业结构之调整的幅度。

表五　开放直航对台湾产业结构的影响

	A	B	C
农产品	-0.031	-0.183	-0.142
矿业	0.008	-0.127	0.061
食品加工	-0.006	-0.131	-0.043
纺织	0.038	2.586	2.816
成衣	-0.006	-1.526	-1.315
皮革及其制品	0.224	0.258	0.485
木材制品	0.037	-1.084	-0.883
纸及纸制品	0.012	0.361	0.578
石油及煤制品	0.013	0.314	0.521
化学、橡胶及塑料	0.024	0.958	1.205
非金属矿物制品	0.009	0.210	0.465
钢铁	0.001	-0.276	0.070
非铁金属	0.032	-0.104	0.258
金属制品	0.010	-0.581	-0.334
机械设备	0.012	0.199	0.460
电机电子产品	0.009	-0.773	-0.486
汽车及其零件	0.014	-1.104	-0.734
其他运输工具	0.010	-1.348	-0.999
其他制品	-0.005	-0.130	0.059
电力	0.011	0.262	0.479

续表

	A	B	C
天然气	0.007	0.129	0.291
自来水	0.008	0.020	0.215
营建工程	0.012	0.253	0.451
金融服务	0.008	-0.064	0.171
商业服务	0.010	-0.056	0.200
其他运输服务	0.007	-0.260	-0.079
其他服务业	0.001	0.004	0.119

资料来源和说明:同表四。

四、两岸直航对台湾的影响平议

从经济面考虑，开放两岸直航对台湾影响除了模型所示者，也有一些其他的意见。反对开放的人士认为，两岸直航降低了双边交流的成本，将促使两岸交流规模更加扩大，台湾的经济、社会结构将面临巨大的调整压力。经常被提出的论点包括：大陆物品进口增加及大陆台商产品回销，可能冲击台湾境内的产业，并造成两岸双边贸易顺差缩小及通货紧缩问题；人民将扩大赴大陆观光旅游、从事商务活动、消费乃至购买房地产，可能造成内需萎缩及房地产景气低迷；赴大陆投资将扩大，可能进一步造成资金、人才、技术流向大陆，从而减少在台湾投资；经济结构将大幅改变，可能使结构性失业问题增加，而中高级人力、技术人才等随企业投资赴大陆工作，则可能造成台湾面临短缺的问题等。在经济面的考虑之外，也有人以“安全”为由，反对开放两岸直航。所提出的层面包含军事、社会、乃至经济上所可能产生的更大依赖关系等等。

平心而论，关于开放两岸直航的课题，安全方面的顾虑固然是一个无可避免会被提出来的议题，然而，我们也必须指出，直航是否为影响安全的必然因素，其实仍有讨论的空间。一般而言，影响安全之因素很多，举凡台湾本身政治情势及海外情势之变化均会影响安全。若谓“三通”会威胁安全，而将一些经济活动加以限制，恐有因噎废食、矫枉过正之嫌，值得商榷。换个角度来说，如果认为开放“三通”对安全有威胁，是否代表维持不开放即可以使安全获保障，显然不无疑问。事实上，开放“三通”可能有助于两岸降低敌对状态，甚至于促进和平的氛围，进而降低安全的顾虑，反倒更值得思考。

两岸“三通”迄未开放直接进行，经济利益上遭受的损失似乎逐渐明显，最具体的是台湾国际港埠（尤其是高雄港）营运业务成长几乎陷于停滞，发展台湾成为跨国公司进军大陆市场之跳板，以及发展台湾成为全球运筹中心的计划进展有限，因此，台湾经济成长能量减低。

其次，在社会方面，就现实面来看，两岸交流如果没有办法禁止，则应回归正常化及有效管理的层面作思考。过去一段期间，两岸交流带来的负面案例，有一些是因管理不善所产生，譬如说假结婚事件；有一些则是因严格管制的副作用，譬如走私、偷渡等。推动两岸正常化交流并落实有效管理，因开放直航而使两岸交流规模扩大，不必然会增加社会成本。

第三，开放直航加深经济融合，经济上或较容易受到大陆经济波动的影响。不过，我们要指出，在全球化之下，任何经济体都无法自免于经济波动，但不应当因为畏惧波动而限制经济走向开放。何况经济波动往往有其征兆和一定的规律，可依经济法则加以预测并早做预防。在可能产生的贸易摩擦方面，两岸既然已加入 WTO，都会遵守 WTO 的规范下，一切照既有的程序来，反而单纯。

就产业外移衍生的资金外流问题来看，的确，近年来台湾企业在岛内面临成本高涨的压力，前往中国大陆投资者络绎于途。不过，必须指出的是，随着经济发展，产业结构也将调整，在台湾经营已失去竞争优势的企业外移或结束营业，可说是正常现象。企业依市场法则在全球各地投资布局，是不可阻挡的潮流，试图透过行政干预加以阻止，注定会徒劳无功。换个角度说，在正常情况下失去生存条件的企业外移，资源得以重新配置，较高生产力的新企业进入并促进产业转型升级，对台湾经济持续发展有利。事实上，过去多年来，台商对大陆投资与两岸双边贸易持续发展，已使得两岸产业分工更趋紧密，过程中尽管对台湾社会曾造成一些影响，例如产业结构调整带来部分人失业的问题，但是企业投资大陆对台湾产业转型和发展基本上有一定程度的贡献，对台湾经济整体而言利大于弊[①]。

五、推动两岸直航的策略思维

无疑地，两岸直航一旦开放，双边交流成本降低的结果，将促使两岸交流规模更加扩大，台湾的经济、社会结构将面临巨大的调整压力。不过，我们也不能否认，两岸直航促进双边关系正常化，也将为台湾创造额外的经济利益，这些效益若能超过代价，政策就应朝更开放方向前进。

过去 20 多年来，大陆采取各种政策，努力改善投资环境，吸引外商直接投资，跨国企业趋之若鹜，已成为世界上最重要的生

① 相关的实证研究发现，纵使台湾厂商对大陆投资导致岛内生产线之调整，但这种产业结构调整并不必然带来产业空洞化的后果，相反的，却又助于产业技术升级及增强个别企业在国际市场竞争优势。详细请参阅 Tian – jy Chen and Ing – hua Ku（1998），Foreign Direct Investment and Industrial Restructuring：The case of Taiwan’s Textile Industry，paper presented at East Asian Economic Seminar，Osaka，Japan；高长（2001）。

产基地。在全球化潮流下，大陆在国际分工格局中的地位逐渐提升，世界各国企业都积极争取利用大陆资源，并想扩大在这个具有发展潜力的市场布局。台湾是属海岛型经济，经济资源相对贫乏，追求经济成长必须发展对外经贸关系，顺应全球化潮流参与国际分工，因此，台湾不能忽视，甚至更应积极的思考，如何妥善布局大陆的资源与市场腹地，以强化竞争优势，促进台湾产业发展和经济成长。

两岸经济比较优势具有明显的互补性，过去20多年双边经贸交流，对台湾和大陆经济发展基本上创造了互利双赢的结果，可说是皆大欢喜。尽管有论者称两岸经济融合程度加深，两岸政治对立氛围并未因而改善。然而，我们认为在全球化潮流下，能否善用大陆的资源和市场腹地，攸关台湾经济持续发展。开放两岸直航，促进两岸经济整合，有利于扩大台湾经济实力反而有利于经济安全。

近年来，两岸互信的基础似不如以往，这对于经济安全更为不利。首先两岸政治对立升高，台湾的投资环境面临严重的不确定性，将影响厂商的投资意愿，尤其不利于吸引外国直接投资。政治关系和谐，而两岸经贸往来更密切将有助于台湾经济稳定发展；因政治面考虑而采取自我设限的政策，不利于提升台湾的国际竞争力和整体经济实力，安全更沦为空谈。

两岸均已成为WTO的正式成员，可均享受WTO赋予的权利和义务。台湾拥有得天独厚的地理区位优势，却受限于市场腹地，面对大陆经济崛起现实，台湾的区位优势若因两岸经贸关系未正常化而无法充分发挥，甚至在全球竞争环境下，台湾的区位优势已逐渐流失，显然不是台湾人民之福。

六、结论

综合上述分析，开放两岸直航对台湾经济长期发展有重大影响。基于大陆经济崛起并在全球分工格局中占有重要地位，同时也基于台湾经济，在全球化潮流下必须积极作全面的分工布局，与大陆经济进一步交流与合作无可避免，因政治考虑而不开放直航，限制两岸经济交流与合作，在市场力量作用下，势必难以奏效，反而是过度保守的紧缩政策对台湾经济发展不利，付出的代价可能更高。

关于开放两岸直航的政策，现阶段应思考的不是该不该开放的问题，而是如何开放。由于开放两岸直航将使台湾的经济结构产生变化，产业的波动加剧，有需要建构一些配套措施，不但降低冲击，反而促使产业升级加速进行。最重要的是提升台湾技术创新、运筹管理及系统整合能力，提升台湾企业综合竞争力，以使得在愈紧密的分工体系下，调整的成本降到最低，利益升到最大。在两岸经济更紧密交流的同时，台湾也可加强吸引海内、外厂商前来投资，建构可操作的经济合作模式，推动与世界各国厂商的具体合作计划，结合跨国企业的力量，加速台湾产业转型升级，强化核心竞争力。

在开放两岸直航方面，将安全因素作无限上纲的做法并不可取，尤其保守、封闭的政策造成台湾经济不能正常的参与全球产业链，付出的代价不眦。我们赞同两岸直航宜在周延的配套措施下循序推动，但我们并不赞同刻意贬低直航的效益，夸大各层面的成本与代价，以有效管理机制尚未建立不能草率行事为借口，拖延开放时机。开放直航在现阶段不只有必要且有迫切感，两岸直航障碍不解除，台湾的地理区位优势不断流失，自由贸易港区之营运不如预期，反而对台湾不利。以开放直航，让两岸经济均蒙其利，进而改善关系，降低对立的气氛，塑造和平的远景，才应当是可行之途。

参考文献

Chen, Tian - jy and Ing - hua Ku (1998), Foreign Direct Investment and Industrial Restructuring: The case of Taiwan' s Textile Industry, paper presented at East Asian Economic Seminar, Osaka, Japan.

Chou, Ji, Kun - ming Chen, Shiu - tung Wang and Nai - fong Kou (2002), "Trade and Direct Investment Across the Taiwan Strait - An Empirical Analysis of Taiwan and China' s Accession into the WTO", presented at 6th Annual conference on Global Economic Analysis, Taipei, Taiwan, June.

翁永和、许光中、徐世勋、杜芳秋（2001），“两岸开放全面三通对亚太地区经贸之影响”，《台湾经济学会年会论文集》，台北：台湾经济学会。

高长（2001），“制造业赴大陆投资经营当地化及其对台湾经济之影响”，《经济情势暨评论季刊》（台北），7（1），138 - 173页。

高长（2003），“‘三通’议题进展的可能性评估”，发表于两岸政经交流展望座谈会，中华欧亚基金会主办，台北。

高长、史惠慈、杨书菲（2002），“放宽大陆投资限制对台湾产业结构及就业的影响”，“工业局”委托研究报告，台北：中华经济研究院。

高长、张五岳（2000），“两岸三通问题之探讨”，台湾区电机电子工业同业公会委托研究报告。

陈丽瑛、王思粤、郭乃锋、杨浩彦（2002），“两岸三通对台湾产业之影响——总体经济效果之评估”，发表于2002年大陆经济发展研讨会，中华经济研究院主办，台北。

学经历简介：

获美国纽约州立大学经济学系博士学位，19800－2003服务于中华经济研究，曾任该院大陆经济所副所长、所长等职务，2003年8月起任职于东华大学公共行政研究所，目前兼任该校人文社会科学学院院长。学术专长为大陆经济、两岸经贸关系、劳动经济、经济发展理论与政策等。

规划经贸合作架构
建立两岸共同市场①

高孔廉

摘要：

现今国际政治与经济由对抗走向合作的潮流下，两岸合作发展经济，则互利双赢，两岸人民同蒙其利；相互仇视，制造紧张，则双方互蒙其害。面对国际经济全球化及区域经济整合化的潮流，两岸经贸合作对台湾经济发展及两岸人民的福祉都有好处，两岸当局应以天下苍生为念，化刀剑为锄犁，维持台海和平，建立互利互惠的两岸经贸关系。

两岸地缘接近，语言文化同源，互为重要贸易伙伴，且经济结构有相当的互补性，最有条件成立“共同市场”。因此，为了顺应世界经济发展潮流，基于大陆经济发展趋势及两岸经贸发展现况，并且顾及台湾自身经济发展需要，两岸有必要成立共同市场，合作发展经济，化解两岸的政治争议，带来和平的契机。

两岸经贸活动至今仍然受到许多非经济因素的干扰，为了减少经营环境的风险，有必要尽速解决政治争议，建立一套新经济合作机制。2005年中国国民党连战主席访问大陆，进行“和平之旅”，与大陆领导人胡锦涛达成“连胡五大愿景”，双方基于“九二共识”，将政治争议搁置，为两岸奠定和平与合作的发展基础。

---

① 本文承国政研究基金会高级助理研究员邓岱贤协助蒐集资料及撰拟初稿。

在经贸合作方面，则是优先讨论“两岸共同市场”的问题，为两岸经贸合作未来擘划出具体可行的方向。

江副主席访问大陆，与国台办主任陈云林所达成的“江陈十二项共识”，则是充实“两岸共同市场”的实质内涵。建立“两岸共同市场”可以开创两岸和平、和谐、合作的气氛，这是两岸经济向前发展的先决条件；其次是增进两岸经贸合作，使台湾能善用大陆资源，并与周遭国家进行经济合作；而大陆能善用台湾的资金、技术及国际营销经验，持续经贸发展，这对两岸是互惠双赢的局面。最后是使台湾藉由大陆而融入亚洲区域经济整合体系，避免台湾经济被边缘化。

我们诚挚呼吁两岸搁置政治争议，尽速恢复制度化的沟通协商管道，透过交流，凝聚两岸共识，逐步推动建立“两岸共同市场”，为壮大两岸经济、造福两岸同胞而共同努力。

一、前言

国际经济全球化（Globalization）及区域经济整合化已经成为世界的一股潮流，为了世界经济资源有效的利用与配置，世界贸易组织（World Trade Organization，WTO）积极推动全球化，希望消除关税及非关税贸易障碍。但是已开发国家、开发中国家及低度开发国家因经济发展程度不同，对全球化的内涵仍有歧见，现阶段大规模的推动并不容易，因而转向推动区域性的经济合作，导致区域经济组织不断成立，这个趋势对全世界的经贸发展有一定程度的影响性。

由于两岸对外贸易占各自 GDP 的比重均相当大，因此全球经贸发展对两岸的经济均有相当的影响性。2005 年大陆对外贸易总额为1兆4221亿美元，约占GDP 18兆2321亿人民币[①]的62.9%[②]，而这个数字2001年仅为38.5%[③]，有大幅攀升的趋势；2005年台湾对外贸易总额为3710亿美元[④]，而GDP仅3462亿美元[⑤]，对外贸易总额占GDP的107.2%，其重要性不可言喻。因此，两岸都要密切注意国际间区域经济整合的发展，并且参与这些组织，以创造对自身经贸发展最有利的条件。

在全球区域经济盛行的今日，两岸地缘接近，语言文化同源，互为重要贸易伙伴，且经济结构具有相当的互补性，最有条件成立“共同市场”。两岸成立共同市场，合作发展经济，可化解两岸的政治争议，带来和平的契机，如此则两岸互利双赢，人民同蒙其利；两岸若相互仇视，意识形态作祟，制造紧张，则双方互蒙其害。因此，本文的主要目的，就是期望研究其他地区区域经济整合的状况，并以过去两岸经贸往来的实际数据来说明，两岸若能逐步推动成立“两岸共同市场”（Common market），对两岸各自的经济发展都有帮助。

二、区域经济整合的现况与未来

在1948至1994年间，也就是在“关税暨贸易总协议”（General Agreement on Tariffs and Trade，GATT）时代，全球一共有124个区域贸易协议（Regional Trade Agreement，RTA）向GATT登记。1995年WTO成立后，截至2005年9月，连同向GATT登记的RTA，总计有334个向WTO登记，其中62.8%是在过去十年WTO

---

① 详见大陆商务部“2005年国民经济和社会发展统计公报”，网址：http://www.stats.gov.cn/tigb/ndtjgb/qgndtjgb/t20060227_402307796.htm

② 以2005年年末人民币汇率8.07计算。

③ 2001年大陆的GDP为10兆9655亿人民币，外贸总值约为5093亿美元，平均汇率为8.28。

④ 详见“经济部”国贸局“国际贸易情势分析”，2005年12月，网址：http://ekm92.trade.gov.tw/BOFT/OpenFileService

⑤ 2005年台湾的GNP为3550亿美元，GDP为GNP之97.52%，约为3462亿美元。

成立后签订的，而仅 2005 年 1 至 9 月就新增 27 个[①] 自由贸易协议（Free Trade Agreement，FTA）。在可见的未来，区域经济合作的趋势会持续成长下去，且区域经济合作的范围及内容将会随着时间而扩大。

（一）全球经贸自由化整合不易成功

造成区域经济整合盛行的原因之一，是全球经贸自由化整合不易成功。已开发国家曾利用国际经贸组织，如亚太经济合作会议（Asia - Pacific Economic Cooperation，APEC）及 WTO 来推动全球贸易自由化，但结果都未成功。例如，1994 年 APEC 十八个会员国于印度尼西亚茂物（Bogor）举行领袖会议，共同发表“茂物宣言”，倡议已开发会员体将于 2010 年达成贸易与投资自由开放目标，开发中会员体将于 2020 年完成该目标[②]。

尔后 APEC 于 1997 年加拿大温哥华会议中提出“自愿性部门提早自由化”（Early Voluntary Sectoral Liberation，EVSL），希望各会员体每年透过自行拟定之“个别行动方案”（Individual Action Plans）进程逐年施行各部门的自由化，因为 APEC 各会员体相信，减少贸易障碍将有助于出口及贸易活动的增加，也因此能够改善最大多数 APEC 经济体人民之福利[③]。

然而，1997 年亚洲金融风暴发生，各国尤其是发展中国家对于全球性的自由贸易产生若干疑虑，再加上日本对于开放其国内农产品市场也有意见，使得 1998 年 APEC 部长会议中，认定无法达成 EVSL 目标，因而决定将许多项目移至 WTO 下的“加速关税自由化”来推动，APEC 推动贸易自由化因而受挫。

---

① 根据大陆商务部公布之资料，详见人民网，网址：http：//politics. people. com. cn/BIG5/1027/4087049. html.

② 《自由时报》，2003 年 10 月 16 日《APEC 专题》。

③ 见“APEC 部门别提前自由化（EVSL）对我整体经贸之影响与因态”，“经济部国贸局”（2000）。

在WTO方面，2001年11月，在卡达首都多哈（Doha）举行第四届部长会议，会后共同发表宣言，希望会员国在农业、服务业、非农产品之市场进入、与贸易有关的智慧财产权、贸易与投资之间的关系、贸易与竞争政策间之互动、政府采购透明化、贸易便捷化等方面达成协议①。然而，在2003年WTO在墨西哥坎昆（Cancun）举行的第五届部长会议，各会员国在农业问题上无法达成共识，令多哈回合谈判陷入僵局。2004年8月WTO总理事会议虽然达成“多哈回合框架协议”，明确规定美国及欧盟逐步取消农产品出口补贴及降低进口关税，来响应发展中国家的诉求。但是在2005年12月13日WTO在香港举行的第六届部长会议，亦因欧盟在农产品补贴降低及进口关税减让上无法让步，使得多边模式的贸易自由化努力无法达成功效②。

各国由于经济发展程度不同，利益各异，推动全球性的经贸自由化原本就困难度极高，不易成功。因此，在已开发国家推动全球经贸自由化的同时，各国转以洽签双边或区域自由贸易协议方式来寻求经济合作，造成区域经济整合之势风起云涌。

（二）目前亚洲区域经济整合现况

目前在亚洲区域经济整合进度如下：已经签署FTA者有：

1. 东协：已与中国大陆、印度、澳纽签署。

2. 中国大陆：已与东协、香港、澳门、智利、亚洲—太平洋协议签署。

3. 日本：已与新加坡、墨西哥签署。

4. 韩国：已与新加坡、智利签署。

---

① 详见“国贸局”WTO第四届部长会议部长宣言，网址：http://ekm92.trade.gov.tw/BOFT/OpenFileService

② 参考江丙坤于英国剑桥大学演讲，“中国之崛起对东亚经济的影响”之内容，2003年10月。

表一　亚洲区域经济整合进度

<table>
<tr><td>东协</td><td>已签署：中国大陆、印度、澳纽紧密关系协议。
洽签中：欧盟、加拿大、日本、南韩。
研议中：美国。</td></tr>
<tr><td>中国大陆</td><td>已签署：东协、香港、澳门、智利、亚洲—太平洋协议*。
洽签中：巴基斯坦、澳洲、纽西兰、海湾地区六国**。
研议中：泰国、印度、上海合作组织***、中日韩三方合作、南方共同市场****、新加坡、印度尼西亚、秘鲁、南韩、冰岛。</td></tr>
<tr><td>日本</td><td>已签署：新加坡、墨西哥。
洽签中：泰国、菲律宾、马来西亚、印度尼西亚、文莱、南韩、智利、加拿大。
研议中：印度、澳洲、纽西兰、东协、中日韩三方合作。</td></tr>
<tr><td>南韩</td><td>已签署：新加坡、智利。
洽签中：日本、美国、加拿大、墨西哥、印度、东协、南方共同市场、欧洲自由贸易协会。
研议中：澳洲、纽西兰、中日韩三方合作、中国大陆、欧盟、南非。</td></tr>
<tr><td colspan="2">*：亚洲—太平洋贸易协议原为“曼谷协议”，包括孟加拉国、印度、老挝、菲律宾、南韩、斯里兰卡和泰国。
**：海湾六国包括沙特阿拉伯、阿拉伯大公国、科威特、阿曼、卡达和巴林。
***：上海合作组织由中国大陆邀集，成员包括俄罗斯、哈萨克、塔吉克、吉尔吉斯与乌兹别克五国。
****：南方共同市场：包括巴西、阿根廷、巴拉圭、乌拉圭（以上为成员国）、玻利维亚、智利、秘鲁、厄瓜多尔、委内瑞拉、哥伦比亚（以上为准会员国）、巴拿马及墨西哥。除此外，并有美洲发展银行、拉美整合协会、安地斯共同体及安地斯发展公司之代表参加，以及印度、加拿大及以色列出席会议。</td></tr>
</table>

资料来源：“中华经济研究院”《台商电子报》第0605期，网址：http://news.cier.edu.tw/Y06/0301/2201.htm

积极进行洽签 FTA 者有：

1．东协十国原预定于 2010 年成立自由贸易区，2003 年 10 月 8 日集会，更决定将于 2020 年进一步成立类似前欧洲共同市场的组织，也就是成立东协经济共同体（ASEAN Economic Community）。

2．日、韩积极筹设自由贸易区。

3．中国大陆、日本、韩国亦参加了 2003 东协十国的会议，除了预计在未来十年内与东协签署自由贸易协议之外，三国同时签署、发表了“中、日、韩推进三方合作联合宣言”并准备对未来“中、日、韩自由贸易区”问题深入探讨，以逐步扩大促进三国贸易便利化的措施。

4．东协加一，也就是东协加中国大陆，将于 2011 年成型。

5．东协加三，也就是东协加中国大陆、南韩、日本，目前在积极谈判中。

6．东协加印度准备在 2011 年成型，印度可望在未来十年之内与东协签署自由贸易协定[①]。

7．2003 年 12 月 12 日日本与东协发表“东京宣言”，日本与东协将筹设东亚共同体，促进货物及服务业贸易，2005 年展开贸易谈判，2012 年前实现自由贸易区的构想[②]。

8．2005 年 12 月于吉隆坡召开“东亚高峰会”（East Asia Summit，简称 EAS），发表“吉隆坡宣言”，甚至把纽西兰及澳洲也拉进来，走向“东协加六”，未来发展如何仍待时间进一步观察。

三、区域经济整合的影响

整个亚洲经济情势发展至今相当明显，那就是区块整合的自

---

① 资料来源：“经济部”国贸局网站，http：//www．trade．gov．tw/region＿org/region＿index．htm/。

② 联合报，2003 年 12 月 13 日，A10 版。

由贸易组织纷纷成立，对于加入之国家和地区间的经贸合作会有正面的效益，而对于未能加入的国家而言，将会形成许多负面影响。

（一）区域经济整合的影响

1. 增加区内的贸易，排挤区外的贸易

位于区内国家和地区彼此的货物关税降低，甚至降至零，所以根据 Paul R. Krugman 和 Maurice Obstfeld 的标准贸易模型（The Standard Trade Model），区内国家和地区之间的贸易会增加；而位于区外的国家和地区，所生产的相同产品，由于要附加关税，价格会相对较高，竞争力降低，将会被排挤出局。

2. 增加区内厂商的国际竞争力

区内国家和地区的生产资源可以免税相互流通，而根据比较利益（Comparative Advantage）的原则，此举必定会大幅降低区内厂商的生产成本，增强其国际竞争力；而对于位于区外的企业而言，生产资源价格会相对较高，是站在较不公平的竞争基础之上，如果区外企业没有掌握到关键技术或其他方面的竞争优势，国际竞争力将会被区内企业比下去。

3. 区内企业可扩大生产规模

由于自由贸易区组成之后，区内市场扩大，将有产业分工及扩大规模效应，若再加上区内生产资源可自由流通，降低生产成本，有利于区内企业扩大生产规模并迈向国际。相对而言，区外企业就没有如此好的生产条件及贸易条件。

4. 吸引外资投入

成立自由贸易区后，区内的市场扩大，会扩大吸引外资在区内投资，以争夺区内扩大的消费市场，并获得区内相对廉价的生产资源。相对而言，区外国家和地区的外资投入将会减少，甚至连本国和地区产业都会至区内国家和地区投资。

(二) 区域经济整合成效的实证

我们可以世界几个区域经济整合的实例来说明，各成员之间签署 FTA，彼此降低关税，并且让人员、货物及资金自由流通，这对签署的国家和地区而言，都会有一定程度的利益。

1. 北美自由贸易区

1994 年美、墨、加三国成立的北美自由贸易区 (North America Free Trade Agreement，NAFTA)，NAFTA 成立后，对美、墨、加三国的经贸成长有相当大的正面影响。第一，就贸易方面而言，1999 年美、墨、加三边的贸易比 1993 年成长 92%。

第二，就投资方面而言，至 1998 年底，美、墨、加三国相互投资达两千亿美元，而外国对 NAFTA 会员国的投资超过 1 兆美元。

第三，就就业方面而言，NAFTA 成立至 1999 年，加拿大就业成长 11%，墨西哥成长 22%，美国增长 7%[①]。

2. 欧盟

1950 年代欧盟 (European Union，EU) 区域内贸易约占贸易总额 40%，由于关税与非关税障碍消除，至 1998 年已成长至 60% 以上[②]，对外贸易依存度渐弱，转而以区内各成员间的互补贸易为主。自 2004 年 5 月 1 日起，10 个中、东欧及地中海国家[③] 正式加入欧盟，欧盟会员国增至 25 国[④]。整合后，新旧会员之间的内

① 详见《北美自由贸易协定实施六年之概况及对我国之影响》，“经济部”国际贸易局。

② 详见今日经济季刊第 376 期：“欧元情势分析与展望”，网址 http://www.moea.gov.tw/~ecobook/ecotoday/et376/2-b.htm

③ 爱沙尼亚、拉脱维亚、立陶宛、捷克、波兰、匈牙利、斯洛伐克、斯洛凡尼亚、塞普路斯及马尔它。

④ 东扩后的欧盟人口达4.55 亿万人，整体 GDP 达 9 兆 5760 亿欧元，对外贸易综合将占全球的 19%，对欧盟外的直接投资 (outward FDI) 将占世界的 46%，并将吸引全球 24%之外人直接投资 (inward FDI)，届时欧盟将整合为世界最大的单一市场。

部贸易总额占其对全球贸易额的平均百分比约为63%[①]，与目前原会员国的该项百分比极为接近，未来的发展值得持续关注。

在投资方面，1989年至2003年间，涌入中、东欧新会员国之FDI达1170亿美元[②]，多数投资来自原欧盟会员国，欧盟东扩后，原会员国对新会员国之FDI金额多寡亦值得密切观察。

在欧元实施方面，欧盟实施单一欧元后，区域内交易成本及汇兑风险降低，资金加速流通，经济规模扩大，区域内的贸易额将增加，区域外国家的产品欲切入欧盟时，将面临较过去更大的竞争压力。

3. 东南亚国协

相对而言，东南亚国协（Association of South – East Asian Nations. ASEAN）成立后的经贸效果就不如NAFTA及EU显著。ASEAN虽于早在1967年就成立，但成立主要是出于政治目的，在1993年，ASEAN会员国才决议实施区域内共同有效优惠关税，15年内逐步将关税降至0–5%。截至目前为止，由于区域内共同有效优惠关税尚未完全实施，因此区域内增加的相互贸易及投资效果并不显著[③]。

东盟与大陆为了成立东协加一，已先期逐步降低关税，尽管尚未充分发挥FTA效果，贸易总额亦快速成长，2003至及2005年分别成长42.8%、35.3%及23.1%。而台湾与大陆的贸易总额在2003及2004年虽亦有30.7%及34.2%的成长率，但2005年却降至16.5%，这是否是受到大陆与香港、东协签订经济合作协议而影响到两岸的贸易总额，是值得持续关注的议题。

---

① 详见“经济部”投资业务处，“欧盟东扩的影响”，网址：http://investintaiwan.nat.gov.tw/zh–tw/news/200406/2004062103.html。

② 同上。

③ 见侯真真，《东亚区域经济整合对我国之影响》表1，2001年12月。

表二　中国大陆与台湾、香港、东盟的贸易总额比较

单位:亿美元

年度	台湾(成长率)	香港(成长率)	东盟(成长率)
2002	446.5(38.1%)	692.1(23.7%)	547.7(31.1%)
2003	583.7(30.7%)	874.1(26.3%)	782.5(42.8%)
2004	783.2(34.2%)	1126.8(28.9%)	1058.8(35.3%)
2005	912.3(16.5%)	1367.1(21.3%)	1303.7(23.1%)

资料来源:大陆商务部网站,网址:http://gcs.mofcom.gov.cn/tongji.shtml

4．CEPA

2004年1月1日，香港与大陆签署的紧密经贸关系安排(Closer Economic partnership Arrangement，CEPA）生效，当年两地的贸易总额即从前一年的874亿美元上升至1127亿美元，成长率28.9%；2005年成长至1367亿美元，成长率21.3%。

在投资方面，CEPA生效后，2004年港、澳对大陆的投资增加7.89%，根据香港政府统计，目前约有23.7万人至大陆创业，比10年前增加1倍，而截至2005年6月，香港根据CEPA在大陆设立个体工商户1558家，资金近8200万人民币。根据CEPA，截至2005年11月底，香港已核发了901份服务提供者证明书[①]，涵盖运输、物流、分销、保险等10个行业，多数服务业提供者在大陆设立了企业。而大陆与香港在建筑、证券、会计保险等领域展开专业资格相互承认，双方共有696人通过互认取得了对方的专业资格，其中香港有337人。

而大陆企业至香港投资、集资均创新高，2005年1至11月，经商务部核准备案的非金融类企业对港直接投资达12.9亿美元，

① 详见新华网报道，“CEPA助推经贸合作新跨越　泛珠进入实质互动”，网址：http://61.144.25.119/gate/big5/www.pprd.org.cn/news/dongtai/200512290007.htm.

增长一倍，占同期对外非金融类企业投资总额的41.9％。同期大陆企业共327家在港上市，总市值达香港股市总市值的39％[①]。

四、两岸经贸的实际状况

自1992年两岸人民关系条例通过，台湾当局正式开放企业赴大陆投资，两岸经贸的各项往来即大幅增加，其相关具体情形，分述如下：

（一）在台商投资大陆方面

依“经济部”投审会数据显示，到2005年12月为止，台湾共有34452件投资案件登记赴大陆投资，投资金额达到472亿美元[②]。而从“政府”迁台以来，至2005年12月止，台湾登记对外投资一共约是917亿美元[③]，可见台湾对大陆核准的投资金额已约占过去台湾对外总投资51.5％，而2005年这个数字更高达71％[④]。

由大陆官方统计，到2005年10月为止，台商协议投资大陆的案件为67764件，协议金额为877亿余美元，实际到位金额达413亿余美元[⑤]。尤其是两岸自加入WTO之后，台商投资大陆有进一步增加的趋势，2001及2004年台商投资大陆分别较前一年增加29.8％、33.2％、19％及51％[⑥]，仅有在2005年下降13％，2005年台湾对外投资额（不包含大陆）减少28％，含大陆则仅减少18％，显示2005年对大陆投资减少的原因是我对外总投资总额减少所致，相对而言，2005年台湾对其他地区投资的下降较对大陆投资的下降来得严重。大陆目前已成为我对外投资最多的地区，

---

① 详见新华网报道，“CEPA助推经贸合作新跨越　泛珠进入实质互动”，网址：http：//61.144.25.119/gate/big5/www.pprd.org.cn/news/dongtai/200512290007.htm.

② 详见“经济部”投审会第998次委员会新闻稿，2006年1月，网址：http：//www.moeaic.gov.tw/，及陆委会两岸经贸统计月报，2005年10月。

③ 详见“经济部”投审会第998次委员会新闻稿，2006年1月。

④ 详见“经济部”投审会第998次委员会新闻稿，2006年1月。

⑤ 详见“陆委会”两岸经贸统计月报表10，2005年10月。

⑥ 依大陆对外公布资料，实际到位金额计算。

成为台湾企业之主要生产基地。

（二）在两岸贸易方面

由于大陆台商普遍有返台采购上游原料及机器设备现象，促进了台湾对大陆的出口，以2004和2005年为例，依“经济部”国贸局估计，台湾出口至大陆之商品及劳务经估算约为450亿和518亿美元[①]，占台湾出口比重分别为25.8%及27.3%，分别较前一年成长27.2%及15.3%，两岸贸易总额达616亿和617亿美元，分别较前一年成长33.1%及16.3%。中国大陆自2001年底起已成为台湾出口最大市场。而2003年前半年，两岸遭逢SARS侵袭，但1至11月台湾出口至大陆的金额较去年同期仍成长20%[②]，丝毫不受影响。

表三　两岸经贸金额统计表

年度	贸易总额（亿美元）	台湾出口（亿美元）	台湾进口（亿美元）	顺差（亿美元）	对全球顺差（亿美元）	台商投资（百万美元）
1995	225	194	31	163	81	1093
1996	238	207	31	176	136	1229
1997	264	225	39	186	77	1615（2720）
1998	240	199	41	158	59	1519（515）
1999	258	213	45	168	109	1253
2000	312	250	62	188	83	2607
2001	279	220	59	161	157	2784
2002	410	331	79	252	181	3859（2864）
2003	463	354	109	245	169	4595（3103）
2004	616	450	166	284	61	6941
2005	717	518	199	319	78	6007

资料来源:“经济部”国贸局:《国际贸易情势分析》,2005年12月;“台湾对中国大陆贸易统计”,2005年12月。(　)内数字为补登记。

① “经济部”国贸局两岸贸易情势分析，2005年12月。

② “经济部”国贸局两岸贸易情势分析，2005年12月。

（三）在外贸收支方面

2002至2005年，台湾对大陆的贸易顺差分别为252亿、245亿、284亿及318亿美元，分别较前一年成长约18.5％、13.4％、15.9％及12.6％。而同时期台湾对外整体贸易顺差为181亿、169亿、61亿及78亿美元，均少于对大陆顺差。中国大陆是台湾最大的贸易顺差来源，而这几年台湾若没有大陆出口市场，将面临不小的贸易逆差。

在1981年至2005的20多年间，台湾对大陆累计的贸易顺差约有2700余亿美元。但如就整体外汇收支而言，两岸大致上是相抵平衡的，因为根据“投资中国”杂志综合整理自大陆各省市有关单位提供的数据，台商投资大陆约有1394亿美元①。赴大陆观光旅游2900万人次，每人次以1500美元计，约支出435亿美元，而台湾对大陆汇款总额约370亿美元②，以上合计约达2199亿美元，至于走私大陆物品及支付大陆渔工薪资尚未计算在内。

（四）两岸其他民间往来

两岸其他民间往来亦相当热络，例如，截至2005年8月止，台湾对大陆汇出款约370亿美元③；两岸信件的往来超过2.65亿封④；两岸电话的往来超过30亿通⑤；台湾赴大陆旅游人次超过3660万人次⑥。

五、两岸经贸往来互利互惠

事实证明两岸经贸往来对彼此的经济发展均有贡献。对台湾而言，第一，促进了台湾对大陆的出口，替台湾创造了为数可观

---

① 《投资中国杂志》第100期，“31省市台商投资排行榜”，2002年6月。
② “陆委会”两岸经贸统计月报表14及15，2005年10月。
③ “陆委会”两岸经贸统计月报表14，2005年10月。
④ “陆委会”两岸经贸统计月报表17，2005年10月。
⑤ “陆委会”两岸经贸统计月报表18，2005年10月。
⑥ “陆委会”两岸经贸统计月报表19，2005年10月。

的外汇顺差。

第二，台商雇用60万台籍干部在大陆从事经营管理工作，无形中降低了台湾的失业人数。

第三，从事外销的台商，将资金回流台湾，对台湾经济贡献不少。

第四，台商在大陆设立的子公司获利后，其盈余支持台湾母公司的营运及股价，我们可以从近几年“中国收成股”的股价上涨得到明证。

第五，大陆成为台商的生产基地之后，台商利用大陆廉价与充沛的劳工、土地及自然资源，大幅降低生产成本，提升国际竞争力。

第六，大陆广大的内需市场提供台湾传统产业发展第二春的机会。最后，台湾传统的中小企业及劳力密集产业赴大陆投资，加速了台湾产业的转型与升级。

对大陆而言，第一，1979年至2005年8月，根据大陆统计，台商投资大陆实际金额约为410亿美元，占大陆总外资金额的6.84%[①]，仅次于香港、日本、美国及英属维尔京群岛（British Virgin Islands），为第五位，而英属维尔京群岛对大陆的投资近年来大幅增加，即是部分台商透过该岛的转投资，为大陆经济成长注入了更多的动力。

第二，由大陆自台湾进口的商品结构，可以看出两岸贸易，是相互依赖且互补互利。大陆从台湾进口金额依序为电机设备及其零件[②]、机器用具及其零件[③]、塑料及其制品[④] 等，大多为工业

① “陆委会”两岸经贸统计月报表27，2005年10月。

② HS Code 85.

③ HS Code 84.

④ HS Code 39. 详见“经济部”国贸局两岸贸易情势分析，2005年12月。

品含设备、零件、原料，甚少消费品，多系供在大陆厂商生产加工，且成品多系再外销，对大陆的出口有相当大的贡献。

第三，就大陆的投资而言，台商赴大陆投资除了有前述带动贸易走向之外，另外会有带动其他配套投资的效果，也就是 Michael Porter 教授所言之群聚效果（Clustering Effects），中心工厂会带动其他的卫星工厂集中下游工厂一起投资在当地；而中下游卫星厂商会带动原料厂在当地投资，这个投资的关联效果（Linkage Effects）会提升大陆的整体投资。

第四，台商投资会增加大陆的就业机会，至 2005 年 10 月大陆对外公布核准的台商投资约6.7 万件[①] 为例，每件平均雇用 200 人，则可提供 1000 万人以上之就业，同时亦贡献税收，出口创汇。

六、两岸经贸往来的限制

两岸现阶段经贸交流所面临许多非经济因素，导致总体方面，台湾经济停滞不前，台商经营自缚手脚，降低竞争力，外商裹足不来，甚至移出台湾，而散户资金也不愿投入台湾股市，转而购买海外基金，以致台湾股市落后于其他国际股市。我们检视过去，一些主要的障碍包括：

（一）台商投资大陆方面

台商对大陆的投资，受到台湾法令的限制，无法依据市场经济法则运作。回顾在过去近 20 年的时间，1991 年以前法令尚未开放投资，因此，台商的投资不多且属小规模在台面下进行，1992 年两岸关系条例通过，才开始有大规模企业前往大陆投资，但 1996 年又被李登辉的“戒急用忍”政策限制，放缓投资脚步。

① “陆委会”两岸经贸统计月报表 10，2005 年 10 月。

2001年陈水扁当局召开朝野经发会，获得在野党的背书，摆脱“台独”基本教义派的纠缠，实行“积极开放，有效管理”政策，结果台商投资又逐年成长，2002至2004年台商投资大陆分别较前一年增加33.2%、19%及51%[①]，但好景不长，随着2005年12月地方县市长选举，民进党大败，阿扁的检讨结果，竟是2006年元旦宣布“积极管理，有效开放”，玩弄文字游戏，而实质结果却是政策的180度大转弯，这与2005年最后一季他所称考虑召开第二次经发会的宣示完全相反。政策上的反复不定，造成台商无法长期思考，更无法施展策略性的布局。事实上，2005年台商投资及台湾输往大陆商品均已落后于韩国，新的管理政策，恐将大幅降低台商的竞争力。

另一方面，大陆对于台商的投资限制仍多，尤其是服务业，如金融、医院、学校等，限制进入或持股比例，另台商经营遭遇的困难问题，尚未能及时有效解决，亦影响台商投资意愿，再加上政策与法令变更频繁，颇令台商无所适从，无形中增加了许多无法估计的成本。

2005年中国国民党连主席及江副主席访问大陆后，已建立两岸平台，并于2005年11月初在北京，面对面协商保障台商之

---

① 依大陆对外公布资料，实际到位金额计算。

道[①]，此一制度化的管道希望能定期举行并真正解决问题，排除台商困扰，则两岸互补双赢的投资活动必能顺利进行。

（二）两岸资金往来方面

2004年一整年，两岸汇款金额约为236亿美元[②]，而当年的两岸贸易总额是616亿美元，台商的投资为69亿美元，这显示两岸汇款资金往来与经贸活动差距甚远，亦即两岸汇兑仍有相当程度困难。因此，我们建议，两岸应尽速签署金融监理机制协议及货币清算协议，台湾当局应开放银行前往大陆设立分行，一方面解决台商进出口资金融通的需要，增加两岸资金的往来；另一方面也可替台湾的银行业扩张版图；而大陆当局对台商的汇出款需求亦应相对放宽，以利台商资金调度。

（三）两岸经贸合作方面

大陆既然可以与港、澳签署紧密经贸伙伴关系安排（Closer Economic Partnership Arrangement，CEPA），允许港、澳的服务业将比其他国家提早进入大陆，如：配销服务之批发及零售业务、电

---

① 2005年11月中国国民党台商服务中心访问团与中共中央台办共同十项结论：

1．中共中央台办将会同有关部门，就台资企业土地使用有关问题研究处理办法。依法签订的土地使用权出让合同，受法律保护。对于早期到大陆投资的台商涉及土地使用权纠纷的，根据具体情况，依法研究处理意见。

2．中央台办将会同有关部门，就全面贯彻执行《台湾同胞投资保护法》及其实施细则，广泛听取台湾工商界人士和在大陆投资台商的意见和建议。

3．在台商居住密集区，大陆公安部门将强化治安管理和巡逻，随时保障台商人身安全。各地台办将设置台商联系专线。中央台办将会同有关部门，进一步强调切实执行现行规定，对于台胞或台商遭强制处分，处分机关应落实有关规定，及时通报当地台办转告家属。

4．国民党智库将组团来访，就台商在大陆金融、保险、贸易等领域投资问题，进行交流和专题研究。

5．大陆海关等有关部门将采取措施，加速推动台资企业产品进出口通关便捷化。

6．台资中小企业之投资专案，符合大陆产业政策者，纳入大陆开发银行开发性贷款适用对象。

7．逐步增加吸纳台湾仲裁员的仲裁机械数量，并增聘台湾专业人士担任仲裁员。

8．台商可采取合作经营方式在大陆投资兴建医院；通过换证及考试取得大陆执业资格的台湾医师，可于规定期限内在大陆执业。

9．中央台办将会同有关部门采取措施，积极扩大台商子女就学渠道。

10．中央台办将会同有关部门，积极研究简化台资企业大陆员工赴台培训的申请手续。

② “陆委会”两岸经贸统计月报表15，2005年10月。

信服务[1]、金融服务[2]、证券业、视听服务、观光及旅游相关服务、教育服务、专业服务[3] 等，而且大陆入世（WTO）的五年缓冲期即将届满，因此此一开放措施具有时效紧迫性，我们呼吁大陆当局重视此一课题，比照港澳，给予台湾服务业同等待遇。

（四）两岸直航方面

1996 年台湾当局开放境外航运中心，允许外籍权宜轮往来厦门、福州及高雄间，承载大陆进出口货物来台转运。但因台湾当局限制太多，不允许货物通关入境；大陆只象征性地开了厦门与福州两个小港来响应，所以这个措施 2002 至 2005 年只为高雄带来了 57 万余、63 万余、67 万余及 66 万余个货柜[4]（TEU），仅占高雄港总货柜装卸量的6.7%、7.1%、6.9%及6.9%，对高雄港营运只有小小的帮助。若是两岸当局能开放心胸，台湾允许货物通关入境；而大陆开放更多大港，如广州、大连、上海、青岛及天津等，高雄港境外航运中心不会仅是今天如此小的规模。

2001 年 1 月 1 日，台湾试办金马“小三通”，三年来完全没有达到预期成效，其中的主要原因是重重限制，例如，在台湾方面：政府限制台湾产品透过“小三通”中转，明明可以减少产品运输的成本及时间，促进台湾的出口，满足台商需求的事却不去做。同时以身份限制，只有福建地区的台商才可走“小三通”路线，因此只有少数人经由金马往返台湾大陆之间，对繁荣金马地区成效有限。

另一方面，大陆对“小三通”也是限制重重，使两岸客运严重倾斜，2005 年 10 月，台湾自金门赴大陆厦门市有51.613 万人

---

① 2007 年底取消外商提供基础电信服务的地区限制，且外资可持股 49%。

② 银行、保险：2006 年底外资银行给予国民待遇。

③ 法律、会计、建筑工程、房地产服务、房地产经纪业、医疗及牙医服务。

④ “交通部”交通统计月报，2005 年 12 月。http: //www. motc. gov. tw/service/month－c/mc-main. htm

次，而大陆来金仅有 26371 人次[①]，比例约为 20∶1，可见多数旅客为台方人员，但大陆却要求客船对开，金厦航线两岸各三艘载客；相类似的是货运方面，大陆当局至今仍不全面开放金马货轮开赴大陆，必须经过申请核准，但手续繁复，限制重重，导致除少数金门高粱及货物销往福建外，几乎全是自大陆进口物品，已使金马处于严重逆差状态。

（五）两岸旅行方面

2005 年台湾赴陆 411 万人次，而大陆来台仅 16 万人次，自台湾当局开放大陆探亲以来，累计超过 3800 万人次台湾人民赴陆，相对而言，大陆仅约 130 万人次，在观光客往来方面，台湾处于严重逆差。

七、建立两岸共同市场

以上这些国际经济情势的变迁已使台湾总体经济发展及个体企业经营面临了严峻的挑战。过去台湾是以低廉的生产成本，再加上企业灵活的国际营销能力，成为全世界代工制造的重要基地。然而，自 1980 年代末期起，台币大幅升值，台湾的土地、劳工成本大涨，再加上中国大陆及东南亚国家相继投入世界生产行列，台湾的“传统劳力密集产业”逐渐丧失价格竞争优势。

台湾本身经济结构必须要提升，生产高附加价值产品，并且推动国际化与自由化，逐步降低关税与非关税障碍，以便与他国签署 FTA，对于因此而产生冲击的产业，应尽早调整或辅导转业。同时也需要大陆作为生产基地，依“比较利益”的原则，善用大陆的生产条件，将企业不同功能作业移至大陆，作为台湾经济布局全球的一环，这已是维持台湾总体经济持续发展，避免经济被

① “陆委会”两岸经贸统计月报表 22，2005 年 10 月。

边缘化，以及个体企业生存、提升国际竞争力而必走的策略。

两岸经贸合作对台湾经济发展及人民的福祉都有好处，这已是个不争的事实。两岸经贸关系发展至今仍然缺乏制度化运作，为了减少经营环境的风险，有必要建立一套新经济机制。尤其是大陆加入 WTO 之后，承诺服务业市场对外开放，更是进一步国际化，提升其服务业国际竞争力的作法。相较而言，台湾当局却是诸多限制企业对外的发展①，我们认为，“政府”存在的目的应是协助企业的顺利发展，获取海内外商机，而不是成为台商对外发展的桎梏。

（一）“连胡五大愿景”为两岸擘划出方向

在现今国际经济整合与政治由对抗走向合作的潮流下，两岸当局应以天下苍生为念，化刀剑为锄犁，共同合作发展经济。两岸地缘接近，语言文化同源，互为重要贸易伙伴，且经济结构有相当的互补性，最有条件成立“共同市场”。因此，为了顺应世界经济发展潮流，基于大陆经济发展趋势及两岸经贸发展现况，并且顾及台湾自身经济发展需要，两岸有必要成立共同市场，合作发展经济，化解两岸的政治争议，带来和平的契机，使两岸互利双赢，人民同蒙其利。2005 年中国国民党连战主席访问大陆，进行“和平之旅”，与大陆领导人达成“连胡五大愿景”，为两岸未来擘划出具体可行的方向。

---

① 例如在投资方面，“政府”仍禁止下列产业对大陆投资：制造业的十二英寸晶圆厂、晶圆测试、封装、轻油裂解等；服务业的邮政、电信业、金融及其辅助业、期货商、积体电路设计业；农业的家禽家畜纯种繁殖、冷冻肉类、冷冻鱼类及海鲜、高贵中药材、鲜乳及保久乳等；基础建设的铁公路、机场、捷运、焚化炉、电力系统及工业区开发等。而在投资金额比例上限方面，个人及中小企业上限为 8000 万台币，而实收资本额逾 8000 万台币之企业分 50 亿以下者为净值的 40%（或 8000 万台币）、逾 50 亿部分则适用 30%。在台商回台上市部分，则遇到申报困难、报税问题、门槛问题、台湾存托凭证（TDR）认可之交易所不含香港及大陆及赴大陆投资限额与资金运用问题。

众所周知，两岸一遇到政治问题即无解，“连胡五大愿景”[①]最大的功能就是搁置两岸政治争议，双方在“九二共识”的基础上，尽速恢复平等协商，就双方共同关心和各自关心的问题进行讨论，推进两岸关系良性健康发展。在解决两岸的政治争议，终止敌对状态之后，才能建立两岸和平与合作的关系，这是两岸经贸发展的根基。

“连胡五大愿景”同时要解决台湾民众关心的参与国际活动的问题，众所周知，台湾参与国际组织的关键就在大陆，两岸若能坐下来，平心静气，协商处理这个问题，台湾才有可能参与国际经贸组织。

“连胡五大愿景”并且要促进两岸经济全面交流，建立两岸经济合作机制，优先讨论“两岸共同市场”问题。两岸若能去除政治争议，签署协议，建立两岸共同市场，全世界主要的经济体就会跟台湾签署 FTA，台湾经济就可去除政治的障碍，走上正常的发展道路，避免被边缘化。

（二）“江陈十二项共识”充实“两岸共同市场”的实质内涵

2005 年中国国民党江丙坤副主席访问大陆后，与大陆国台办

---

① 五大愿景：

1．促进尽速恢复两岸谈判，共谋两岸人民福祉。促进两岸在九二共识的基础上尽速恢复平等协商，就双方共同关心和各自关心的问题进行讨论，推进两岸关系良性健康发展。

2．促进终止敌对状态，达成和平协议。促进正式结束两岸敌对状态，达成和平协议，建构两岸关系和平稳定发展的架构，包括建立军事互信机制，避免两岸军事冲突。

3．促进两岸经济全面交流，建立两岸经济合作机制。促进两岸展开全面的经济合作，建立密切的经贸合作关系，包括全面、直接、双向三通，开放海空直航，加强投资与贸易的往来与保障，进行农渔业合作，解决台湾农产品在大陆的销售问题，改善交流秩序，共同打击犯罪，进而建立稳定的经济合作机制，并促进恢复两岸协商后优先讨论两岸共同市场问题。

4．促进协商台湾民众关心的参与国际活动的问题。促进恢复两岸协商之后，讨论台湾民众关心的参与国际活动的问题，包括优先讨论参与世界卫生组织活动的问题。双方共同努力，创造条件，逐步寻求最终解决办法。

5．建立党对党定期沟通平台。建立两党定期沟通平台，包括开展不同层级的党务人员互访，进行有关改善两岸关系议题的研讨，举行有关两岸同胞切身利益议题的磋商，邀请各界人士参加，组织商讨密切两岸交流的措施等。

主任陈云林达成“江陈十二项共识”[①]，则是充实“两岸共同市场”的实质内涵。未来两岸间应恢复制度性的沟通管道，透过交流，凝聚两岸共识，逐步建立“两岸共同市场”。

建立“两岸共同市场”有以下的几个优点：

1. 开创两岸和平、和谐、合作的气氛，改善两岸关系。让台湾免于战争的恐惧是促使国内外企业根留台湾的先决条件。

2. 增进两岸经贸合作，使台湾能善用大陆资源，壮大经济实力，而大陆能善用台湾的资金、技术及国际营销经验，持续经贸发展，这对两岸是互惠双赢的局面。

3. 使台湾藉由大陆而融入亚洲区域经济整合体系，避免被边缘化。

至于具体做法，首先我们诚挚呼吁两岸当局抛开政治意识形态，尽速恢复制度化的沟通协商管道，为两岸经济的壮大共同努力。其次，两岸当局赞助支持，定期举办产官学界研讨会，研讨“两岸共同市场”成立的相关问题。第三，“两岸共同市场”成立的磋商原则，两岸目前均为WTO的会员，应首先符合WTO的规范，其他原则包括有助于双方产业结构的调整、互惠互利、优势

---

① 十二项共识如下：

1. 关于两岸节日包机常态化，以及货运包机便捷化，大陆持积极态度推动，国民党将继续派团磋商。

2. 大陆愿帮助台湾农产品销往大陆，国民党将继续派团磋商。

3. 有关两岸农业合作，大陆愿协助台湾农民到大陆发展，并保障台湾农民权益；国民党愿促成两岸农业合作。

4. 大陆同意跟台湾签署台商权益保障协议。

5. 大陆愿为开放大陆民众赴台旅游做准备。

6. 大陆正面回应，愿进一步研究开放台湾保险金融医疗运输业问题，以及信息产业标准化问题的研究及制定。

7. 共同促成两岸媒体互派常驻。

8. 关于大陆对台渔工输出劳务问题，以及渔工保险工资休息场所等，大陆愿与台湾民间行业进行磋商。

9. 推动两岸民间进行县市乡镇间交流。

10. 大陆愿对台湾学生在大陆求学收取与大陆学生相同学费标准，并设奖学金。

11. 大陆将对台湾民众往来两岸采取便利措施。

12. 两岸加强共同打击犯罪。

互补，然后先易后难、逐步推进。第四，应成立两岸官方或半官方组织的联络工作小组，具体推动“两岸共同市场”的成立。

国际间区域经济整合的实例给了两岸很好的启示，因此我们希望两岸在成立“两岸共同市场”工作小组之际，也能尽速落实“江陈十二项共识”。当前提出以下的具体建议，请两岸当局参考：

1. 两岸尽速签署对等互惠的自由贸易协议

两岸的经贸关系极为密切，地缘接近，血缘文字相同，经贸往来密切，很有条件组成FTA，2005年台湾为大陆第七大贸易伙伴（若不计香港，欧盟与东盟不加总，台湾为大陆第四大贸易伙伴）；第四大进口伙伴（若欧盟、东盟不加总，台湾为大陆第二大进口伙伴）及第七大出口伙伴。

表四　2005年中国大陆进出口贸易国(地区)名次表

单位:亿美元

国别(地区)	贸易总额	名次	比重	出口总额	比重	进口总额	比重
欧盟	2,173.1	1	15.3	1,437.1	18.9	736.0	11.1
美国	2,116.3	2	14.9	1,629.0	21.4	487.3	9.1
日本	1,844.4	3	13.0	839.9	11.0	1,004.5	15.2
香港地区	1367.1	4	9.6	1,244.8	16.3	122.3	1.9
东盟	1303.7	5	9.2	553.7	7.3	750.0	11.4
韩国	1119.3	6	7.9	351.1	4.6	768.2	11.6
台湾	912.3	7	6.4	165.5	2.2	746.8	11.3
俄罗斯	291.0	8	2.0	132.1	1.7	158.9	2.4
澳大利亚	272.5	9	1.9	116.5	1.5	161.9	2.5
加拿大	191.7	10	1.3	110.6	11.5	不在前十名	-

资料来源:中国大陆海关统计。

2005年中国大陆为台湾第一大贸易伙伴；第一大出口伙伴及第三大进口伙伴。两岸应该以FTA为起点，化解世仇，避免兵戎相见，并进一步迈向“共同市场”，甚至走向更高形式之经济整合。因此，我们认为两岸自贸区可以无形中化解两岸的政治争议，带来和平的契机，迈向双赢境界。

两岸若是在短时间内无法全面建立自由贸易区，可以借由“台闽经济特区”作为“试点”。大陆福建省与台湾仅隔台湾海峡，地缘最接近，且绝大多数台湾人民的祖先是来自福建，血缘最接近，语言最相同，福建当地的气候环境与台湾相近，且文化、信仰（妈祖）相同，且是两岸交流（探亲、贸易投资）最早地区，况且两门（金门、厦门）、两马（马祖、马尾）已全面“小三通”。在这些有利的条件之下，“台闽经济特区”可以成为两岸共同市场的“试点”，台闽先行，应该可以事半功倍。

表五　2005年台湾进出口贸易国(地区)名次表

单位:亿美元

国别(地区)	贸易总额	名次	比重	出口总额	比重	进口总额	比重
中国大陆	717.0	1	16.3	517.7	27.3	199.3	11.0
日本	604.2	2	13.7	144.8	7.6	459.4	25.3
美国	495.0	3	11.3	285.1	15.1	209.9	11.6
韩国	187.7	4	4.3	55.7	2.9	132.0	7.3
新加坡	125.8	5	2.9	76.4	4.0	49.4	2.7
德国	105.0	6	2.4	43.5	2.3	61.5	3.4
马来西亚	94.1	7	2.1	42.2	2.2	51.9	2.9

资料来源:详见“经济部”国贸局两岸贸易情势分析,2005年12月。

2．两岸立即协商开放海空运直航

双方当局应搁置任何政治争议，立即协商开放直航，两岸直航对于彼此的发展都有重要帮助。根据“中华经济研究院”的估计，两岸直航后，旅客运输成本降低27.1%，而根据“交通部”的估计，直航可节省来往两岸时间至少4小时[①]。直航使往来两岸的成本及时间大幅下降，一天即可以来回，应可减少长住大陆的人口，周末回台可以增加台湾消费。

而借由直航，有利于降低两岸贸易成本及减少资金积压，有利于信息电子产业的全球运筹，以时效争取优势，增强两岸企业的国际竞争力。根据“中华经济研究院”的研究，两岸直航可使货物运输成本降低16.4%，两岸直航后，台商可以台湾为全球运筹中心，建设台湾为亚太运筹中心。

3．两岸尽速签署投资及租税保障协议

有关台商赴大陆投资的权益，亟待两岸双方公权力的保障，包括专利、商标、著作权等智财权之保护，商务纠纷之处理，代位求偿等，均有赖两岸政府协商签订投资保障。另一方面，两岸也应尽速协商租税协议，以避免重复课税，使台商与其他在大陆的外商立足点平等，公平地进行企业竞争。

4．开放大陆资本来台投资

台湾经济发展要达到国际化、自由化的目标，必须开放其他国家和地区的资本、人员、技术来台。大陆在经济快速发展多年后，已展开对外投资，2005年全年对外直接投资（非金融部分）69亿美元，比去年增长25.8%[②]，资金充沛。未来开放陆资来台，

① 依“交通部”民航局企业组侯建文组长估算，台北至北京单程飞行时间，直航需180分钟，经港澳转需290分钟；台北至上海单程飞行时间，直航需100分钟，经港澳转需245分钟；台北至厦门单程飞行时间，直航需60分钟，经港澳转需185分钟。若再加上转机时间至少一小时，两岸直航可节省旅客至少四小时以上。

② 详见大陆2005年国民经济和社会发展统计公报。

可带动产业发展，而开放陆资投资房地产，也可带动房地产景气。

5．建立两岸产品标准规格

台湾对大陆出口主要产品前三位为电机设备及其零件（HS Code 85）、光学、照相等仪器及其零件（HS Code 90）、机械用具及其零件（HS Code 84），自大陆输入主要产品前三位为电机设备及其零件、机械用具及其零件及钢铁（HS Code 72）。两岸同时输出入电机设备及其零件、机械用具，存在产业内贸易现象（Intra—Industry Trade）。换言之，同类产品互有进出口的需求，而这也显示两岸有必要采用相同的产品标准规格，因此两岸应共同研商标准规格，以利两岸建立产业合作以及分工的机制，共同进军世界市场。

6．建立制度性两岸金融往来管道

两岸应尽速签署金融监理备忘录，尽早开放促使台湾金融业赴大陆布点，并兼顾台商经营发展之需求。在导引资金回流的做法上，加强发展境外金融中心（OBU）为海外及大陆台商资金调度中心，引导企业将大陆投资利润汇回。同时两岸应建立货币清算机制，并开放新台币与人民币的直接兑换，使两岸金融的往来更加便捷。

7．促使大陆人士来台观光

台湾方面应建立完善管理制度，尽快实现大陆人士来台观光，纾缓逆差现象并提振台湾的观光业，而大陆方面也应尽快制定大陆人士赴台旅游相关办法，尽早开放人民赴台旅游。开放大陆人士来台观光，以每年增加100万观光客人次计，每年至少将直接创造350亿元以上的商机，进而带动国内消费，促进观光投资，增加中高龄及中低技术人口就业等。

8．签署农渔业交流协议

两岸应协商渔业合作协议，解决两岸渔权争议及渔民纠纷，共同保护渔业资源，对于雇用大陆渔工，合理订定规范及安置，以解决劳力不足问题。两岸应合作促进台湾高级农产品及水果，建立优良品牌，销售大陆。同时两岸间应建立有秩序的农业种原及技术交流合作，共同进军国际农产品交易市场。

9. 共同打击犯罪，建立经贸秩序

两岸开放交流后，跨境犯罪问题极为严重。过去，两岸两会亦曾多次会谈协商，惜未能达成协议。民进党上台掌权以后，两岸协商管道未能恢复，这些问题更形严重，台湾诈欺、经济罪犯潜逃大陆，对经贸秩序造成危害。未来，两岸应该尽速重启协商大门，签订相关协议，以共同打击诈欺等经济犯罪，建立经贸交流及活动秩序。

至于如何达成上述目标，我们建议两岸分阶段，由简而难，逐步推动，在第一阶段，两岸立即协商：①开放海运直航；②货运包机直航、客运包机常态化；③开放观光；④智慧财产权，如商标、专利、著作等之保护措施；⑤提供两岸商务人士出入境便捷化措施；⑥放宽两岸直接投资之限制；⑦允许台资银行代表处升格为分行；⑧打击仿冒台湾农产品，建立农业产销制度；⑨信息电子产品标准化制定。

第二阶段，两岸协商：①全面海空直航；②工业及服务业贸易自由化：如关税降低、贸易争端处理、扩大开放之项目及减少进入障碍；③签订投资保障协议；④签订租税协议；⑤签署金融监理及货币清算机制；⑥开放台资银行入股陆资银行；⑦排除金融业进入障碍及业务范围之限制；⑧农业技术交流与合作，如种原交流等。

第三阶段，两岸协商：①签订自由贸易协议，去除非关税贸易障碍；②工业及服务业全面贸易自由化；③合作开发产业技术及新产品，共同进军国际；④共同经营近海渔业资源；⑤对外关税齐一化。最终达成建立“两岸共同市场”的目标。

八、结语

两岸若能抛开政治争议，务实协商解决上述攸关两岸经贸合作的事项，那两岸建立共同市场的理想就有逐步实现的可能。两岸若是一直拘泥于名称或政治问题而无法跳脱，绝对无助于两岸经贸合作。

2005 年中国国民党连战主席访问大陆，进行“和平之旅”，与大陆领导人胡锦涛达成“连胡五大愿景”，已为两岸和平与合作的发展基础擘划出方向。我们诚挚呼吁两岸当局，增进相互了解，开创两岸和平稳定的发展环境。

在经贸合作方面，“连胡五大愿景”提出建立“两岸共同市场”，而江丙坤副主席访问大陆，与国台办主任陈云林所达成的“江陈十二项共识”，则是充实“两岸共同市场”的实质内涵。两岸建立共同市场可以开创两岸和平、和谐、合作的气氛，并增进两岸经贸合作，这对两岸是互惠双赢的局面。

两岸经贸往来对双方经济发展的贡献良多，而由区域经济整合的经验中可知，两岸成立共同市场，才能面对未来全球区域经济整合的挑战，携手共同进军世界，这是两岸当局造福两岸人民的具体做法，也是为两岸后代子孙开创不朽根基的前瞻思维。

九、参考文献

1. 萧万长，“一加一大于二：迈向两岸共同市场之路”，台北市：天下远见出版股份有限公司，2005 年 10 月。

2. 林祖嘉，“两岸经贸与大陆经济”，台北市：天下远见出版股份有限公司，2005 年 10 月。

3. 侯真真，“东亚区域经济整合对我国之影响”，《东南亚经贸投资研究》季刊 14 期，2001 年 12 月。

4. 江丙坤，“中国之崛起对东亚经济的影响”，江丙坤先生于英国剑桥大学之演讲，2003 年 10 月。

5. 高孔廉、邓岱贤，“区域经济发展对两岸经贸的启示”，“国家政策论坛”，2004 年 10 月。

6. 顾莹华，“日、韩洽签自由贸易协定的策略与作法”，《经济前瞻》双月刊 104 期，97 至 103 页。

7. “经济部国际贸易局”，“北美自由贸易协议实施六年之概况及对我国之影响”，2003 年 12 月。

8. “经济部国际贸易局”，“APEC 部门别提前自由化（EVSL）对我整体经贸之影响与因应”，“国贸局”委托赖幸媛教授主持之研究报告，2000 年 6 月。

9. “行政院大陆委员会”，“两岸经济统计月报”，2005 年 12 月。

10. “经济部国际贸易局”，“两岸贸易情势分析”，2005 年 12 月。

11. 国务院商务部，“二〇〇五年国民经济和社会发展统计公报”，网址：

http：//www. stats. gov. cn/tjgb/ndtjgb/qgndtjgb/t20060227-402307796. htm

学经历简介：

学历：

政治大学银行系学士（1962 年至 1965 年）

政治大学企业管理研究所硕士（1966年至1969年）
美国康乃狄克大学经济学硕士（1969年至1970年）
美国路易斯安那州立大学企业管理博士（1975年）
经历：
“中央银行”行员
私立东吴大学企业管理系副教授、教授兼系主任
“行政院”研究发展考核委员会处长、主任秘书、副主任委员
“行政院大陆委员会”副主任委员
现职：
中原大学企管系荣誉讲座教授
国政研究基金会国家安全组政策委员
政治大学企业管理研究所兼任教授

两岸经济合作目标愿景及其影响

殷存毅

摘要：

两岸各自的经济进步与发展都与日益密切的两岸经济交流与合作密不可分，两岸经济交流与合作虽已取得了明显成效。两岸经济合作有所成效，并不表明两岸的经济发展就没有问题，在经济全球化和区域化的时代背景之下，每一个国家或地区都不同程度地面临由于要素资源和商品服务较为自由地流动带来的冲击，以及由此导致的结构性调整以增强经济竞争力。我们注意到台湾经济目前存在的一些问题，如某些产业在台湾加入 WTO 后受到一些冲击，以及由此衍生的失业和景气问题。台湾经济面临的问题并非因两岸经济交流所致，也决非是限制两岸经济交流所能解决的，相反，通过进一步推动两岸经济交流的深化发展，是有助于台湾经济克服目前存在的问题而更好的发展。进一步推动两岸经济交流的发展，主要是要推动解决由于众所周知的原因所存在的一些问题，这些问题突出反映为两个方面：一是与经济交流便利和成本最小化密切相关的两岸直航仍未得以实现；二是缺乏有效解决两岸经济交流问题的合作机制。因此，祖国大陆一直呼吁应尽早实现两岸直航，建立旨在进一步推动两岸经济交流的合作机制，这事关两岸经济发展和民生福祉，得到了台湾民众及有识之士的积极响应。2005 年，国民党主席连战先生和亲民党主席宋楚瑜先生访问大陆时，相继与中国共产党总书记胡锦涛达成共识，共同提出了两岸经济合作愿景。所谓两岸经济合作愿景，其目的是要通过更加密切和有序的经济交流与合作，迎接世界经济区域化的挑战，促进双方各自的经济发展，造福于两岸民众。

两岸经济交流与合作，使两岸互蒙其利。据2005年大陆的统计，两岸间接贸易额高达912.3亿美元，其中台湾出口大陆贸易额为746.8亿美元，享有贸易顺差为581.3亿美元，大陆已成为台湾第一大出口市场和最大贸易顺差来源地。与此同时，台湾厂商在大陆投资实际到资额累积为417.6亿美元，投资项目为68095个[①]，若以每个项目平均雇佣100个劳动力计，台湾厂商创造的就业为680万个，如果再考虑到相关直接或间接的就业影响，创造的就业远不止这个数。台商的投资已成为推动大陆长江三角洲和珠江三角洲及闽东南地区经济发展和城市化发展中不可或缺的重要力量。

图1　近年来两岸贸易与投资情况

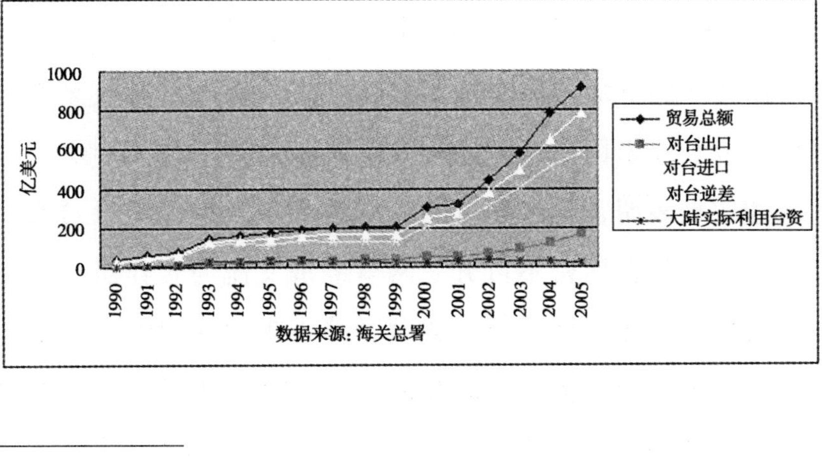

① 数据来源于商务部，新华网北京2006年1月23日电，下载自国台办主页http：//www.gwytb.gov.cn/lajmdt/lajmdt0.asp? lajmdt-m-id=549，2006-3-26

从台湾经济近二十多年来的整体发展状况来看，其成长和进步与两岸经济交流的不断扩大有着正相关关系。一个经济体的成长与进步，经济总量和贸易总量的增长以及产业结构的变化是重要指标。1986 年台湾 GDP 总量和人均分别是754.34 亿美元和 3993 美元，2004 年则分别增长到3053.58 亿美元和 13995 美元，与 1986 年相比分别翻了 4 番多。1986 年贸易总量 640 亿美元，其中出口为 398 亿美元，进口为 242 亿美元，2005 年贸易总量增长为 3710 亿美元，其中出口和进口分别为 1894 和 1816 亿美元，增长了 6 倍。1987 年台湾的第三产业（服务业）在 GDP 中比重为 48%，到 2004 年增长为68.7%，第三产业比重高低是一个社会或经济体发展水平或阶段高低的重要标志。1987 年台湾制造业占 GDP 比重为 38.9%，到 2004 年下降为25.5%，[①] 制造业比重下降与服务业比重上升是相关联的。（见图 2）近三年来，制造业的增长率分别为 7.4%、5.7%和 9.4%均高于同期服务业的 3.0%、2.9%和 4.8%增长率，（见图 3）亦即它并不表明台湾制造业的恶化或“空洞化”，据台湾学者的研究分析，尽管台湾制造业比重下降，但制造业对经济成长率的贡献并未因此而下降，2004 年贡献比例高达 44.48%，其中资讯电子工业的贡献最高，约为 20%，[②] 这充分表明台湾制造业的升级取得了成效。从上述重要经济指标来看，台湾经济的成长并未因两岸经济交流而受到所谓“负面影响”。

上述数据表明，两岸各自的经济进步与发展都与日益密切的两岸经济交流与合作密不可分，两岸经济交流与合作虽已取得了明显成效。两岸经济合作有所成效，并不表明两岸经济发展就没有问题，在经济全球化和区域化的时代背景之下，每一个国家或

---

① 数据来源于 Taiwan Statistical Data Book 2005，台湾“经建会”。

② 蔡宏明，“台湾产业发展与两岸合作”，台湾《产业杂志》，2006 年 2 月号，16－23 页。

地区都不同程度地面临由于要素资源和商品服务较为自由地流动带来的冲击，以及由此导致的结构性调整以增强经济竞争力。一般而言，在结构性调整过程中往往会出现波动，可能会反映在总体经济增长和对外贸易或产业的此消彼长、某种结构性失业的增加，等等。另一方面，每一个国家或地区又期待通过多边或双边的经济合作来扩大市场及经济规模，获得有利于发展的要素资源，以克服或缓解各自在经济发展中面临的压力。

图 2　台湾 GDP 各产业比重

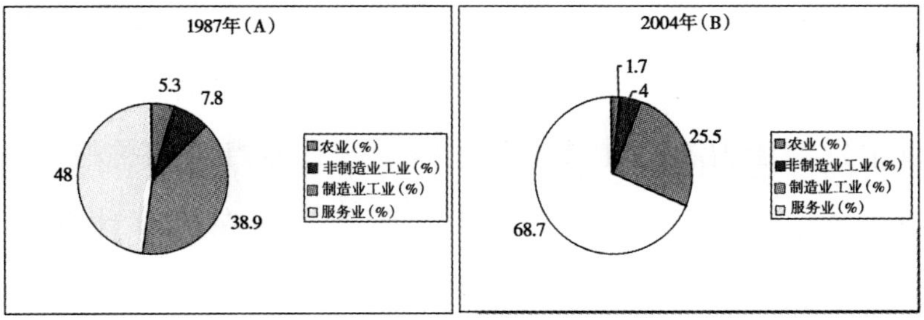

数据来源：台湾“经建会”

图 3　台湾 GDP 各产业增长率

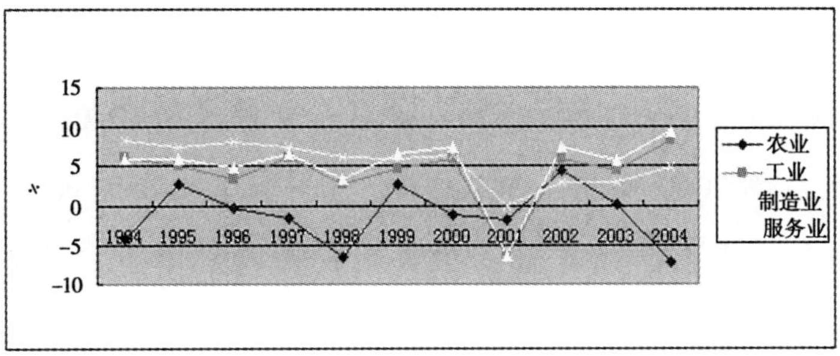

数据来源：台湾“经建会”。

从大陆的情况来看，要素资源和商品服务的自由流动，给大陆带来了推动经济发展的重要动力，但与此同时也带来了巨大的压力，即业已形成的“世界制造业基地”的分工角色，使大陆面临的资源和环境承载压力非常大，大量处于产业分工链低端的加工制造业，影响着整个经济竞争力的提高。因此，大陆“十一五规划”明确提出了旨在资源节约型和提高技术自主创新的科学发展观。大陆的经济发展转型势必影响到两岸经济合作的发展模式，同时也需要两岸经济的进一步合作，尤其是在提高技术自主创新方面。

就台湾的情况而言，我们也注意到台湾经济目前存在的一些问题，如某些产业在台湾加入 WTO 后受到一些冲击，以及由此衍生的失业和景气问题。另一方面，台湾虽然在资讯电子产业方面有所成就，但面临的一个最大问题是几乎没有自有品牌，产业发展的自主发展能力不高使其竞争优势受到日益严峻的挑战。同时，由于两岸关系的原因，台湾产、官、学界还存在着对台湾经济在日益密切的东亚区域经济合作中被“边缘化”的忧虑。需要指出的是，台湾近几年来失业率有所提高的原因是多方面的，其中最重要的是随着台湾产业结构的调整，受教育程度相对较低的劳动力失业较多，据台湾有关统计，近几年来失业率最高的是仅有国中文化水平的这部分群体，（2001 - 2004 年，失业率分别为 5.75%、6.28%、6.11%和 5.13%）这是一种在所难免的结构性失业；其次台湾 2000 年加入 WTO 后，商品服务市场的进一步开放，必然会使如农业等传统产业受到冲击；再就是由于台湾本身内需市场不大，在一方面台湾的要素资源遵循利润最大化原则自由流动，另一方面台湾官方又自我设限的情况下，致使台湾吸收劳动力的能力减弱。

台湾经济面临的问题并非因两岸经济交流所致，也决非是限制两岸经济交流所能解决的，相反，通过进一步推动两岸经济交流的深化发展，是有助于台湾经济克服目前存在的问题而更好的发展。

进一步推动两岸经济交流的发展，主要是要推动解决由于众所周知的原因所存在的一些问题，这些问题突出反映为两个方面：一是与经济交流便利和成本最小化密切相关的两岸直航仍未得以实现；二是缺乏有效解决两岸经济交流问题的合作机制。因此，祖国大陆一直呼吁应尽早实现两岸直航，建立旨在进一步推动两岸经济交流的合作机制，这事关两岸经济发展和民生福祉，得到了台湾民众及有识之士的积极响应。

2005 年，国民党主席连战先生和亲民党主席宋楚瑜先生访问大陆时，相继与中国共产党总书记胡锦涛达成共识，共同提出了两岸经济合作愿景。所谓两岸经济合作愿景，其目的是要通过更加密切和有序的经济交流与合作，迎接世界经济区域化的挑战，促进双方各自的经济发展，造福于两岸民众。其内容主要是，共同探索或寻找一种务实的合作机制或形式，突破不利于两岸经济交流发展的障碍，有针对性地解决一些急需解决的问题。具体而言有以下几个方面：

（一）尽快实现两岸直航。两岸直航不仅有利于两岸间人员和经济要素资源流动的便捷化，而且由此对台湾的经济地位和发展都会产生积极影响。我们注意到，近几年来一些外国在台商会每年的台湾经济环境评估报告中，把台湾没能与大陆实现直航视为一个负面因素，由此而来的是一些跨国公司在台的营运机构相继迁离台湾，这不仅给台湾造成了丧失商机的损失，更重要的是形成了台湾在日益密切世界经济一体化和区域化中被“边缘化”的信心冲击。如果两岸直航得以尽快实现，台湾的区位特点可以使其在亚太地区经济合作中发挥应有功能。

（二）积极推动两岸的全面正常化。所谓正常化包含三个层面，即开放大陆工商法人进岛从事经贸活动；加强两岸产业或行业的合作；建立两岸经济合作协商平台。这三个层面的内容都对台湾经济的发展有着积极作用或影响。

大陆工商业法人能够进岛从事经贸活动，无疑会给岛内提供消费、就业等需求，有利于台湾服务业的发展以及就业压力的缓解。

两岸产业在研发和自主创新的合作，有利于台湾产业或企业竞争力的提升。台湾虽然在资讯电子产业方面有所成就，但面临的一个最大问题是几乎没有自有品牌，要自创品牌即需要人才和有一定规模的市场为依托，在这两个方面大陆都具有相对优势，如果台湾产业界能与大陆产业界建立互利双赢的合作机制，对台湾产业的发展乃至提高经济竞争力都无疑获益颇丰。

两岸经济交流的进一步发展，难免出现一些利益分配及分工合作等具体问题，如果没有一个制度性的规划和安排，就会使双方陷入恶性竞争而利益受损，因此双方需要建立一个协商的合作机制或平台，以有效确保两岸经济交流的互利。同时，两岸经济合作机制的建立还将有利于台湾参与亚太地区经济区域化进程，以避免台湾经济的“边缘化”。

胡锦涛总书记2005年3月发表的“四点意见”重要讲话中指出，凡是有利于台湾民众利益的事我们都要努力去做，经济发展事关台湾民众切身利益，因此大陆愿意通过进一步加强两岸经济交流与合作造福于台湾同胞。

作者简介：

区域经济学博士，教授，清华大学台湾研究所副所长。主要研究领域：两岸经济关系、区域发展与政策。国家社会科学青年基金项目（1990）台湾与南朝鲜的外贸体制比较研究课题负责人；台湾喜玛拉雅基金课题两岸三地经济（台、港、大陆）合作机制课题负责人；国家计委课题加入WTO后对吸引台资的战略调整课题双负责人之一；江苏省昆山市政府支持课题昆山市发展战略课题双负责人之一；国家社会科学基金重点项目（2004－2006）台湾财团与两岸关系课题负责人。主要著述：合著《跨越海峡的桥梁：两岸经济关系评析》，台海出版社，1999年；《亚洲金融危机的挑战与对策》，中国社科文献出版社，2000年；《中国社会经济发展预测》，北京出版社，1997年；外来投资与城市化发展——对东莞和昆山城市化的实证研究，《清华大学学报（哲社版）》2003年第六期；该论文被台湾五南图书出版公司出版的《中国大陆区域经济发展：变迁与挑战》（2004）一书收录。

在全球化浪潮下
两岸经贸交流对双方经济发展的影响

刘雪琴

摘要：

两岸经贸合作关系的建立是国际产业分工深化和发展的结果，是互利共赢利益机制的驱动、是双方具有比较优势的生产要素实现最佳配置的合理选择。台湾制造业转移到大陆，拓展了岛内发展空间，提高了资源利用率，创造出更多的科技资源，推动岛内高增值产业发展。大陆吸引台商的资金、技术与管理等要素，较为迅速地进入国际产业分工体系；带动了大陆高新技术产业的发展，优化了出口产品结构。大陆是台湾最大的外需市场，支持着台湾贸易、就业及经济增长；大陆为台湾提供的贸易顺差增加了台湾的外汇储备，使台湾经济获得了稳定发展的基础。两岸经贸交流增加了大陆的资本积累；增加了大陆就业；促进大陆市场经济体系不断完善。两岸的产业分工不断深化及优化，并逐渐向多元化方向发展；两岸贸易依存度增加，加快了两岸经济的融合。大陆建设创新型社会，为两岸开展自主创新，科技兴贸合作提供了机遇；大陆实施完善现代流通体系促进扩大消费的发展目标，推动两岸经贸合作由生产领域向服务贸易领域发展。

一、两岸经贸交流关系建立和发展的基础

20世纪80年代以来的经济全球化，是指在第三次科技革命的推动下，货物、资本、技术、信息等生产要素在全球的流动日益加速，世界经济一体化的趋势逐步增强。经济全球化浪潮的发展主要表现为，生产要素在全球的配置以世界市场体系为轴心，以国际产业结构链条为纽带，以各国及各地区的产业分工作为基础。在国际产业分工与合作中，各国与各地区的经济联系，相互影响及作用在不断增大。

海峡两岸的经贸交流关系正是经济全球化的作用下，适应市场经济规律要求，通过产业分工与合作建立起来的。台湾是以外向型经济为主导的经济体，20世纪80年代以来，台湾加快了贸易自由化和经济全球化进程。适应经济发展的要求，台湾要实现岛内产业结构的优化升级，梯度转移其夕阳产业，无疑需要巨大的市场空间，廉价的生产要素及拥有良好基础设施的生产基地。而大陆实行改革开放后，逐渐在更高层次与更广阔领域融入全球经济。多年来经济持续快速增长，内需市场迅速扩张及拥有多种低廉生产要素等优势，使大陆在世界尤其是亚洲的经济发展中居于领先地位。因此，大陆所具有的种种比较优势，成为台湾制造业在亚洲地区最佳的转移基地。可见，两岸经贸合作关系的建立是国际产业分工深化和发展的结果，是互利共赢利益机制的驱动、也是国际产业结构调整过程中，具有比较优势的生产要素实现最佳配置的合理选择。

二、两岸经贸交流对两岸经济的影响

两岸经贸交流的重要特征是，投资贸易互动型增长。即台商对大陆投资带动了两岸贸易发展，贸易增长促进两岸产业合作逐

步调整与升级，进而又带动两岸贸易结构的优化及经济贸易增长。两岸经贸关系良好的发展态势对两岸经济发展产生了积极影响。

（一）带动了两岸产业结构优化升级

从台湾来看，台商对大陆投资带动了岛内产业结构的升级。多年来大陆一直是台湾最大的岛外投资市场，2005 年台湾对大陆投资占岛内对外投资的71.4%。随着台商大规模西进，岛内产业逐渐梯度向大陆转移。制造业的外移，使台湾拓展了岛内发展空间，提高了资源利用率，创造与发展出更多的科技资源，推动岛内高增值产业的发展。目前，IT 业、精密器械业、基本金属业、化工业等为主体的高技术产业已在台湾的制造业中占了主导地位。通讯科技、生物工程、航太等新兴科技业也在迅速发展。台湾定位于发展高增值产业，高技术含量、高附加值产品，通过发展与大陆及国际跨国公司的战略合作关系，保持了较强的市场竞争力。

从大陆来看，台商的资金、技术、管理等要素与大陆资源的优化配置以及与大陆企业配套生产，使大陆较为迅速地进入国际产业分工体系。台商对大陆投资也带动了大陆高新技术产业的发展，优化了大陆的出口产品结构及产业结构。尤其近年来台湾电子信息产业加快赴大陆投资，对于推动大陆信息产业迅速发展起到重要作用。据统计，目前，台商对大陆电子信息产业投资占对大陆总投资的 60%以上。2003 年大陆出口前 100 位外商投资企业中有 28 家为台资企业，且基本为高新技术企业。其出口额合计 310.3 亿美元，占当年大陆高新技术产品出口总额的28.1%。2005 年以电子信息产品为主体的大陆高新技术产品出口已占出口总额的28.9%。大陆高新技术产品出口中，由台商从事生产出口的占三分之一左右。台资为大陆出口结构的优化做出了重要贡献。

（二）促进两岸经济共同增长

两岸经贸交流的迅速增长，使两岸经济呈现出互利共赢的发展格局。对台湾而言，台商赴大陆投资，带动了台湾对大陆出口的增长，2002 年大陆已取代美国成为台湾最大的出口市场，2005 年台湾对大陆出口已占其出口总额的27.3%。2005 年大陆自台湾的进口中，外资企业主要是台资企业拉动的进口就占了 66%。大陆作为台湾最大的外需市场，支持着台湾贸易、就业及经济增长。

台湾对大陆的贸易顺差增加了台湾的外汇储备，保证了台湾经济发展的稳定性。大陆是台湾最大的贸易顺差来源地，据海关统计，从 1999 年起，台湾每年对大陆的顺差均超过其顺差总额。到 2005 年底，大陆对台贸易逆差累计达3322.39 亿美元。从 1999 年到 2005 年，台湾对大陆顺差对其贸易顺差总额的百分比已从106%提升至408.2%。2005 年台湾的外汇储备已达 2533 亿美元，居全球第三位。台湾对大陆的巨额顺差对其外汇储备增长做出了积极贡献。大陆市场需求不仅弥补了近年来台湾岛内市场需求不振、对美、日、欧出口下滑的缺口，而且，倘若没有对大陆贸易顺差，近年台湾贸易收支、经常项目收支将出现可观的逆差，正是有大陆顺差的支持，才使以出口为主导的台湾经济获得了稳定的发展基础。

从大陆来看，两岸经贸交流发展，增加了大陆的资本积累。大陆是全世界名列前茅的外商直接投资市场，截至 2005 年底，全国累计批准设立外商投资企业55.29 万家，实际使用外资金额6224.01 亿美元。尽管大陆国民储蓄率一向位居世界前列，国内储蓄一向是投资的主要来源，但外资仍然在固定资产投资中占据了一定比重。据统计，1998 - 2005 年间，外商直接投资占全国固定资产投资总额的比重最高曾达到13.2%。台湾是大陆第七大外资来源地，台资直接参与了大陆的资本形成。不仅台资企业的直接投资增加了大陆的投资，而且台湾金融服务企业为大陆企业利用国际资本作出了较为显著的贡献，京华山一等台资投资银行为一批大陆企业在国际资本市场发行股票、债券融资，大陆民营企业、中小企业从中受益较多。

台资在大陆投资设厂，增加了当地的就业机会。1990 年，大陆外商投资（含港澳台商，下同）单位就业人数合计 66 万人；2005 年，在外资企业就业人数超过 2400 万人。占全国城镇就业人数的 10%以上。由于台资企业在大陆投资多为劳动技术密集性产业，吸收就业人数较多，台资企业对大陆就业的增长起到重要的作用。

两岸经贸交流也是促进大陆市场经济体系不断完善的重要推动力量。在两岸经贸合作发展的过程中，许多先进的市场经贸规则和思想观念不断传入大陆，从而显著推动了大陆市场经济规则的完善。近 20 年来大陆的许多市场创新都是在与外资的经贸合作中或仿效中引进的。如台资企业关于产业分工的“微笑曲线”等区域优势整合理念，全球供应链管理模式等，对大陆企业起到了良好的示范作用，带动大陆企业在经营理念、方式及经营规则上与国际规则接轨，加快了大陆市场经济体系不断完善的步伐。

此外，两岸经贸关系的发展为大陆引进了一批台湾专业人才，对改进大陆企业的管理和技术发挥了积极作用。台湾专业人才不仅活跃在大陆的台资、外资企业里，就是完全的大陆内资企业高级经理中，也出现了不少台湾人。目前，仅在上海定居的台湾人就已超过 30 万，其中不乏高级人才。

（三）加快了两岸经济一体化进程

两岸经济一体化进程与两岸产业分工合作的发展是同步的。

两岸的产业分工不断深化及优化，使两岸分工合作向多元化方向发展。两岸经贸交流初期，两岸产业分工主要表现为由台商投资形成的大陆中下游产业与岛内上游产业的垂直分工；后来发展为台湾上中下游产业在大陆群聚性投资，出现产业间水平分工；随着台湾资金技术密性产业梯度向大陆转移，尤其是信息技术产业大规模西进，两岸又出现了更高技术层次的产业内部不同的生产及经营功能的分工。目前，在不同产业、行业，两岸分工合作呈现多种形式并存的态势。受两岸经济技术水平的制约，两岸的产业分工与合作更多地表现为优势互补。

其次，两岸贸易依存度增加，加快了两岸经济的融合。根据大陆统计，1990 年大陆对台湾的贸易依存度及进口依存度分别为 3.5%及 6.1%，2005 年则分别上升至5.1%及 7.9%。依据台湾统计，台湾对大陆的贸易依存度及出口贸易依存度分别从 1990 年的 4.2%及 6.5%，上升到 2005 年的18.8%及 26.1%。两岸贸易依存度的增大，显示两岸已互为最重要的贸易伙伴，两岸经济依存性增强。两岸之间进出口需求的波动，将对双方的经济贸易发展产生重大影响。

三、两岸经贸交流前景展望

今后一个时期，世界经济仍将保持较快增长，在科技创新的推动下，国际产业将继续加快向中国大陆转移的步伐。“十一五”时期，大陆将继续深化改革开放，未来一个时期，大陆有着良好的经济贸易发展环境。加上大陆将继续以最大的诚意和善意推进两岸经贸交流，进而为两岸经贸合作持续发展提供了广阔的空间。

首先，大陆建设创新型社会，为两岸在自主创新，开展科技兴贸方面的合作提供了机遇。大陆在创建出口创新基地、支持高新技术产品出口、培育品牌产品，对传统产业实施技术改造等方面采取一系列支持性措施，将加大对台湾高新技术产业的吸引力度。

其次，大陆实施完善现代流通体系促进扩大消费的发展目标，将推动两岸合作逐步由生产领域转向服务贸易领域，将促进两岸对金融、保险、物流、医疗、专业服务等现代服务业合作的发展。

两岸经贸合作的建立与发展有着内在的必然性，近期，台湾当局领导人逆历史潮流、市场经济规律而动，提出所谓“积极管理、有效开放”的两岸经贸政策，该政策的实施有可能在一定程度上对两岸经济发展产生不利影响。但是，在经济全球化和区域经济一体化的推动下，两岸经贸合作健康发展的方向将不可能被改变。

作者简介：

经济学硕士，研究员，现任商务部国际贸易经济合作研究院中国对外贸易研究部主任。主要从事中国对外贸易理论及政策研究、台港澳问题、中国大陆与台港澳经贸关系研究；近期主要研究成果：《“十一五”时期我国商务主要发展目标预测及指标评价体系研究》、《两岸四地贸易自由化研究》、《大陆对台湾贸易逆差研究》、《内地与港澳地区建立更紧密关系安排研究》、《中国内地、葡语国家与澳门经贸关系研究》等。

两岸农业合作的回顾与展望

于永维

摘要：

两岸农业皆属小农经营形态，目前都处在转型升级时期，都面临入世后的竞争压力。这些是两岸农业所具备的共性特征。同时，两岸农业也具有互补性，主要表现在农业生产资源、农业发展领域、农产品市场空间的互补性。自上世纪80年代末海峡两岸农业交流与合作开展以来，两岸农业界往来逐年增加，来祖国大陆发展创业的台资农业企业和台湾农民不断增多。特别是从去年开始，大陆实施了一系列促进两岸农业交流与合作、有助于台湾农业发展、惠及台湾农民的重大决策和重要举措，获得了两岸各界乃至国际社会的广泛好评，特别是台湾农民从中直接获益。可以说，农业及相关产业已成为两岸经济关系中最具发展潜力的领域之一。可以预见，未来台湾农业的资金和技术势必寻求新的发展空间，大陆开展的新农村建设必将给大陆农业发展带来翻天覆地的变化，两岸农业交流与合作必将出现新的契机。两岸应在农业方面进一步加强合作，促进两岸农业人员往来、建立定期磋商机制，广泛开展两岸农业信息交流，构建两岸农产品贸易合作机制，最终形成互惠互利、互补双赢的局面，实现两岸农业共同发展，促进中华民族农业的振兴。

一、两岸农业交流与合作的条件

（一）两岸农业具有共性特征

1. 两岸农业皆属小农经营形态。台湾耕地面积约 85 万公顷，农户约 72 万户，户均耕地面积约1.17 公顷。大陆农户户均耕地不到0.5 公顷。都面临缺乏规模经济效益，技术效率很难发挥，农业决策难以掌握市场动态变化等问题，小农经营一些固有的特点表现较为突出。

2. 两岸农业都处在转型升级时期。台湾农业总产值占 GDP 的比重在 2%，农业内部结构仍以种植业为主。目前，农牧渔林生产总值中，农产品产值占 45%，畜产占 28%，渔产占 26%，林产不到 1%。这种产业结构与大陆农业结构基本相同。调整优化农业结构，发展支柱产业，促进农业各产业转型升级，提高农业整体效益，是两岸农业发展都面临的重大课题。

3. 两岸农业都面临入世后的竞争压力。入世后，台湾农业一方面面临着市场开放与国际廉价农产品进口的冲击，另一方面又必须依 WTO 的规则，逐步削减对农业的财政补贴，因而发展压力增大。据了解，台湾农产品关税由平均名目关税20.01%，降至过渡期后的12.86%，针对稻米等设有保证价收购的产品，逐年实施减产计划，以减少农业补贴总额。据台湾有关部门《关于加入 WTO 与农业之影响评估》报告显示，入世后台湾的水稻、杂粮、蔬菜等作物生产面积将大幅减少，这将给台湾农民的就业带来新的困难，农业劳动力将大量过剩。促进农业增长方式转变，将传统的以“增量”为目的的农业数量经济发展，转型为以“增值”为目的的农业知识经济发展，提升农产品竞争力，是两岸农业发展共同的任务。

（二）两岸农业具有互补性

1．农业生产资源的互补性。台湾农业生产的集约化程度和技术水平较高，资本规模和密集程度较高，但农业用地大幅减少，地价居高不下，人工成本昂贵，农业生产发展空间受到极大限制。而大陆农业虽然自然资源和劳动力资源丰富，劳动密集性特征明显，土地和人工成本较低，发展空间和潜力较大，但农业生产资金相对缺乏、技术相对落后。农业资源条件的互补性是两岸农业交流合作的重要基础。

2．农业发展领域的互补性。台湾农业发达，生产上优良品种多、品质好，特色明显；功能多样性特征明显、有机化程度高；服务组织健全、内容广泛、行为规范；技术研发能力强、推广效果好、比较优势大；市场销售设施齐全、信息畅通、网络发达。而对处于从传统农业向现代农业转型阶段的大陆农业来说，在上述诸多方面都存在不少差距。

3．农产品市场空间的互补性。台湾农产品生产投入多、成本高、产量大且质优、档次高，但由于市场狭小，一旦滞销，必将给农民造成巨大损失。因此，寻求一个稳定、广阔的岛外农产品市场，对台湾农产品销售乃至农业发展至关重要。而大陆农产品市场巨大、消费水平不断提高，是台湾农产品的理想销售地。

二、两岸农业交流与合作的现状与问题

自上世纪80年代末海峡两岸农业交流与合作开展以来，两岸农业界往来逐年增加，来祖国大陆发展创业的台资农业企业和台湾农民不断增多。特别是从去年开始，大陆实施了一系列促进两岸农业交流与合作、有助于台湾农业发展、惠及台湾农民的重大决策和重要举措，获得了两岸各界乃至国际社会的广泛好评，特别是台湾农民从中直接获益。可以说，农业及相关产业已成为两

岸经济关系中最具发展潜力的领域之一。

(一)两岸农业界往来密切，交流渠道多样，为构建两岸农业合作长效机制奠定了坚实基础

多年来，台湾农业界包括农渔会、农业合作社组织和农业专业协会、农业企业等纷纷来大陆参观考察、投资兴业。大陆农业管理人员、专家学者、技术人员等也积极组团赴台考察。仅我所在的海峡两岸农业交流协会在十几年间就与台湾农业界先后举办60多次两岸农业专题研讨会和经贸洽谈会，内容涉及果树、蔬菜、畜牧兽医、动植物检疫、渔业等领域。两岸农业界人士的频繁互动使彼此之间加强了了解，沟通了感情，形成了多领域、多层次、往来密切的交流局面，为构建两岸农业合作长效机制奠定了坚实基础。

(二)海峡两岸农业合作试验区的建立，为两岸农业合作搭建了广阔的发展平台，促进了两岸农业合作健康有序发展

从1997年开始，大陆有关部门先后批准在福建(漳州、福州)、海南全省、山东(平度)，黑龙江(哈尔滨、牡丹江、佳木斯、大庆和农垦总局)、陕西(杨凌)设立“海峡两岸农业合作试验区”，去年7月，又批准将海峡两岸(福州、漳州)农业合作试验区扩大到福建全省。试验区作为促进两岸农业交流与合作的一种尝试，已取得较大成效。如福建省建立试验区以来，已累计批办台资农业项目1600多个，合同利用台资19亿美元，实际到资11.5亿美元，占全省农业利用外资的60%以上。试验区发展对区域性农业结构调整，加快现代农业建设，提高农业竞争力，增加农民收入，密切两岸关系等方面，发挥了积极的作用。为促进试验区进一步发展，有关部门专门制定了相关政策，加强对试验区建设的指导。不少地方也制定了试验区的规划，颁布了地区性的

优惠政策，并采取措施改善投资环境，为试验区建设创造良好的条件。

（三）两岸农产品贸易持续增长，技术交流与合作获得较快发展

近几年来，两岸农产品贸易增长迅速。2001－2004年，两岸农产品进出口总值分别为2.45亿美元、3.75亿美元、3.36亿美元和4.21亿美元。在农业技术方面，两岸在植物组织培育、脱毒技术、工厂化育苗技术、速冻保鲜、包装技术、畜产品综合深加工、有机生物肥、生物防治技术等领域的合作都取得了较大进展。

（四）两岸农业交流与合作取得了“双赢”的效果

目前，两岸农业交流与合作的初步成效已使两岸取得了“双赢”的效果。台资农业企业既获得巨大经济效益，又带动岛内大批劳动密集型企业向大陆转移，分散了台湾农业及农民的市场风险，为台湾农业实现产业升级创造了极为有利的条件，同时，使这些劳动密集型产业的上、中游产业得以生存和发展，促进了岛内的投资和产业结构调整优化。另一方面，台湾农业优良品种的引进、先进管理经验和市场营销理念的引入，也极大促进了大陆各地农业的发展，增加了农民收入，受到广泛欢迎。

从目前情况看，两岸农业交流与合作也面临一些问题。主要表现在：一是两岸解决经贸纠纷的协商和协调机制、自由贸易机制以及两岸农业合作共赢的长效机制等制度建设比较滞后；二是两岸的正规贸易渠道不畅通，农产品贸易规模偏小；三是两岸农业合作的深度与广度亟待扩大，两岸在农业高新技术领域的交流不够。

三、对未来两岸农业合作的建议

可以预料，未来台湾农业的资金和技术势必寻求新的发展空

间，大陆开展的新农村建设必将给大陆农业发展带来翻天覆地的变化，两岸农业交流与合作将出现新的契机。进一步推动两岸农业交流与合作，将大陆的农业资源、劳动力、科研成果与台湾的资金、应用技术、农产品营销体系等优势有机结合，一方面可以调整两岸农业产业结构，优化农业资源配置，最终形成互惠互利、互补双赢的局面。另一方面亦可很大程度上避免两岸农业因生产结构相同、贸易结构相似、国外市场相近所导致的恶性竞争，联合拓展农产品市场，实现两岸共同发展，促进中华民族农业的振兴。

（一）建立两岸农业界定期磋商机制

去年，海峡两岸农业交流协会与台湾有关单位共同举办了“两岸农业合作论坛”，取得了非常好的效果。我想，两岸农业界应该建立定期磋商机制，通过举办各种形式的两岸农业发展论坛、农产品和农业技术展销会、农业投资贸易洽谈会等，为两岸农业界以及关心两岸农业发展的各界人士提供交流平台，共商发展大计，从而促进两岸农业的共同发展。

（二）继续加强两岸农业人员往来

两岸农业界应建立定期互访机制，一方面我们欢迎台湾有关农业专家、农业高层决策人士、农业院校的师生及农民到大陆考察、学习、发展，另一方面，大陆也希望有计划地分批选派大陆农业各级管理人员、专家学者、技术人员和农民赴台考察，参加授课培训和实际操作相结合的专题研习。

（三）广泛开展两岸农业信息交流

加强在农业技术领域的信息交流，通过两岸农业科研、教育机构或指定的专业组织建立两岸农业信息交换机制。利用现代信息技术传播手段，定期互换两岸农业科技文献，沟通两岸农业发展规划，科技发展、技术推广、市场运销等方面的动态以及农业新技术发展趋势。

（四）建立两岸农产品贸易合作机制

为从根本上加强两岸农业合作，共同提升两岸农业的国际竞争力，两岸应建立起开放的、有秩序的农产品贸易合作机制，并在现有基础上进一步发展两岸的农业产业分工。具体来说，一是要逐步扩大两岸农产品准入范围，相互给予更优惠的投资待遇。为避免无序竞争，可就农产品贸易的时间及数量达成共识。二是在农产品质量安全认证、通关措施、动植物检疫等问题上，双方应建立磋商机制，积极开展协商，加强合作，建立统一标准，保障农业生产安全。

（五）大陆积极构建两岸农业合作平台

为适应台湾农业转型需求，大陆已在条件适宜地区建立了海峡两岸农业合作实验区、台湾农民创业园、特色产业带、研发中心等，作为两岸农业合作的平台，在两岸农业合作上发挥了重要作用。大陆各级政府以积极引导、信息咨询、法律保障、政策扶持等手段，促进基地内两岸农业合作产业和项目的对接；做好项目引进服务，简化项目审批程序；优化农业品种引进、动植物检疫、农产品输入等方面的制度和运作方式，创造便捷畅通的通关环境；加强基础设施建设，形成协调配套的基础设施环境。

作者简介：

1944年8月出生，满族，国际贸易专业毕业，历任中国种畜进出口公司总经理、农业部机关服务局局长、农业部对台事务办公室主任、农业部办公厅主任等职务，现为海峡两岸农业交流协会会长，对农业经济理论、畜牧、进出口贸易、行政管理、对台工作等领域均有较深的造诣。自 1995 年开始从事农业对台工作，有丰富理论基础和实践经验，先后在《求是》、《紫光阁》、《农村工作通讯》等杂志上发表《全面深化对农民收入问题的认识》等多篇理论文章，编著有《加入世贸组织与提升农业竞争力》等书籍。

大陆农业发展与两岸农业经贸合作的新机遇

左常升

摘要：

伴随着农业市场的开放，两岸农业都进入了一个新的发展阶段。在新的形势下，如何加强两岸农业经贸合作，利用和发挥各自的优势，共同应对农业贸易自由化的挑战，实现两岸农业的持续发展，是两岸共同利益所在。目前大陆农业的发展正进入一个新的阶段，呈现出农业综合生产能力进一步增强，农业结构调整向纵深推进，农业对外开放进一步扩大等特点。另一方面，资源短缺对农业持续发展的约束，体制的制约，经济全球化、贸易自由化的冲击等也给农业的发展带来了新的挑战。发展现代化农业，大力提高农产品竞争力，实现粮食增产、农业增效和农民增收的目标，是当前大陆农业发展的主要任务。今后加强农业科研和推广，农产品质量安全管理，大力发展农业产业化经营，促进农业对外贸易等将成为农业发展的重点。这些变化，为两岸农业经贸合作和台湾农业发展带来了新的机遇，包括为台湾农业外向拓展、两岸农产品贸易发展和共同开发市场都提供了广阔的空间。为加强两岸农业经贸合作，应探讨研究并提出建立固定的贸易信息交流机制，建立农业经贸合作磋商机制，建立市场营销同盟等具体的意见和建议。

两岸于2001年底和2002年初相继加入世界贸易组织以来，伴随着农业的开放，两岸农业都进入了一个新的发展阶段。在新的形势下，如何加强两岸农业经贸合作，利用和发挥各自的优势，共同应对农业贸易自由化的挑战，实现两岸农业的持续发展，是两岸农业界共同关心的问题，也是我们面临的一个现实的挑战。

一、大陆农业发展的新形势和任务

（一）当前农业发展的特点

近年来，随着一系列重大支农惠农政策的实施，大陆农业和农村发生了深刻变化，呈现出很多新的特点：

一是农业综合生产能力进一步增强。粮食生产扭转了连续下滑的局面，出现了重要转机，2005年粮食产量达到9680亿斤。畜牧业占农业的比重已接近35%。农业科技进步对农业增长的贡献率达到48%左右。

二是农业结构调整向纵深推进。大陆农业正处于战略性结构调整的新阶段。为推动结构调整，大陆制定和实施了《优势农产品区域布局规划》，推进农业生产向优势产区集中。目前已初步形成了许多有代表性的优势农产品生产区域。

三是农民收入增长扭转了多年低速徘徊的局面。2005年，农民人均纯收入在上年增长6.8%的基础上，又增长了6.2%，达到3255元。

四是农业对外开放进一步扩大。近年来，农产品的进出口都有了较大幅度的增长，2005年农产品进出口贸易总额达到569.2亿美元。

（二）农业发展中面临的突出问题

大陆农业和农村经济发展还面临一些突出问题：

一是资源短缺的约束更加明显。首先是耕地不断减少，近年每年搞建设需占用耕地400多万亩。其次是水资源紧缺，目前农业每年缺水约300亿立方米。

二是农村劳动力剩余严重。据测算，大陆农村富余劳动力高达1.5亿左右，今后每年还将新增劳动力600多万，农村就业的压力越来越大。

三是城乡收入差距过大。2005年，城乡居民收入差距达到3.22∶1。按目前城乡居民收入增长水平，今后城乡居民收入还将进一步扩大。

四是贸易自由化的挑战更加严峻。入世以来，国外农产品的进口冲击逐步显现。大豆、棉花、植物油等产品的大量进口已开始挤压市场，并影响农民收入。

（三）今后大陆农业发展的主要任务

发展现代化农业，大力提高农产品竞争力，实现粮食增产、农业增效和农民增收的目标，是当前大陆农业发展的主要任务。

围绕这一任务，今后将重点加强以下几个方面的工作：

1．加强农业科研和推广，加快农业的科技进步

加大对农业科技创新和应用的投入，推进农业科技创新和科技成果的转化应用，切实提高农民的科技素质。

2．加强农产品质量安全管理，提高农产品质量安全水平

加强农业标准体系、农产品检验检测体系和认证体系的建设，推进农业标准化生产和加工，加强动植物病虫害的监测预警、检疫监督和有效防治。

3．大力发展农业产业化经营，提升企业和产品市场地位

大力发展农产品加工业，推进品牌战略的实施，支持农业产业化重点龙头企业的发展。

4．加强农业贸易促进，开拓国际市场

大力培育农业贸易示范企业，建立出口产品生产基地，加强农产品品牌开发，加强农业展览和产品营销促销，推进农产品出口。

二、大陆发展对台湾农业带来的机遇

（一）大陆为台湾农业外向拓展提供了广阔空间

目前两岸农业发展水平还存在很大的差距。台湾农业生产总体上技术水平高，农业研究和技术推广体系比较完善；资本势力雄厚，农业生产、储运、加工装备水平高；农民组织化程度高，产销衔接和营销系统发达。但是，由于经营规模小，劳动力成本高，市场容量不大，加之农产品贸易自由化后进口农产品的冲击，台湾农业的发展正面临着严峻的挑战。在致力提升岛内农业的同时，充分利用现有的资金、技术、管理等方面的优势，实现向外部的拓展，是今后台湾农业发展的一个重要出路。

大陆正在大力推进农业现代化的建设。要解决目前农业发展中面临的各种问题，在政府不断加大对农业的支持的同时，也亟需引进外部的资金、技术、管理。大陆与台湾由于互补的自然条件、相同的文化背景、同宗同祖的血脉关系和近在咫尺的地理距离，是台湾农业外部拓展的必然选择。特别是大陆与台湾的经营规模和方式、技术特点等比较相近，更容易适合大陆的农业特点。

（二）两岸农产品贸易发展还有很大潜力

过去一个时期，两岸农产品贸易已经有了很大的发展。特别是两岸都加入世界贸易组织以后，农产品贸易得发展进一步加快。到 2004 年，达到近 8 亿美元，大陆在台湾农产品进出口中所占的地位都已经上升到第四位。2005 年大陆对台湾地区的水果实行零关税以后，大陆有关部门和东部部分省区都在积极采取措施，创造条件，为台湾地区水果销往大陆提供便利。相信，经过双方的共同努力，两岸的农产品贸易会得到更快的发展。

两岸贸易的发展，客观上反映了两岸农业的比较优势。根据有关专家对近期两岸农业比较优势的分析，大陆的谷类作物、稻米、玉米、家禽、毛猪及其制品，以及蔬菜等产品较台湾具有较强的比较优势，而台湾的水产品、水果、花卉及其种苗、种植用种子、胞芽及果实等具有比较优势。

从今后两岸的农产品贸易发展趋势看，台湾地区的农产品向大陆的销售，主要是大陆相对缺乏的高技术含量和具有地区特点的产品；大陆农产品向台湾的销售，主要是台湾已经丧失比较优势，需要从外部进口的产品和由于自然与气候等因素的限制本地无法生产的产品。通过两岸贸易，实现产品和产业的互补。

（三）优势互补共同开发市场前景广阔

两岸农业界充分利用各自的优势，合作开拓农产品市场，这是一个受人为因素干扰小，发展空间大的领域。两岸的优势有很大的互补性。从大陆的方面看，资源丰富，气候多样，劳动力成本低，但是，农业科技水平较低，农业产业化发展水平低，产品质量和档次不高，没有形成品牌，企业规模小实力弱，缺乏开拓市场的人才，造成许多潜在的优势得不到发挥。大陆的这些弱势，在台湾地区则有相当的优势。如果台湾地区的企业能够充分利用自身的技术、资金和人才优势，在农产品加工、储藏和运输、农产品品牌的开发、市场的开拓等方面与大陆的企业合作，共同推进农产品市场的开拓，相信两岸的农业企业会在这种贸易发展中实现双赢。

三、加强两岸农业经贸合作的对策措施

加强两岸农业经贸合作，促进两岸农业的共同发展和繁荣，是两岸各界的共同愿望。虽然目前的合作还受到一些人为因素的

干扰，但是这一历史趋势是任何人都阻挡不了的。

为了切实推进两岸的农业经贸合作，今后双方应该积极探讨以下几个方面的合作：

（一）建立固定的贸易信息交流机制

目前双方市场信息的交流主要是通过农业论坛、农产品展销会以及农业投资贸易洽谈会等方式进行的，这些信息交流的方式的局限主要是信息不及时、不连续，难以反映双方市场的短时期性变化。

为了能够使双方的农业贸易的发展能够及时适应对方市场形势的变化，应该建立由两岸相关产业组织和主要农产品贸易企业共同参与的人员和信息交流机制，由双方及时提供各自的相关产品市场供求信息，以便对方可以及时地做出反应，从而在与其他国家的竞争中占得先机。

（二）建立两岸农业经贸合作磋商机制

为了加深双方的农业合作，需要建立由农业专家、政府决策人士和产业界共同参与的农业经贸合作磋商机制。这一机制，除了一般性地交流信息和意见之外，需要对以下几个方面的问题进行专门的研究和规划，包括：

一是研究双方的比较优势，确定今后合作的战略、重点领域和重点项目；

二是研究双方合作的机制和分工。确定双方参与机构，职责分工和合作方式；

三是对两岸农业经贸合作中企业反映的问题及时进行协商，共同研究和制定对策。

（三）建立市场营销合作机制

为了巩固和提高两岸农产品在国际市场的地位，今后两岸农业界应该通过加强合作，形成相互依托、优势互补、联合对外、共同发展的贸易发展格局。为此，双方应建立市场营销合作机制，在以下几个方面开展合作：

一是建立企业联合组织和共同打造产品品牌；

二是关联企业共同研究和制定市场营销战略；

三是共同建立出口产品生产加工基地；

四是联合建立国外农产品营销网络。

经过多年努力，两岸的农业经贸合作已经具备了很好的基础，并积累了许多成功的经验。相信在大陆一系列优惠政策的支持和推动下，在两岸相关机构和产业界的共同努力下，两岸农业经贸合作一定会迈向新的台阶，并为两岸农业的共同繁荣做出积极的贡献。

作者简介：

山东青岛人。1982 年考入中国农业大学，农业经济学专业，在该校完成本科和研究生各阶段的学习，并获得博士学位。毕业参加工作以后，到农业部工作，先后在农业部政策法规司、国际合作司、农村经济研究中心等多个部门工作，主要从事农业经济和政策问题的研究，熟悉农业和农村发展情况。现在农业部贸易促进中心工作，主要从事农产品贸易政策方面研究，并负责 WTO 农业贸易争端解决等方面的工作。

突破小农经营困境

——台湾小农企业化的经验

陈武雄

摘要：

两岸人多地少，平均每户耕地面积都在一公顷上下，都是小农经营体质，虽然两岸经济体制不同，农业发展情势有别，但如何克服小农体质来提高产销效率，则是共同课题。本文从两岸农业发展情势谈起，介绍台湾小农组织的发展，由早期的扶植家庭农场，培训个别农民，逐渐调整为以人的整合为中心，在私有财产体制下，辅导农民发展自愿性的产销组织，取得规模经济利益，进而推展企业与农民的垂直整合，发挥综效，并训练农业企业经营顾问，全面推动企业经营理念，促进小农企业化经营。加入WTO之后，传统的小农面临的竞争是小农对巨人的竞争，为突破小农的瓶颈，小农经营管理的范畴要从“功能管理”进入“策略管理”，寻求组织间或与相关企业之策略联盟。本文特别强调，未来必须集合一流的农民，与大企业或企业化的产销组织合作，才能成就一流的产业。此外，在国际化的竞争环境下，两岸更需互惠合作，才能创造新契机，在全球布局的策略上，使小农组织成为现代化的经营体，这才是建构优质农业的基础。

两岸人多地少，平均每户耕地面积都在一公顷上下，都是小农经营体质，虽然两岸经济体制不同，农业发展情势也有差别，但如何克服不利条件来扩大经营规模，提高产销效率，则是共同课题。

一、两岸农业发展情势

台湾是个典型的小农经济体，从1940年代起在不同的社会经济环境下，农业施政有明显的阶段性，光复初期的经济发展策略是以农业发展工业，政府非常重视农业发展，鉴于农业土地分配不均、资本缺乏，而劳动力相对较充裕，政府接续实施三七五减租（1949）、公地放领（1951）、耕者有其田（1952），以平均地权的理念，积极扶植自耕农，让农民拥有土地，透过土地重分配，刺激生产意愿，达到提高生产力；另外并建设农村，改善农民生活，推动“改善农业、照顾农民、建设农村”的三农政策。

但由于农场经营规模狭小零散，个别农户平均规模仅约一公顷，难以提升产销效率。因此对农民的辅导由早期的扶植家庭农场，培训个别农民，逐渐调整为以整合小农，以人的整合为中心，在私有财产制下，辅导农民发展自愿性的产销组织，进而推展小农企业经营及企业与农民的垂直整合，来突破小农经营困境。1990年代经贸自由化后，更推动农业结构调整，实施“生产、生活、生态”的三生农业政策，开始辅导部分农场转型成为休闲农场，提升为三级产业，充分利用农村生态资源及农业产业文化，来增加农民所得。

大陆在1978年前实行高度集中计划经济体制及生产组织形式，改革开放后，进行了大规模改革，将土地所有权与经营权分离，实行了农民家庭联产承包责任制，废除人民公社，取消了以生产队为核算单位的经济管理体系。1985年开始将改革重点放在使农村进入商品经济的轨道，但承包经营使土地过于分散，反不利于统一规划和规模经营，也不利于大规模的农田水利建设。学者认为，大陆未来农业发展的最大出路在于经济体制改革的不断深入，当经济发展到一个新的水平，工业效率提高到一定程度，才能结束“农养工”转为“工养农”阶段。学者也认为当前首要问题仍是完善和稳定家庭联产承包责任制，加强建立健全农村社会综合服务体系，逐步走向专业化协作，继而向规模经营发展；其次是鼓励多种经济成分共同发展，为土地经营规模化创造条件。

另外像在河南许昌及其他许多地方实施之农业科技园区建设，是在家庭承包经营的基础上，培育大批具有市场开拓能力、资金运作能力、技术创新能力和应对风险能力的农业企业法人主体，与农民结成利益共同体，迅速形成专业化、区域化、规模化的农业生产格局。其中最关键的就是公司经营制，依托各类农业公司，形成了具有专业化、区域化、规模化的农业生产。但根据我们的了解，也有许多私人公司带来资金技术，直接取得大片的农地经营权，发展高价值农业，农民交出土地离开农业，或在农场担任劳工，因此农业生产力的提升、农业生产的成长与农民已无太大关系，亦即解决农业问题并没有完全解决农民问题。这与台湾从家庭农场着手，兼顾农民与农业的作法是有不同的。

二、台湾小农组织的发展历程

农事研究班

在农业生产方面，初期以个别农户技术指导为主，逐渐经由农忙时期的换工与相互帮忙，协助地缘、水源相近者结合组成“农事研究班”，透过班会活动，使班员与农事指导人员有充分接触机会，达到传授农业新知　改进农耕技术之目的。1963 年开始，农事研究班由综合性逐渐演变为专业性，以利专业化的生产指导，例如经济作物洋菇、芦笋之生产技术，土壤施肥、病虫害防治等专门技术。后来再配合粮食需求的增加，将从事同一作物的农民组织起来，协议采取共同作业、共同栽培，可说是结合小农共同经营的滥觞。

共同经营班

1970年代末期，台湾工商业快速成长对农业产生显著冲击，农场外就业机会增加，农业人口流失，农业劳动力逐渐减少，加上工资急速上升，农业生产成本增加，传统土地利用型农产品的竞争力相对低落。为加速农业现代化，陆续推动加速农业机械化方案（1970），制定农业发展条例（1973）、设置粮食平准基金（1974）等许多重要施政。在农民的辅导方面，从1980年代初期开始鼓励核心农民组织“共同经营班”，将班员分组作业，分工合作，并共同采购农业机械替代劳力，提高劳动生产力，来达到扩大经营规模的效果。此时的农民组织已由技术或劳力分享的教育性组织，逐渐加上追求经营效率与利润的功能，具有经济性产销经营组织的雏形。

随着社经结构转变，在70年代末期台湾农业成长已趋平缓，在农村出现有土地但劳力不足之情形，以往劳力密集的经营方式显已无法因应新情势的变化，于是当局积极推动第二次农地改革（1983）。第二次农地改革是继三七五减租、耕者有其田后调整农业经营结构的重大措施，其重要内容包括：提供扩大经营规模购地贷款，推行共同、委托及合作经营，加速办理农地重划，加强推行农业机械化等。由于受限于当时耕者有其田政策，当局尚不便推行农地租佃，因此修正农业发展条例（1983），明定委托经营不受耕地三七五减租之限制，并减免相关税赋，以减少扩大经营规模的阻力。这些政策措施的效果还是有限，到1985年，平均每户农场面积只微升至1.14公顷。

农业产销班

为了进一步突破农场规模的限制，1985 年开始推动“农地利用综合规划计划”，结合农业生产区段内土地相毗连或邻近地区之农民组织共同经营班，进行改善生产环境与投资现代化农业生产设备。和以往班队组织最大的不同点是，本计划的辅导是以“土地”为基础，透过组织成员的共识，推动共同事业，成为结合产、制、储、销的经营实体。

前述各阶段的发展，基本上仍着重在农场作业效率的提升及产销成本的降低。然而在国际经贸自由化的情势下，国外具有强大资金及管理能力的农企业，挟其营销组织力量，冲击台湾农产品市场。农民逐渐了解，单打独斗已无法因应激烈的市场竞争，当局也于 1992 年订定“农业产销经营组织整合实施要点”，将各种产销班队整合并统称为“农业产销班”以产销一元化的理念，透过班组织，推动产销改进措施，例如生产资材共同采购、班员之产品共同分级、包装、加工、储藏及销售，在 2000 年代初期，“产销班”已成为农业施政的基本辅导单位。同时也加强产销班的训练与考评工作，自 1995 年起每年办理评鉴，选出十大绩优农业产销班，并隆重公开表扬。

此期间并择定稻米、柑桔、养殖鱼类、毛猪等重点产业，推动“降低农业产销成本计划”，这个计划最重要的理念就是“技术整合 + 团队辅导 = 经营管理改善”，也就是整合产销各领域的学者、专家，组织技术服务团，下乡辅导产销班，实地到农场诊断，然后征对所发现的问题提供对策，以降低产销成本，提高质量，其基本的理念是：“降低成本要斤斤计较、提高质量要择善固执”。降低成本计划获得农民热烈回响，成效甚佳。唯仅就产销技术予以整合尚难以全面达到提高经营效率的目的。因而于 1993 年开始与财团法人“中国生产力中心”（CPC）合作，引进工商企业经营管理经验，开展小农企业化经营的新页。

三、全面引进企业经营理念

架起桥梁改变观念

经营管理的原理原则是没有产业分际的，适用于工业也适用于农业。不过以往农业界对“经营管理”仍以农业的专业技术为重，对“企业化”多着重生产自动化，因此在引进工商业经营理念与管理方法之初，许多人抱持着怀疑的态度。大家常会有这样的问题：小农经营能利用企业经营管理手法吗？工商业的经营管理原理适用于农业经营吗？不懂农业的企业经营顾问如何来教农民呢？许多人认为工商业经营管理那一套源于工商业的经验，根本不能应用于小规模经营的农业。但我们认为引进工商企业的经营观念及方法是我们的责任，我们必须架起这座桥梁，让先进的理念进入农业。因此，企业经营理念的引进，第一个面临的倒不是技术上的课题，而是“观念改变”的问题。

改变观念的工作从两方面着手，一方面先做几个示范点，透过企业顾问的诊断及辅导改善，提升其经营绩效 让大家“眼见为信”。刚开始也有农民拒绝 像竹东客家米食班的黄班长 他说我们家三代做米食，顾问师会吗？我们花了一个月的时间才劝服他接受辅导。竹东客家米食，原是一家每月的营业额不过新台币6至7万元的米食小加工厂，然而目前每月营业额早已超过新台币300万元。在辅导初期，“中国生产力中心”顾问发现该工厂内作业凌乱、物料任意摆放，经过讨论后共有12项缺失，建议从现场5S整理整顿着手，结果生产效率提升10%，节省工时及库存浪费每年可节省新台币100万元左右。

另方面实施教育训练，让农业技术专家与农民了解企业经营管理的内涵，以浅显易懂的倡导手册，介绍农业企业化经营的步骤应由省力化、省人化、机械化、合理化，最后才是自动化，且应视产业性质与经营形态予以调整，而非一味追求作业自动化，没有好的管理，设备投资可能徒增浪费。示范点产销班的辅导实务工作则从基础的颜色管理、看版管理、作业标准化或生产排程规划等方面做起，让班员知道，简单的动作就能做好工作现场管理、物料管理，省力、省工，因而建立了对企业经营管理的信心，我自己访问过好多产销班，听到很多农民赞赏这些简单实用的企业经营方法。

培训农业经营管理顾问

1993 年我邀请财团法人“中国生产力中心”（CPC）协助我们推动农业企业经营，获得当时担任总经理的石滋宜博士大力支持。CPC 于 1993 年正式投入农业经营企业化的辅导，参与的顾问从零开始最多达到 45 人。此后 CPC 企业经营顾问与农业技术专家并肩合作，各展所长，也相互学习，CPC 企业经营顾问学习农业的产业特质，了解农业问题；农业专家学习企业经营管理实务，结合农业专业知识，转介给农民，这样的合作造成了农业经营的旋风。

不过 CPC 参与的人力毕竟有限，只能做示范点，不能全面扎根深耕，这样企业经营管理工作就没有办法全面落实到农业体系里面去。有鉴于此，从 1997 年开始，我们推动了农业经营管理顾问的培训计划，甄选各农业行政单位及试验改良场专家，由 CPC 给予 300 小时的经营管理课程训练，再由 CPC 企业经营顾问带领受训人员进行九个月的产销班现场诊断辅导实习。本计划办了四期培训了 90 位专家，他们成为推展农业企业经营管理理念与作法的种子师资。

建构整体服务及辅导体系

有了人才，也要有可应用的工具与发挥的舞台，因此，我们规划了整体服务及辅导体系。

在种子师资工具的配置方面，我们逐年编印农业经营管理相关课程的讲师手册，结合企业经营管理的作法与农业经营诊断的实例作系统的整理说明，让这些种子师资能有标准化的教材去做推广训练，另外还搭配文字浅显、图文并茂的倡导小册。经过几年的推动，累积了更多的经验与案例，我们希望将农业经营管理顾问的辅导经验作有系统的整理，因此以团队方式讨论并分工撷取专长，编印产销班辅导手册，以结合产业生产技术与经营管理数据，提供农业经营管理顾问下乡至产销班辅导时应用。

种子师资毕竟人力有限，要将经营管理扎根基层，农业经营管理顾问必须升级为指导员，训练基层辅导人员，因此我们希望未来能建立产销班的分级辅导体系，也就是依据产销班的评鉴结果，给予不同的辅导。例如：刚开始运作的产销班以由基层辅导人员进行组织与现场经营管理之辅导与训练为主，农业经营管理顾问依责任分区提供咨询服务，协助基层辅导人员；运作已具有一定绩效且有发展潜力的产销班则由农业经营管理顾问依其需求，协助产品研发、质量提升或提供营销策略等进阶辅导。

e化是时代的趋势，为建立知识分享机制及提升工作效率，“政府”正在建置农业经营管理专家咨询服务网、产销班咨询辅导人才库、产销班经营管理系统等，希望透过信息平台的建置，整合农业经营管理信息，以及提供产销班信息化的管理工具。

多年来，我们从观念倡导与现场管理示范做起，随着观念的建立与产销班辅导业务的发展，最近许多顾问的辅导广度与深度增加了，进入了班与班的策略联盟，而且已有很多成功的案例。

例如在新竹县的东方美人茶班，农业经营管理顾问先是运用组织运作技巧，让班员了解团队合作的重要并激发其企图心，建立了直销中心，接着协助开发新产品茶叶焗蛋及加强主力产品茶叶的营销，使营业额从未辅导前的906万元，在辅导第二年成长至1537万元。

对台东县的番荔枝（释迦）产销班，则辅导四个乡镇的番荔枝班成立产销策略联盟，办理共同运销、共同选果、共同计价、共同采购等，进而建立共同品牌、开拓直销通路、发展加工品（释迦冰淇淋）等增值措施，使农民的利润平均增加了20%。

桃园区农业改良场的顾问师们负责辅导台北县八里、五股、三峡等三乡镇的绿竹笋产销班，协助他们订定田间标准作业程序（SOP），指导采收后预冷处理技术，使得竹笋鲜度大幅提升，进而办理宅配鲜销，另外在加工方面改进不用防腐剂，因为质量提升，顺利外销日本。由于销量扩增，接着联合桃园县大溪、龙潭、复兴等三乡镇形成北部绿竹笋策略联盟，以扩增外销的货源。

人力、信息、科技分享

从以上的经验，我们可以印证勤业管理顾问 Arthur Anderson 对知识管理所提出“组织知识的累积，必须透过科技将人与信息充分结合，而在分享的组织文化下达到乘数效果”的论点，这正可以作为整合组织的一个理论基础。亦即组织知识的累积是人力资源和信息经过技术的整合后所产生的乘数效果，此效果大小视其分享的乘数而定，分享程度愈高，乘数效果愈大，这就是为什么我们要组成技术服务团队及产销班的道理。

四、突破小农的瓶颈

加入WTO后，传统的台湾小农面临的竞争是小农对巨人的竞争，进口农产品多半是由跨国企业公司来主导，如美国的 Sunkist

或纽西兰的Zespri，都是跨国企业的巨人，这些跨国企业夹着大规模经济，应用现代化营销手法，有自己的品牌、自己的营销通路，这些根本不是小农所能做到的，因此我们所面临的竞争，是小农对巨人的竞争，没有招架的力量。

在这样的环境下，小农经营管理的范畴要从“功能管理”进入“策略管理”。功能管理包含生产管理、营销管理、人事管理、研发管理、财务管理及信息管理等。策略管理是属于上一层次的管理，最重要的是企业要能对所处的环境条件有清楚的认知，选择或创造本身生存空间，以及与外界相关机构或资源提供者维持平衡而互利的关系。若企业对环境条件判断错误，则所采取的策略也会错误，此时即使再运用功能管理的各种方法亦不容易成功，就像是作战时战略的错误，优异的战术也无法弥补。因此，策略管理相对于功能管理而言，是具有指导性的作用。

谈小农经营策略管理，先看看他山之石。以纽西兰为例，为加速自由化，纽西兰于1984年取消大多数农产品的农业补贴，让有效率的农场得以继续生存，同时鼓励奶制品、奇异果、牛羊肉的农民组成制造及营销的公司，以开拓国际市场。目前纽国最大企业，也是世界最大奶品公司（Fonterra），就是由1.4万多个酪农所共同组成；世界最大的奇异果公司（Zespri），是由2500余位农民所合组的。Zespri不只销售全纽西兰的奇异果还代销世界第二大产国意大利的奇异果，更重要的是他的销售网将市场上产品的缺点追踪到生产的农场，以保证缺点的确实改进，这是农场整合的极致典范。

集合一流的农民，成就一流的产业

纽西兰的是大农经济体，大农尚须整合更何况是小农如台湾。小农经营的策略模式是：

N（1）+壹=1

N（1）指N个小农场，“壹”是指大型企业或企业化的产销组织。即许多一流的农民集合起来，与企业化经营的企业或产销组织结合，将能成就一流的产业。

台湾的产销班组织就是一种［N（1）=1］的形态。个别农民基于共同理念，经由共同作业、共同采购、共同决策、共同运销的核心价值，发挥组织的凝聚力，达到扩大生产规模与提高经营效益的目标。不过，当我们眼光跨越地域限制时，会发现在当前竞争环境下仅整合N（1）已不足因应。必须采取［N（1）+壹］的策略，而这个“壹”可以是其他同构型高或有互补效果的大型产销班，可以是与农民关系最密切的农渔会，可以是大企业。

台湾养鸡产业的统合经营是一个［N（1）+壹=1］成功的例子，即由一个大公司与农民订契约，提供标准化的种鸡、药品与饲料，疫病诊断也由公司派人来帮忙，所生产出来体型、肉质相当的鸡则以固定价格出售给公司，由公司进行分切、营销。这样的方式促使台湾养鸡产业的稳健发展，亦即透过一流企业的标准化作业，使产业成就为一流的产业。目前台湾白肉鸡农户已有百分之九十与企业界结合做统合经营，我们了解大陆也有这样成功的案例。

而近几年来由政府辅导相关农业团体共同组织的策略联盟也是一种［N（1）+壹］的形态。未来，N（1）所代表的含义将不仅是许多小农的集合，更应该是许多产销班的组合。而要N（1）能够更具活力与效益，前面所提到人力、信息、科技分享的工作必须强化，且须由制度面着手，才能奠定扎实的基础，终而达到成为一流产业的效果。

五、两岸合作方向

（一）双方选派专家学者互相观摩参访交流，进一步了解台湾及大陆的实际作法，如有必要，可由台湾派遣专家到大陆协助组织农民并逐步进行企业化经营培训工作。

（二）由台湾农民团体或企业带领农业产销班到大陆从事生产，并与运销通路结合，在秩序贸易的原则上进行两岸农产贸易。

（三）大陆提供土地作为台湾优势产业全球布局之生产腹地，以克服台湾经营面积太小问题。

六、结语

台湾的小农体质在人们“有土私有财”根深蒂固的传统观念及农地价格高昂下，很难经由土地所有权的移转达到扩大规模的效益，必须透过“组织”的力量结合小农，使农场生产资源作最有效的组合，并运用现代企业经营理念、采用高科技、运用市场信息，结合同业及异业的人才、资金、技术，以发挥乘数效果。在国际化的竞争环境下，更需两岸合作互相支援，才能创造农业发展的契机与优势，在全球布局的策略上，使小农成为现代化的经营体，这才是建构优质有竞争力农业的基础。

学经历简介：

现职：国政研究基金会政策委员

学历：美国伊利诺大学农业经济系博士

经历：“行政院”顾问

“行政院农业委员会”副主任委员

台湾省政府秘书长

台湾省政府农林厅厅长

著作：农业专书：《台湾农业心情》　2000年常民文化

《跨越农业水岭》　2004年中国生产力中心

新诗诗集：《入关》　2002年春晖出版社

《谁来点上灯》　2004年春晖出版社

台湾农业科技发展概况及两岸交流合作愿景

古德业

摘要：

台湾光复迄今60年来，政府有计划推动各阶段农业建设、技术开发以及相关措施的投入，产业与科技应用推广密切契合，粮食增产外销、外汇增加、民生安定，农业很快地蓄积能量展现出"以农业培养工业"逐步带动经济起飞。台湾农业的发展是以技术改进与效率提升来激励生产，提高农民所得。此种成功的小农发展经验，已成为开发中国家的典范。但面对世界经贸自由化的冲击，台湾农业目前已朝知识与技术的方向转型升级为资本密集与技术密集之产业，并提升为"科技化农业"的境界，以确保农业之永续发展。

鉴于农业各产业发展与科技推广应用相辅相成，本文将叙述自光复后，台湾农业科技伴随产业发展的历程概况、农业科技的发展与重要成果、未来农业科技发展重点，进而提出两岸农业科技交流合作的愿景。两岸农业之发展有其互补性，未来建议以贸易互补、技术互惠及产业互利之原则规划两岸农业科技合作领域。拟提出项目包括作物种源及微生物资源交流、甘蔗糖业技术交流合作、两岸农业科技术语及专有名词标准制订，及专业技术领域之引进、研发等交流合作项目。并依此项目拟定细部年度计划，以期落实两岸农业科技之交流合作。

一、前言

人类的生存与活动离不开农业，农业也是人类所经营最古老的产业。回顾过往从台湾光复迄今60年来，台湾农业发展提供了丰富营养的农、渔、牧产品及森林生态资源，不但使人民能享有良好的生居环境，更奠定了台湾经济发展的坚实基础。

台湾位于亚热带的海岛气候环境，山地丘陵占2/3，早期耕地面积约为94万公顷，现今仅剩余84万公顷。虽然高温多雨，适合农作物生长，但由于台风豪雨、地震频繁，再加上容易发生病虫害，使农渔牧产业的发展面临更大的挑战。

光复后，台湾有计划推动各阶段农业建设、技术开发以及相关措施的投入，产业与科技应用推广密切契合，互动互补。因此台湾的农业很快的蓄积能量并展现出“以农业培养工业”的基本经济发展策略，树立了作物粮食增产外销、外汇增加、民生安定，逐步带动经济起飞。台湾农业的发展是以技术改进与效率提升来激励生产，而农民之所得亦相对提高。此种成功的小农发展经验，已成为开发中国家和地区的典范。但面对世界经贸国际化、自由化的冲击，台湾农业目前已朝知识与技术的方向转型，朝向“优质、安全、休闲、生态”的发展愿景迈进，以提升台湾农业之竞争力。本文将叙述台湾农业科技发展历程概况，列举科技领域之研发成果与展望，进而提出两岸农业科技交流合作的愿景。

二、重要农业发展历程

光复迄今台湾农业发展历程，大体而言，有几个重要演进期程：

（一）光复后初期，全力投入粮食增产，以稳定供需（第一个十年）

光复初期物资供应极为缺乏，再加上人口快速增加，供需极不平衡，因此物价波动剧烈，人心不安。在此种情形下，增加粮食生产以安定民生社会则为政府的首要工作。“中国农村复兴联合委员会”（简称“农复会”，1948－1978）为中美两国政府联合设立的机构，于1948年成立，主司战后农村复兴工作。“农复会”积极协助政府，扮演粮食增产的主力推手。由于水稻为台湾最主要的作物，故当时采取的各项农业增产措施中，多以促进稻米生产为主。诸如兴修水利、恢复灌溉系统、提供优良稻种、分配化学肥料及有机肥料的制造等，均列为重要政策措施。“农复会”在农业振兴方面，不仅协助当局创立了甚多有效的制度，例如实施耕者有其田等一系列的土地改革，更提供资金与技术之援助，以加速恢复农业生产。

（二）农业成长期，以农业培养工业（光复后第二个十年）

一系列土地制度的改革激发了农民的生产意愿与潜力，同时也奠定了台湾农业发展的基础。接着各种农业增产措施的推动，更增加了农民的生产力，并进而改善其生活。最后利用农业发展的成果，扶植工业发展。1963年以前，台湾农业产值占GDP的比例一直高于工业。在这个时期，不但农产品和农业加工品的产值远超过工业产品，农业劳动力亦比工业劳动力多出一倍有余。显示在这一个阶段过程中，经济形态是以农业为主（表1），农业担当扶植工业发展的时代使命。这种自力更生、自发型的经济发展模式，其所达成的经济奇迹，深受国际的重视。

在光复后的经济重建时期，农业增产外销为当时台湾推动经济发展所需外汇的重要来源。表1的左边一栏即说明激励大宗农业的生产技术革新，光复后第一个十年即达成增加稻米、砂糖、茶叶、菠萝罐头及香茅油等的外销能力。1957年台湾当局整顿菠萝罐头外销，实施原料联购制度，增加外销实绩；同时自国外引进洋菇、芦笋及洋葱等品种，为新兴外销作物的发展奠定了基础。又自1958年至1967年，“农复会”主要工作为协调改进香蕉产销制度及运输调配，使香蕉成为此一期间最主要的外销农产品。

1960年代，台湾农业生产已达自给自足而有余的阶段，农业政策转而鼓励农民栽培经济作物，并透过食品加工，将菠萝、洋菇、芦笋等农产品制成罐头，外销欧美各地。1963年为台湾经济发展的关键年，土地改革完成后国际糖价高涨，台湾藉蔗糖的出口，赚取了40余亿美元外汇；当年也是台湾食品加工业外销最畅旺的一年，洋菇和芦笋罐头外销几乎占国际市场的60%，为第一位，使农业资本形成得以大幅提高，进而有能力扶持投资轻工业。1965年后，台湾轻工业快速发展，经济重心由农业逐渐移转到工业。

（三）农业成熟期，透过科技研发与推广持续成长（光复后第三个十年）

1970年代，民间农产物资逐渐丰裕，出口贸易更加活络，拓展国际市场成为促进农工持续发展的重要手段。在工商业快速成长后，虽然农业劳动力与农地等资源都有逐渐移往非农业部门情形，但是透过农业科技的研发与推广，农业在质与量方面仍能持续成长，唯对整体经济的贡献率则相对比率降低。农地因增产，耗损地力，必须要适度的回补肥料，以维地力。其来源除了自制堆肥之外，必须要仰赖进口肥料及农药，以提升生产效率。此外，发展种植农作物之外，畜牧、渔业及林业亦须兼顾，其中尤以鱼、畜、禽的生产养殖，必须要进口鱼畜饲料及引进养殖技术，以补充不足。表1即说明农、林、渔、牧各产业所须物资业及林业亦须兼顾，最左栏呈现在光复初期农用资材肥料、农药及农机以进口最为迫切，相对的，供食用的黄豆、小麦进口亦多，而进口棉花亦多，作为纺织布料。1970 年之后粮食增产因劳力及生产成本增加，其成长减缓。相对的，农业以外的其他部门有明显的成长改变。1970 年间为台湾农业发展的转折点，在此之后，农业开始面临一个新的局面。

表 1　农产品进口结构之改变

STURCTURAL CHANGE OF TAIWAN'S AGRICULTURAL IMPORT TRADE

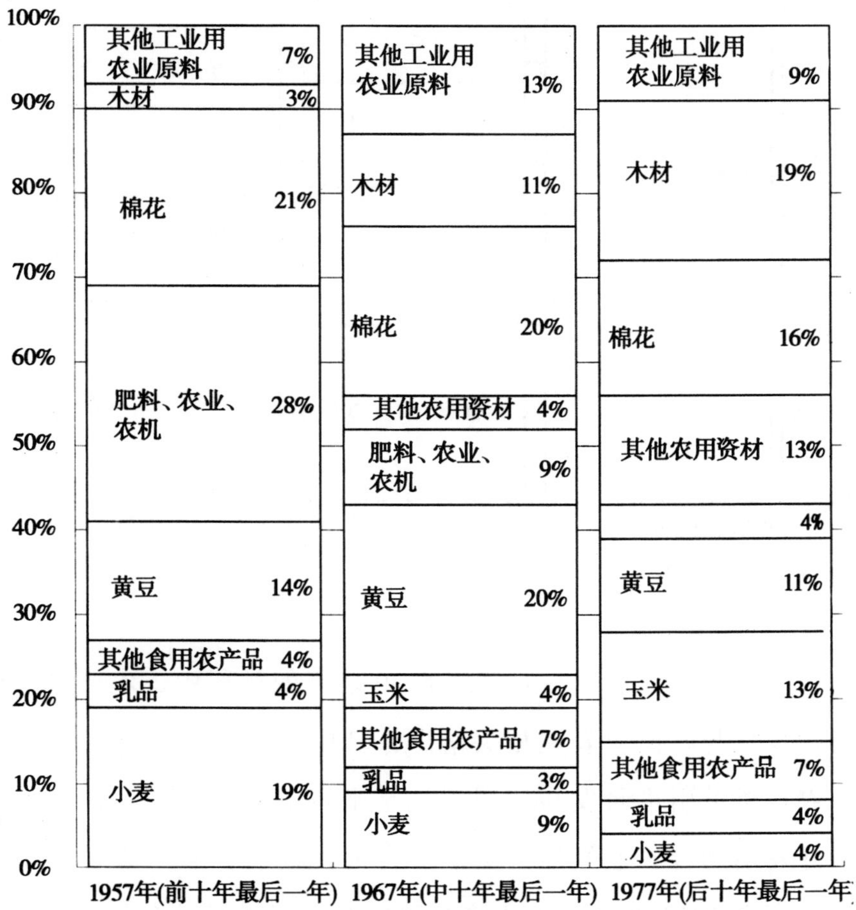

外销金额：　1.55 亿美元　2.60 亿美元　12.12 亿美元

表 2　农产品外销结构之改变

STURCTURAL CHANGE OF

TAIWAN'S AGRICULTURAL EXPORT TRADE

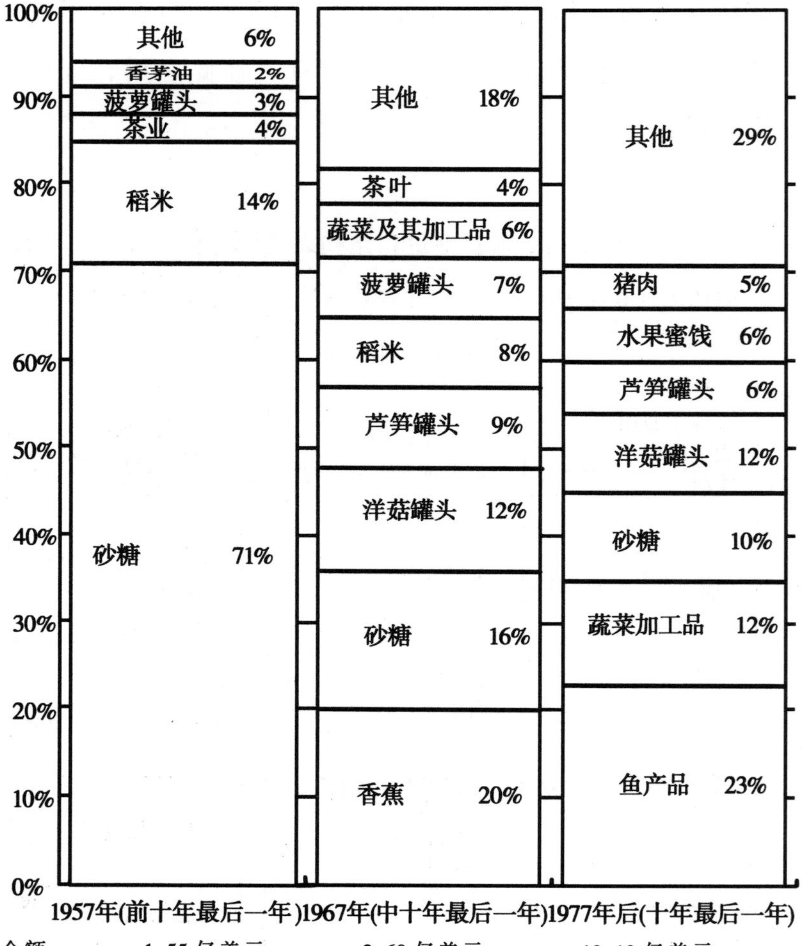

外销金额：　1.55 亿美元　2.60 亿美元　12.12 亿美元

表 1 及表 2 分别说明光复后的 30 余年的过程中，农产品进出口结构变化与各产业发展相关情形，其中尤以农业资材肥料、农药、农业机械引进研发与使用近乎是平行的发展。因此，农业资材的开发使用合农业发展的需求。台湾光复后，农户人口数不断增加，直至 1970 年以后才开始相对减少。2004 年时农业就业人口

为15.1％，占总就业人数的7.3％。农业占GDP分别为1952年32％及2004年1.7％。此一趋势反映农业在光复后的30余年间主要为创造生产资源、奠基农业、培养工业经济发展，1980年之后逐渐转型至生产、生活与生态的三生角色；表面上看，农业占GDP虽降至2％以下，但其稳定粮食安全、经济发展及在生态与生活所扮演的多功能角色，将是未来台湾农业朝永续发展的领航方向。

为因应农业生产的需求，直接与农业资材的使用有关的还有耕地面积不易增加所导致的集约栽培问题。早期的台湾农业生产，土地为稀有资源，因此农地利用趋向集约，而更多的技术密集投入，这可以从作物复种指数说明。例如作物复种指数，由1952年174因增产需求增加至1965年的189，但其后因农业劳力外移，耕地集约利用下降，复种指数亦逐年下降，至2001年时为106，2004年时降为88.2。这主要是1980年代之后粮食生产过剩，肉类及渔产品吃得多，饮食多样化丰富之后，部分稻田奖励转作休耕。前段说明乍看之下好像台湾的农业在1980年代之后就走下坡，事实上不然，以农业总产值而言，时至现在，每年仍呈正成长，至2004年达台币3700亿。这主要是“农业培养工业”之后，台湾工业发展快速，农业劳动力与土地逐渐移出至非农业部门。然透过农业科技的研发与推广，农业生产在质与量方面仍能持续成长。

1980年代，台湾顺应世界潮流，经济体制逐步走向自由化，农产品进口量随之遽增，加以环保意识抬头，工资昂贵、劳力不足以及经营规模狭小等因素，致使在国际市场的竞争力相对衰退。为改善农业经营效率，政府积极引进企业经营理念，创新农业科技，推展农业机械化、自动化，并加强培育农业专业人才，以促使部分产业由土地与劳力密集，逐渐转型为资本与技术密集产业，例如猪、鸡、鳗、花卉等产业，均展现了动态的发展活力。

1990年代，所面对的国际竞争压力更甚于以往，台湾农业不但要与已开发国家和地区的高质量竞争，也要和开发中国家和地区的低成本竞赛。虽然面临重大考验，基于农业涵盖多元功能，朝均衡发挥农业在生产生活生态等多方面功能之方向调整。本阶段，农业已逐渐走向科技化、信息化、品牌化与休闲化的经营方式。福利措施也逐渐落实，老农每月可领取3000元（现为5000元）福利津贴。

前述台湾农业发展历程摘要如下：

1950s：粮食不足，追求技术效率、提高生产力

1960s：自给有余，农产大量外销、追求价格效率

1970s：物资丰裕，拓展国际市场、促进农工发展

1980s：经济体制走向开放，产业由土地、劳力密集，转向资本、技术密集

1990s：发展“三生农业”，兼顾农业生产、农民生活与自然生态

2000s：发挥农业多元功能，朝向知识、技术、休闲、生态与资本密集转型发展

三、农业科技的发展与重要成果

毫无疑问地，科技创新为台湾农业发展与产业进步的原动力。近半世纪来，各种生物科技的演进，已对农业发展产生深远的影响，显而易见，各先进国家无不相继投入生物科技及各项产销科技，以减少农业人口，并提高生产质量与国际的竞争力。台湾光复后产业发展的需求，科技投入成比率增加，例如在1980年代台湾利用组织培养大量繁殖、生产健康香蕉苗及高质量兰花苗，已

形成作物组培苗的新兴产业，证明农业生物科技随着基因工程与组织培养等技术的开发，逐渐突破传统农业经营方式，或取而代之，或相辅相成。高科技农业的发展，将促使农业快速转型，进而对人类生活及政经社会产生深远的影响。

60余年，台湾农业在地狭人稠、天然资源缺乏的不利条件下，犹有今天高度发展的局面，农业科技不断地研究与创新实为一大主因。台湾在农业科技的发展上已创造了许多世界典范的例子，诸如高接梨、冬季葡萄及莲雾、香蕉与蝴蝶兰组织培养、热带水果产期调节的应用、白毛鸭、三品种杂交猪的培育、鱼虾类人工繁殖、近海箱网养殖技术等，这些成就大都植基于农业科技的研发，促进农业升级的具体成果。

台湾已迈入经济繁荣的阶段，民众对于高水平的生活质量与环境质量，要求十分殷切。台湾过去投入农业研发不遗余力，成果卓著。未来的农业发展，必须持续致力于科技水平的提升，以增强台湾农业科技能力，生产高质量、高附加价值的多样化精致产品，并维护生态环境，发展休闲农业，以因应农业转型之需要，并提高经营效率及竞争力，存活于21世纪经贸自由化的挑战。光复迄今，台湾农业科技的进步，不胜枚举，仅列举下列主要项目：

（一）品种改良：

水稻、甘蔗、花生、大豆、玉米、甘薯、西瓜、白菜、萝卜、柑桔、菠萝、香蕉、荔枝、木瓜、柿、花卉及鱼、畜等，多年来已育成多种优良品种，无法一一详述。此处仅择重要种类为例，略加介绍。

1. 水稻

稻米为台湾民众的主要粮食，多年来杂交选育的品种多达200种以上。其改良目标早期以产量为主，其后重视抗病抗虫及米质优良品种的选育。在育成的品种中，栽培面积较多的水稻品种先有高产的嘉南8号品种，后有高产并抗稻热病的台南5号品种，最盛时曾占稻米栽培面积60%以上。但在1979年以后，由于机械收获的需要，为不易倒伏而高产的台农67号取代，目前仍为重要的栽培品种。籼稻品种改良育成台中在来1号、台中籼10号、嘉农籼6号、台农籼20号，以及台中籼3号，这些品种大多具有高产抗病虫的特性，其中台农籼20号更具有香味。台湾地区两期稻作栽培面积最高达78万公顷，自1973年因稻米生产过剩而推行稻田转作其他作物后，稻作栽培面积迅速减少，目前已降至27万公顷；而相关之稻米研究与生产以良质米为主要方向，如育成的台8号及9号，均为米质优良品种。2000年农业试验所育成香米品种台农71号，为台湾良质米育种成果再向前推进一步。此外，当局又在全台划定良质米适栽区域，配合良质品种与栽培技术，积极扩大良质米的生产。

2．杂粮作物

杂粮作物中最重要的甘薯品种选育是以食用、饲料用及淀粉用为目标，近年来以蔬菜、加工食品为主要生产目标，单位面积产值已大为提升。甘薯原为台湾极重要的食用及饲料作物，栽培面积仅次于稻米，后因所得提高，消费者减少食用甘薯，而企业化养猪及养鸡兴起后，以进口玉米取代了甘薯作为主要饲料，甘薯的需求大减，至今已不再是一种重要农作物。但甘薯育种的成绩仍甚卓越，除育成饲料用品种外，尚有淀粉用、蔬菜用等不同用途的新品种，同时育成适应不同季节生产的品种。先后育成的品种计有台农31号至70号、台南1号至16号、桃园1号至3号等50多个品种，其中台农65号为高蛋白品种，含蛋白质达6%左右。食用品种有台农57号、66号及70号等，淀粉用品种有台农

44号及台南14号等，蔬菜用（采叶为主）品种则有台农71及桃园2号。

油料杂粮作物的落花生为台湾极重要的油料杂粮作物，台南选9号为首要品种，以榨油为主要用途。其后因进口榨油原料价格低廉，落花生品种改良以大粒、高质量的食用目标为主，育成许多新品种。在栽培技术方面，积极改良籽粒的充实性，并以深耕、作畦栽培方式提高产量，及落花生收获机械的研发成功颇具绩效，目前台湾每年之栽培面积仍在3万公顷左右。

3．甘蔗

蔗糖为台湾光复初期最重要的出口农产品，所以甘蔗研究极为重要，早期的品种改良以引种成功的NCO 310为最著名，具早熟、高糖及宿根力强的特性，栽培此一品种的面积，曾高占甘蔗总面积的94%，为挽救台糖早期经营危机的一大“功臣”。其后育成的高糖、早熟、抗病虫品种均以F系列命名，共计44个品种。1979年后，品种命名改为ROC系列，计育成多种为当前甘蔗的主要栽培品种。

4．台湾茶

茶为台湾另一最具重要性的特用作物，包括青心乌龙、青心大冇、大叶乌龙、硬枝红心等四大名种。台湾光复后，积极辅导茶园更新及机械采摘技术，1973年外销达2.3万余公吨，创有史以来最高记录。其后因生产成本提高，台茶逐渐丧失外销竞争力，台湾茶叶转以内销为主。同一时间，台湾包种茶及乌龙茶的产制技术也在研发应用新科技与新技术后，质量大幅提高，各茶区亦依其产制环境之特性而发展出各种特色茶。尤以包种茶及乌龙茶驰名世界。

5．园艺作物

在水果方面，台湾水果多，质量佳，素为世人称许，这也是科技研究工作的具体成果。早期的试验工作注重栽培技术改良，其后兼重品种选育，如芒果、木瓜、柑橘、百香果、番石榴、印度枣、梨、水蜜桃、莲雾与菠萝等，都有显著的成绩，农民与消费者同时受益。在栽培技术改进方面的一项特殊成果为“产期调节”，最成功的例子为莲雾，将以往的夏季产期调整为全年均可收获，尤其以冬果的质量最佳，价格也最高。产期调节技术也逐渐应用于其他果树，以延长产期，提高产品价格，避免盛产期的生产过剩问题等。

在台湾的花卉方面，研究起步最晚，除了原生种外，自行选育之品种极少，因此每年花费大量外汇，自国外进口栽培材料。多年来各研究机构的花卉研究工作卓然有成，在蝴蝶兰、文心兰、唐菖蒲与菊花等，成果显著，配合健康无病毒种苗及保鲜技术的开发，得以大量外销；近年来加强育种工作，并利用生物技术设法开创新的花色，预期可协助农民发展新的花卉产业。

6．菇类

在领先世界的菇类生产的研究工作方面以农业试验所为主，自1950年代开始进行引种、选种、育种与建立栽培技术等试验，产量自每坪3公斤提高至60公斤，1960年代在近20年的外销期间曾经造就6万余户菇农就业，外汇收入为台湾经济与工业发展奠定了极为坚实的基础。后来台湾洋菇罐头外销，虽因生产成本增加而终止，但菇类产业却仍然继续发展，除了育成洋菇新品种与建立环控栽培技术及设施外，更开发新兴菇类，如杏鲍菇、舞菇、金福菇与金针菇等，并采用自动化温控栽培，提高生产效率，使台湾的菇类生产技术，在世界上仍然居于领先地位。

除了洋菇外，芦笋也是经由生产技术改进，大幅提高单位面积产量，曾经缔造外销佳绩。在制罐加工方面，于夏季加工芦笋，冬季加工洋菇，提高加工设备的利用效率，也增加了就业机会。台湾芦笋与洋菇两者之外销量均曾为世界第一，在1960－70年代赚取大量外汇。

（二）动植物病虫害及疫病防治

农作物方面较显著者为水稻抗稻热病及玉米抗露菌病品种的育成，无病毒马铃薯及草莓之繁殖，虫害的生物防治等。此外成功开发检疫杀虫处理技术，使热带台湾水果荔枝、杨桃、芒果、柑桔、木瓜等顺利外销。畜牧方面牛瘟已完全扑灭，猪瘟、鸡瘟等主要家禽疾病快速诊断技术与发展疫苗，多年来亦已能完全控制，惜于1997年发生猪口蹄疫传染病，虽在短期内即获控制，但对台湾之养猪业者已造成莫大之损害。

（三）生产及管理技术的改进

早期利用早熟品种或糊仔栽培方法，增加耕地复种指数，提高土地利用率，增加农业生产。例如甘蔗条植法、菠萝密植法、葡萄一年二熟之培植法、平地梨寄接温带梨、莲雾产期调节，以及各种果树矮化等，均为明显的生产技术改进。大型养猪场及养鸡场的自动化经营管理，已建立最新模式，饲养技术已在国际上领先。渔业方面作业机械化及自动化、箱网养鱼、牡蛎深海养殖、淡水鱼混养、吴郭鱼单性养殖。另成功开发九孔立体式养殖技术，每公顷产量可由过去平面式养殖的5吨大幅提升3倍，且可达二年三收的营运等技术，亦都蜚声国际。

除了上述生产技术外，在农场管理技术方面亦有长足之进步，如农场多角化经营，农渔牧综合经营等，利用生态自然循环原理，提高土地与劳动之生产效率，降低生产成本，并在农地不足的情形下，促进农场企业化与商业化经营。这种小农集约经营技术，是台湾农业经营之一大特点。此外在农产品服务业方面，研发推广无线式计算机拍卖钟系统，落实应用于市场交易。利用卫星遥感探测海流动技术应用于鱼汛探测，提高渔获效率。

（四）农业生物技术研究的开发与应用

广义的农业生物技术包括组织培养与遗传工程，对未来的农业与农企业发展，都有决定性的影响，也是目前农业科技研究的重点项目。

1. 农林作物方面，组织培养研究的发展较早，在台湾已有40余年研究历史。主要的研究范围包括：花药培养以提高育种效率，大量繁殖以快速繁殖育种效率，生产二次代谢产物，以达到植物工厂的目标。

台湾在这些方面已有深厚的技术与成绩，成功的利用花药培养技术生产水稻、芦笋、木瓜、玉米等作物的单倍体植株，可以缩短品种改良所需的年限。组织培养在大量繁殖方面，是以传统方式不易繁殖种苗的作物为对象，或用以生产无病毒的健康种苗，研究人员已建立百余种作物的大量繁殖技术，实际大规模应用的例子也很多，如草莓、康乃馨、金线莲、马铃薯、兰花、百香果等，对产业的发展甚为重要。

二次代谢产物的生产是以细胞悬浮培养为基础，在培养槽中生产具高经济价值的植物有效成分，亦即不必经由田间栽培，直接在室内生产。岛内经由产官学合作，红豆杉醇的研发已有具体成果，在许多药用植物的研究亦见成效。此一方面的研发工作有继续加强的价值，可以将农业生产与制药或食品工业相接合，提升整体的生产价值。

近年来，台湾有关遗传工程研究发展极为快速。例如木瓜抗轮点毒素病植株，十字花科抗虫植株，甜瓜与苦瓜抗毒素病植株，以及水稻、马铃薯等，均已进行隔离田区测试与检定，确定其安全性后，将依政府规定决定其是否可予推广。

2. 水产方面利用鱼贝类的基因工程，开发质优、抗病、抗寒、无骨少刺的改良品种，并使鱼贝生长速度显著增加，提高养殖渔业效率。鱼病诊断技术及疫苗等研究亦进展快速。

3. 畜产方面利用胚移殖技术，大量繁殖优良动物品种，供推广之用，已成功的有猪、羊、牛的胚移殖及复制技术及研发成功猪乳铁蛋白及人类凝血第九因子之双基因转殖复制猪，并利用冷冻胚改良乳牛群。疫苗方面有猪瘟、新城鸡瘟及马立克等疫苗的制造，猪瘟组织培养疫苗及猪霉浆性肺炎疫苗的开发。牛流行热及牛鼻气管炎疫苗均已大量生产。

四、农业科技发展重点

农业科技的发展必须兼顾持续性、整体性及前瞻性，朝向知识技术与资本密集的“科技化农业”转型调整，未来发展重点概述如下：

（一）发展优质、安全且多样化的农产品，满足消费大众需求

运用品种改良、产期调节、设施栽培及收获后处理等科技，开发具本土特色的稻米、杂粮、园特产品、水产品及禽畜产品，强化产品的差异性，以提升产业竞争力。又藉专业产销班制度，落实应用研发成果，并建立优良农产品的品牌，及严谨的标章与制度。

（二）加强生物技术的研发与运用，促进产业发展

推动农业生物技术研究，开发具重要经济性状的新品种、生物性农业生产资材（种苗、肥料、农药）、诊断检验试剂、疫苗、胚胎移植复制技术、生物农场及高价值的二次代谢物，以发展高质量、高价值、多样化产品安全检测技术。规划优先研发重点，

俾与传统农业发展相辅相成。

（三）加速农业自动化与信息科技应用，提升生产竞争力

积极推动农、渔、牧生产及农产品服务业自动化、信息化技术的研发及应用，另外，扩大国际网络应用，提供各界完整、快速而正确的信息，以提升农业整体竞争力。

（四）建立动植物检疫防疫技术与体系，兼顾农民与消费者权益

加强开发综合动植物疫病、虫害防治技术，研发快速、精确的诊断与检验鉴定技术，同时研订输入动植物及其产品检疫技术，建立预警系统，防止疫病随进口农产品侵入台湾，保护台湾农业生产与生态环境。

（五）加强农业资源保存应用，维护自然生态环境

加强农、林、渔、牧及微生物的种原搜集、保存与应用，发展具有潜力物种的保育、繁殖、复育科技，加强水土保持、坡地防灾及自然资源合理利用的科技，以维护台湾地区生物多样性，稳定自然生态系统，谋求自然资源的永续利用。

（六）结合民间力量发展食品产业科技，提高附加价值

结合民间食品业者，带动产业发展，共同研发冷冻、冷藏技术，保留农产品原有营养特色、延长保存期限、扩大流通范围，提高附加价值。开发快速检验技术，保障消费者饮食的安全。

（七）整合应用航测与遥测技术，建立“国土信息系统”

整合卫星遥测，以充实、更新“国土信息系统”，作为资源永续发展的规划；利用航遥测技术监测民众居住的环境，如山坡地超限利用、环境污染等。配合灾区地理信息系统的建立，利用航、遥测技术获取灾区的信息，作为防、救灾的依据。

五、两岸农业科技交流合作愿景

两岸农业非正式或民间协会交流，虽非热络，但实际已来往

多年。从交流报道经验中，两岸间逐渐体认双方农业建立交流合作机制将有互补、互惠及互利之效益。迈向永续农业发展，是两岸面对世界贸易自由化的21世纪，持续加强进行的一项再造工程，期能以“科技农业”促进农业资源合理利用，提升效率与增加价值等作为永续发展的动力。兹就两岸农业交流合作，将有助于互补、互惠及互利之考虑上，提出下列建议：

（一）作物种源及微生物资源交流合作

种源为作物改良育种之基础，台湾与大陆自然生态环境幅员度大，生物种源丰富，两岸建立机制，交换种源，对农业作物品种改良研究及开发，应用将有莫大帮助。此外，台湾已建制种源库及不同海拔高度之热带及温带种源保存繁殖圃，种源收集保存种类众多，两岸作物种源交流合作方式：

1. 作物种源保存信息交流
2. 作物种源研究考察、交换及合作研究
3. 合作举办两岸或扩大为国际种源研讨会

（二）两岸甘蔗糖业技术交流合作

台湾糖业研发有长远深厚的基础，其产品砂糖除自给自足外，尚可外销，曾为台湾赚取可观的外汇。台湾甘蔗之品种研发、甘蔗栽培与制糖方面之技术经验丰富充实。唯近年来，台湾砂糖市场已开放进口，种植甘蔗制糖无法与进口糖竞争，糖业面临萎缩，甘蔗糖厂逐渐减少而关闭。台湾已有之品种研发栽培与制糖技术势将闲置，而大陆之糖业正蓬勃发展中，依据资料2003/2004年大陆糖业产糖总计1070万吨，已成为继巴西、印度之后的世界第三大产糖国。大陆糖产以甘蔗糖为主，产地逐渐西移，广西与云南产糖量已占大陆的80%。随着大陆人民生活改善，糖消耗量尚有相当需求成长空间。因此建议台湾之甘蔗糖业技术与经验如能透过双方两岸交流合作，应用于大陆可发挥更大之功效，双方均可获益，达成技术互惠及产业互利之目的。合作方式可考虑：

1．建立两岸甘蔗糖业交流合作工作小组，策划合作机制，如考虑由台湾组成技术顾问团现场评估、驻场/厂交流服务。

2．企业及技术互动交流考察。

（三）两岸农业科技术语及专有名词标准制订

长久以来，农业科技不停在研发与演进，有关许多技术的规格标准制订、名称用语、用词、翻译用词等等两岸间用法不尽相同，例如农业机械组装零组件各项翻译中文名称以及规格标准制订，经常发现两岸间用法有异，标准制订不一。农业涵盖范围广泛，各个专业领域都会碰到用词不同，形成误解或误判。建议两岸各领域专家学者，视实际需要，合作制订或编辑两岸统一对照用语及各种规格标准、认证标章共通性名词对照，使两岸农业交流及技术流通传播更为顺畅。交流合作方式，可由大专农学院校各学门学者专家共同研究制定。

（四）专业技术领域引进、研发与交流合作项目

1．台湾农业技术可供大陆引进参考应用者

（1）农产品及环境验证技术

（2）农产品保鲜处理技术

（3）微生物肥料及农药之研发及应用技术

（4）水稻及其他农作物遗传基因体之研究

（5）植物保护生物防治技术

（6）信息科技在农业之应用技术

2．大陆农业技术可供台湾引进参考应用者

（1）基因转殖水稻及其他作物之研究

（2）基因转殖作物之安全评估技术及法规

(3) 微生物应用于生产药物及食品添加物之研究

(4) 植物保护资材（含农药）之生产技术

(5) 作物种源及微生物资源之交换

六、结语

科技的研发再加上适切的推广应用，对台湾农业的发展有提升效率、提高质量、增加价值、保障安全与永续发展等正面的作用。在知识、科技与信息化的推广应用大环境下，未来台湾农业科技的研发势必加速朝优质、安全、休闲及生态农业内涵发展；同时必须整合人力、资源及结合自然与文化特色，转型农业升级为资本密集与技术密集之产业。并提升为“科技化农业”的境界，以确保农业之永续发展。

两岸农业之发展有其互补性，未来建议以贸易互补、技术互惠及产业互利之原则规划两岸农业交流合作愿景，并拟依此拟定交流计划以期落实两岸农业之交流合作。

参考文献

1. “中国农村复兴联合委员会”。1978。“农复会”三十年纪实。JCRR and Agricultural Development in Taiwan 1948 – 1978。207页。

2. 台湾的建设。1998。农业篇：生产、生活、生态。台湾省政府农林厅。133 页。

3. 台湾省政府农林厅。1998。农业综合调整方案执行成果总报告。379 页。

4. 毛育刚。2000。台湾的故事/农业篇，63 页。

5. 古德业。2003。永续管理植物保护成果与冲击。植物保护管理永续发展研讨会专刊。5：1 – 22。

6．台湾农家要览（增修订三版）。2005。农作篇（一）／农作篇（二）／农作篇（三）／林业篇（四）／渔业篇（五）／畜牧篇（六）／综合篇（七）。全套七大册。丰年社。4700 页。

7．财团法人中正农业科技社会公益基金会。2005。台糖农业综合发展研究报告。中正基金会专题研究报告第十号。48 页。

8．Ong，Shao－er，1987．Development of the Small Farm Economy in Taiwan：A Program of World Significance．111 p．

学经历简介：

现　职：亚太粮食肥料技术中心顾问；台湾大学教授。

学　历：1．台湾大学农学院学士。

2．美国维吉尼亚工艺学院及州立大学硕士、博士。

简　历：1．美国爱俄华州立大学研究员，台湾香蕉研究所研筹备兼研究员。

2．联合国发展方案台湾植物保护中心筹备兼组长。

3．“中国农村复兴联合委员会”技正，“行政院农发会”技正、副处长。

4．“行政院农委会”副处长、处长、技监、主任秘书、第二办公室（粮食局）主任。

5．台大、兴大、屏东科技大学及东海大学兼任教授，“行政院”科技顾问组兼任研究员。

6．中华植物保护学会理事长、中华杂草学会理事长、中华永续农协会副理事长、美国爱俄华州立大学在台校友会会长、古氏宗亲会会长。

7．担任国际种子检查协会国家代表、国际园艺学会执委会委员。

8. 担任 APEC 农业技术合作工作小组主导成员(Lead Shepherd)、会议主席及推广事宜。

9. 担任 APEC 食品系统项目小组共同主席。

荣　誉：1. 十大杰出青年奖、“中华文复会”科技奖。

2. “行政院”1989 年保举最优人员、1999 年模范公务人员。

3. 列名“中华民国”现代名人录；国际科技名人录。

4. “行政院农委会”优秀农业人员奖、二等农业奖章。

5. 中华农学会农业事业奖。

全方位构建海峡两岸农业交流与合作平台

朱守银

摘要：

本文从划分海峡两岸农业交流与合作平台的基本类型入手，分析了海峡两岸农业合作试验区、台湾农业发展基地、两岸往来交流、会展等“平台”的不同特征和不同功能，提出了全方位构建海峡两岸农业交流与合作平台的基本思路，是以海峡两岸农业合作试验区为依托，以建设台湾农业发展基地为重点，以多渠道、多形式、多层次、高频率地开展两岸往来交流和会展活动为纽带，以促进海峡两岸农业交流与合作事业健康发展、实现两岸农业合作共赢为目标，通过健全管理体制和政策扶持体系，完善基础设施和服务体系，消除不利因素影响，疏通、拓宽合作渠道，深化合作层次，建立长效机制，为构建坚实、有效的海峡两岸农业交流与合作平台，寻找新办法，营造新环境，打造新格局。并在此基础上，按照“全局化”构想、“人本化”理念、“基地化”建设、“规范化”管理、“快速化”运转、“优质化”服务、“持续化”发展的基本要求，从全方位构“平台”体系、继续办好海峡两岸农业合作试验区、加强台湾农业发展基地建设、有效开展两岸往来交流和会展活动、建立健全管理体制与政策扶持体系、加强基础设施和服务体系建设六个方面，提出了全方位构建海峡两岸农业交流与合作平台的总体设想。

近些年来，海峡两岸农业交流与合作事业发展方兴未艾，可以说是已经取得较大进展，但同时也存在一些困难和问题。在新的时期里，要继续推进这项事业健康发展，就必须全方位构建海峡两岸农业交流与合作平台。

现就有关问题谈几点看法。

一、海峡两岸农业交流与合作平台的基本类型

顾名思义，“平台”是指为进行某种操作而设置的平坦无起伏、稳定不倾斜的立体式工作台。海峡两岸农业交流与合作平台，具体是指为促进海峡两岸农业交流与合作事业发展而建设的操作平台。

构建海峡两岸农业交流与合作平台，首先要分清“平台”的不同类型，认清不同类型“平台”的不同特点和主要功能。目前，海峡两岸农业交流与合作平台，没有统一、规范的分类标准。根据祖国大陆海峡两岸农业交流与合作事业发展的现状和趋势，按照各自的特点和主要功能，可将海峡两岸农业交流与合作平台划分为以下几种基本类型：

1．海峡两岸农业合作试验区

目前，经大陆批准建立的“海峡两岸农业合作试验区”包括福建省、海南省、山东省平度市、陕西省杨凌开发区以及黑龙江省的哈尔滨市、牡丹江市、佳木斯市、大庆市和农垦总局等地。这种“平台”的主要特点是：区域范围广，涉及领域宽，合作基础好，发展空间大等；主要功能是：试验探路，示范推广，辐射带动。

2．台湾农业发展基地

这种类型的平台，在大陆可包括已建的“合作示范区”、“农民创业园”、“特色产业带”、“研发中心”等。根据两岸农业合作

现状和未来发展需要，在大陆条件适宜地区，可积极构建台湾农业发展基地，诸如台湾农产品物流集散基地、农产品加工出口基地、特色农产品技术研发基地、畜牧养殖基地、综合产业发展基地等。这种“平台”的主要特点是：区域范围相对固定，项目建设相对集中，基础设施条件较好，专业化水平较高，资金与技术密集性较强等；主要功能是：集聚发展，优化产业，典型示范。

3．两岸往来交流平台

这是加强两岸农业交流与合作最直接、最有效的方式，主要包括海峡两岸民间农业组织和农业界人员的短期互访、考察、专题研习和技术培训以及重大合作项目的沟通协调和合作纠纷处理，青年学生学习教育，民间休闲农业旅游等。这种“平台”的主要特点是：时间较固定，操作较方便，针对性较强，直观效果好，交流层次多等；主要功能是：增进了解，增强共识，加深感情，交流经验。

4．会展平台

这种类型在以往的海峡两岸农业交流与合作中比较多，主要包括各种座谈会、研讨会、经验交流会、合作论坛会以及农产品和技术博览会、展销会、投资贸易洽谈会等。这种“平台”的主要特点是：地点相对固定，内容比较集中，形式灵活多样，时间短效率高，民间性质明显，组织难度较小，互动性较强等；主要功能是：寻找合作机会、拓展合作空间、交流合作经验、提高合作水平等。

二、全方位构建海峡两岸农业交流与合作平台的基本思路和基本要求

（一）基本思路

全方位构建海峡两岸农业交流与合作平台的基本思路是，以海峡两岸农业合作试验区为依托，以建设台湾农业发展基地为重点，以多渠道、多形式、多层次、高频率地开展两岸往来交流和会展活动为纽带，以促进海峡两岸农业交流与合作事业健康发展、实现两岸农业合作共赢为目标，通过健全管理体制和政策扶持体系，完善基础设施和服务体系，消除不利因素影响，疏通、拓宽合作渠道，深化合作层次，建立长效机制，为构建坚实、有效的海峡两岸农业交流与合作平台，寻找新办法，营造新环境，打造新格局。

（二）基本要求

全方位构建海峡两岸农业交流与合作平台的基本要求是：

1.“全局化”构想。实施一系列综合配套举措，建立一系列沟通协调机制，全方位优化海峡两岸农业交流与合作环境。

2.“人本化”理念。注重感情交流、利益保护和价值体现的核心作用，营造和谐环境，优化合作机制，确保双方权益。

3.“基地化”建设。实施项目建设“基地化”集聚发展战略，农业合作的区域范围要相对固定，项目布局要相对集中。

4.“规范化”管理。要制定完善、配套的政策措施，建立健全两岸农业交流与合作管理体制，实现协调运作、规范管理。

5.“快速化”运转。加强硬件建设，改善硬环境，基础设施条件要先进、配套，资源、信息传输手段要现代、高效。

6.“优质化”服务。加强服务意识教育，开展服务技能培训，

实现项目审批一站式、简单化，项目服务全方位、常规化。

7．“持续化”发展。着眼于长远发展、长期合作，建立有助于两岸农业产业升级、有利于合作共赢的长效发展机制。

三、全方位构建海峡两岸农业交流与合作平台的总体设想

（一）全方位构建海峡两岸农业交流与合作平台体系

1．系统规划“平台”体系。不同类型的海峡两岸农业交流与合作平台，既相对独立，又相互联系。因此，全方位构建海峡立案农业交流与合作平台体系，应在充分考虑不同类型平台的相互关系的前提下，根据不同类型平台的不同特点和不同功能及其对平台建设要件的不同要求，按照“全局化”构想的原则要求和系统工程的方法，进行系统研究和规划。

2．全面推进“平台”建设。不同类型的“平台”，具有不同的功能作用。因此，要促进海峡两岸农业交流与合作事业健康可持续发展，就必须全面推进“平台”建设，必须根据海峡两岸农业交流与合作平台体系的系统规划，有计划、有步骤地发挥各类“平台”的功能作用，并使其在相互促进、相互影响中实现共同发展。

（二）继续把海峡两岸农业合作试验区建设好、利用好、发展好

1．适时设立新的海峡两岸农业合作试验区。按照一定程序和标准，把个别具备良好资源优势和拥有较好合作基础、科学发展规划等条件的适宜地区，纳入海峡两岸农业合作试验区序列。

2．提高政府对试验区的指导水平。相关地区要把海峡两岸农业合作试验区发展纳入国民经济和社会发展规划，摆到各级政府工作的突出位置，切实加强试验区工作机构，密切部门之间、地区之间的联系，强化统筹职能，形成上下联动、左右协调、合理推进的工作格局。

3．整合优势资源，促使合作项目集聚发展。各试验区要全面优化和整合区域优势资源，确定重点发展区域和相关主导产业，加强台湾农业发展基地建设，注重提高专业化、规模化水平，促进产业优化升级，促使两岸合作项目集中布局、集聚发展，防止避免遍地开花。

（三）重点加强大陆条件适宜地区台湾农业发展基地建设

1．选择适宜区域。在海峡两岸农业合作试验区或者经国家批准的开发区范围内，选择交通比较便利、基础设施比较完善、资源互补优势明显，有“合作示范区”、“农民创业园”、“特色产业带”、“研发中心”等基地建设基础的条件适宜地区，经过一定的审批程序，集中建立和部署若干个台湾农业发展基地。

2．确定主导产业。每个台湾农业发展基地要依托各自的优势资源，确定主导产业，并采取以项目促发展的方式，吸引台湾具有显著技术优势的农民、企业或民间农业组织、研发机构进入，集中布局、集聚发展，促进台湾农业发展基地规模化、专业化发展，推动基地产业优化升级。

（四）有效开展两岸往来交流和会展活动

1．系统规划两岸往来交流和会展活动。根据这两个“平台”灵活多样的特征，借鉴以往的经验，采取多渠道、多形式、多层次的“活动”方式，对“活动”的合作形式、合作渠道、项目数量、专题内容及时间安排做出详细规划。

2．科学确定两岸往来交流活动的重点。主要包括：邀请台湾农民、青年学生及有关农业专家和农业高层决策人士到大陆访问、学习、考察；选派大陆基层农业技术人员和青年农民赴台参加培训，学习实际农业种养技术；加强两岸农民合作组织和民间农业组织的交流与合作。

3．坚持互动互利，提高会展活动的针对性和效率。会展活动的内容一般包括问题研讨、投资贸易洽谈、农产品展览（销）等三个方面。无论是单一或综合性会展活动，目标都是要提高针对性和效率；重点包括交流合作经验，研究解决实际问题，有针对性的吸引投资、开展农产品贸易和技术交流，切实提高优势农产品品牌和市场竞争力等。

（五）以促进台湾农业发展基地建设为重点，建立健全管理体制框架与政策扶持体系。

1．建立健全管理体制框架

一是充实力量，加强协调。有关的地方政府要依托主管部门，建立由政府主要领导负责的组织协调机构，加强部门和政策协调。

二是转变职能，强化服务。加强宏观指导，坚持依法行政；转变工作作风，提高服务意识；强化公共服务，注重规划引导；规范和简化办事程序，提高行政效率。

三是创新机制，促进发展。优化农产品种引进、动植物检疫、农产品输入等方面的制度和运作方式；加强民间农业组织协调和沟通，创新合作项目运作和合作纠纷调处机制。

2．建立健全政策扶持和法律保障体系

一是完善有关扶持政策。针对不同的合作项目，采取相应的优惠政策，吸引符合基地建设要求的合作项目入区发展，重点引进优质农业品种及关键性种养、加工和管理技术，鼓励一揽子引进台资农业企业。

二是出台有关的法律法规，依法保护合作双方的合法权益。

（六）以促进台湾农业发展基地建设为重点，加强基础设施建设和服务体系建设。

1．加强台湾农业发展基地基础设施建设。重点加强道路交通、供水供电、邮电通讯、环境保护、污染治理等基础设施建设，为台湾农业发展基地建设创造良好的生产、生活环境。

2. 加强台湾农业发展基地公共服务体系和市场服务体系建设。

一是加强公共服务体系建设。

第一，增强地方政府及有关部门的服务意识，开展服务技能培训，规范和简化办事程序，实现项目审批一站式、简单化，项目服务全方位、常规化。

第二，制定切实可行的产业发展和布局规划。

第三，扶持中介组织和行业组织发展，开展信息咨询服务。

第四，健全农产品和食品质量安全检测体系，加强市场监管。

二是加强市场服务体系建设。

第一，完善劳动力市场，为“基地”企业提供劳动力资源信息咨询服务，为劳动力提高就业信息咨询服务。

第二，健全金融服务体系，为“基地”企业提供融资服务。

第三，借鉴台湾市场营销理念，培育专业化、市场化的物流和营销服务组织。

作者简介：

朱守银，1964年10月2日生，农业部农村经济研究中心研究员，农业部有突出贡献的中青年专家，荣获“全国优秀农业科技工作者”称号。一直从事农业和农村经济与政策研究和农村改革试验区专项工作。重点研究领域是“农村税费改革与减轻农民负担”、“农村城镇化与小城镇建设”、“城镇建设用地制度”、“农村基层组织与管理制度”等；曾主持国家级科研课题2项、部级课题3项、国际合作课题5项、农业部农研中心课题9项，作为课题组组长或副组长完成课题5项；独自和作为第一执笔人在国内一级报刊公开发表文章近50篇。在指导农村改革试验区专项工作中，负责完成对10多项改革试验项目的指导工作。主持了《台湾农民阶层与农民组织研究》等两岸农业交流与合作研究课题。

加快两岸技术交流合作
促进两岸农产品认证一体化发展

罗　斌

摘要：

无公害食品、绿色食品和有机食品是现阶段大陆安全优质农产品认证的三种基本类型，也是今后大陆农产品生产和消费发展的基本方向。开展“三品”认证管理已成为大陆农产品质量安全管理工作的重要内容。无公害农产品、绿色食品和有机食品在市场定位、产品结构、技术制度、认证方式、发展机制和标志管理等方面都各有特点。无公害农产品是在大陆农产品质量安全面临严峻形势的情况下产生的，截至2005年底，获证企业已达10583家，产品累计16704个；绿色食品是为适应大陆农业发展战略转变的需要而兴起的，截至2005年底已有3695家企业的9728个产品获得了绿色食品标志使用权；有机食品是大陆顺应国际有机农业发展潮流和国际市场的需求，结合国情开展起来的，截至2005年底农业系统已有416家企业（基地）的1249个产品获得有机食品认证。为了促进两岸农产品发展，结合两岸农产品认证现状，提出四点建议：一是建立两岸农产品质量安全认证的合作交流机制；二是创办两岸农产品质量安全合作论坛；三是探索合作认证新途径，共同促进农产品出口贸易；四是加强农产品质量安全技术交流与科研合作。

无公害食品、绿色食品和有机食品是现阶段大陆安全优质农产品认证的三种基本类型，也是今后大陆农产品生产和消费发展的基本方向。发展“三品”在促进农业结构调整、增加农民收入、保障消费安全和扩大农产品出口等方面发挥了重要作用。台湾的农产品质量认证类型较多，开展农产品质量认证提高了台湾的农产品质量安全水平，增强了岛内特色产品的品牌效应。

一、大陆农产品认证的基本模式

（一）无公害农产品

产品质量达到大陆普通农产品和食品标准要求，保障基本安全，满足大众消费；产品以初级食用农产品为主；推行“标准化生产、投入品监管、关键点控制、安全性保障”的技术制度；采取产地认定与产品认证相结合的方式；认证属于公益性事业，不收取费用，实行政府推动的发展机制。

2003年，大陆正式启动了统一标志的无公害农产品认证工作。截至2005年底，大陆已累计认定有规模的无公害产地21627个（种植业产地面积1644.4万公顷，占大陆耕地总面积的12.6%），获证产品累计16704个，产品总量达10439万吨。

（二）绿色食品

产品质量安全标准整体达到发达国家先进水平，市场定位于国内大中城市和国际市场，满足更高层次的消费；产品以初级农产品为基础、加工农产品为主体；推行“两端监测、过程控制、质量认证、标志管理”的技术制度；采取质量认证与证明商标管理相结合的方式；绿色食品认证以保护农业生态环境、增进消费者健康为基本理念，不以营利为目的，收取一定费用保障事业发展，采取政府推动与市场拉动相结合的发展机制。

绿色食品经过16年的发展，已成为极具市场影响力的农产品知名品牌。截至2005年底，大陆已有3695家企业的9728个产品获得了绿色食品标志使用权，实物总量达6300万吨。

（三）有机食品

按照有机农业方式生产，对产品质量安全不作特殊要求，满足特定消费，主要服务于出口贸易；产品以初级和初加工农产品为主；强调常规农业向有机农业转换，推行基本不用化学投入品的技术制度，保护生态环境和生物多样性，维护人与自然的和谐关系；注重生产过程监控，一般不做环境监测和产品检测，一年一认证；按照国际惯例，采取市场化运作。农业系统的有机食品认证从2002年正式启动，到目前已有416家企业（基地）的1249个产品获得认证，生产面积165.5万公顷，产品总量66.9万吨。

二、台湾农产品认证的基本模式

台湾十分重视农产品的生产过程管理，推行农产品质量认证，认为这是保证农产品质量安全的源头和关键环节。目前，台湾已推行的农产品质量认证类型比较多，其中有：良质米、GAP（吉园圃）、品牌蔬果、CAS（优良农产品）、海宴、渔协、台湾珍猪、台湾土鸡、有机农产品、鲜乳标章等。CAS标志是本着发展“优质农业”及“安全农业”的理念，自1989年起着手推动的证明标志。台湾入世后，进一步强化台湾农产品及其加工品的竞争力，整合其过去推动的各种优良农产品标志为CAS，并统筹以CAS优良农产品标志推广，同时委由优良农产品发展协会担任CAS优良农产品的认证行政业务。CAS优良农产品具有四大特点：一是品质及成分规格合乎CNS标准；二是卫生条件一定符合《食品卫生管理法》规定；三是包装完整，标识诚实明确；四是均以台湾农产品主原料，富含本土风味特色。为确保CAS优良农产品上列的四大特点，每年对获证企业进行抽检，严格做好把关工作。CAS

推行至今，产品范围已涵盖生鲜蔬果、肉品、水产食品、有机农产品等十六大类别，CAS 标志已普遍获得岛内民众的认同和信赖，并已逐渐成为台湾优良农产品的代名词。

三、发展两岸农产品认证交流、合作的建议和思考

两岸都是典型的小农制经营模式，生产方式和生产结构有许多相似之处。由于发展阶段不同，加上自然条件、技术水平和消费结构等方面的差异，在农产品贸易领域表现出较强的互补性，存在较大的发展空间。海峡两岸先后加入 WTO，为两岸农产品质量安全的交流与合作创造了新的条件和机遇。因此，加强两岸技术合作与交流，对促进两岸农产品发展十分必要。现提出四点建议：

（一）建立两岸农产品质量安全认证的合作交流机制

制定两岸农产品质量安全认证交流和合作工作计划，确立一种定期和不定期的交流机制。一是合作研究农产品质量安全标准体系，通过标准体系比较分析研究，找出现有两岸标准体系与国际标准体系的差异区，实现优势互补，完善两岸农产品质量安全标准体系；二是开展农产品质量安全培训，通过开展技术培训、标准培训、质量控制管理培训，加强两岸技术交流与合作；三是加强两岸农产品标志管理的合作交流，为今后两岸农产品互认奠定基础；四是探讨建立两岸农产品追溯体系，在统一农产品质量安全标准的基础上，建立两岸农产品共同追溯制度，确保农产品质量安全。

（二）创办两岸农产品质量安全合作论坛

通过举办两岸农产品质量安全合作论坛，加强两岸农产品质量安全工作的合作与协调，及时解决两岸农产品质量认证交往与合作中出现的问题与矛盾，如农产品质量安全标准问题、产品认

证问题、生产技术问题等，保障合作交流的畅通，维护两岸生产者和消费者的共同利益。同时，两岸可充分利用农产品质量安全合作论坛这一平台，对农产品质量安全重大事件及双方共同关注的热点问题进行交流和探讨，相互借鉴先进管理经验及科研技术，积极应对新形势下有效开展农产品质量安全工作的新要求。

（三）探索合作认证新途径，共同促进农产品出口贸易

两岸农产品生产企业已逐步具有较高的品牌意识、质量意识和安全生产意识，注重通过质量管理和认证制度，提高产品竞争力。目前，大陆无公害农产品、绿色食品和有机食品正处于快速发展时期。台湾生产单位普遍实施 CAS（优良农产品）认证体系，质量检验部门和供销部门在检验产品质量时也按 CAS 体系的指标进行检验；许多农户按 COAS（中华有机农业实施准则）生产有机农产品和准有机农产品，并向 COAA（中华有机农业产销经营协会）申请认证；出口美国的产品和厂家实行 HACCP 和 GMP 认证，使农业生产从产品的生产源头实施安全生产，确保农产品安全。结合大陆与台湾农产品认证的现状，两岸相关机构应加强合作，规划两岸农产品合作认证的内容和方式，促进农产品出口贸易。

（四）加强农产品质量安全技术交流与科研合作

两岸应在农产品质量安全技术领域加强交流与合作，一方面是农药残留检测技术合作，如快速检测方法，农药残留仪器分析技术等，通过进一步完善现有的检测技术和管理规范，促进两岸农产品质量安全全程监管。另一方面是农业生物技术的合作，特别是在生物源农药、肥料，作物及养殖鱼类种植种苗研发方面中的技术交流，结合两岸现有的农业技术、环境及资源条件，以市场为导向，引进、发展具有增值效果且有市场潜力的农业生物技术产品，提升病虫害防治技术水平，推进农业技术进步，促进农

产品质量安全水平提高。

作者简介：

现任农业部农产品质量安全中心副主任。中国农业科学研究院研究生毕业，高级工程师。长期从事农产品质量安全管理工作，曾参与起草《农产品质量安全法》、《无公害农产品标志管理办法》、《无公害农产品认证程序》和《无公害农产品产地认定程序》等有关农产品质量安全的国家法律法规制度，主持制定了无公害食品相关技术标准及发展规划计划，主持了多年的绿色食品、无公害农产品和绿色食品生产资料认证评审工作，主持编写了《无公害农产品认证检查员培训教材》、《无公害农产品认证指南》、《绿色食品基础培训教程 种植业》等教科书籍；在《中国蔬菜》、《农业质量标准》、《中国食物与营养》、《广东农业科学》等学术刊物发表了多篇署名文章。

开展两岸果蔬物流保鲜技术的合作研究拓展台湾果蔬进入大陆的销售市场

哈益明

摘要：

本文首先通过回顾2005年开放台湾水果进入大陆市场的成功尝试，表明此举不仅造福台湾农民的切身利益，而且对培育和建立两岸稳定的农产品贸易渠道起到了积极的推动作用。其次通过台湾水果大陆销售的市场分析，指出了诸如贸易通路与两岸直航、稳定的产能与市场培育、两岸植物检疫与农产品标准的协调一致、果蔬物流保鲜与流通成本降低等建立和完善两岸农产品贸易渠道应注意的问题。最后提出开展两岸以果蔬物流配送与保鲜为核心内容的合作技术研究，特别在果蔬快速预冷、物流保鲜与配送、物流信息化等方面开展技术合作；尽快实现两岸果蔬物流配送和保鲜贮藏体系的交流和对接，不仅可以提高台湾果蔬进入大陆市场的竞争力，而且可以为推动两岸农产品贸易的发展提供重要技术支撑。

近年来，水果业已成为台湾农业的主要支柱，其规模和产值几乎占到台湾种植业的65%－70%。由于岛内因加入世贸组织后市场壁垒降低，市场份额被外来水果抢占，致使台湾果农利益受损，陷入困境，开拓大陆市场已成为解决台湾水果业困境的一条捷径。

一、开展台湾水果在大陆的销售，事关台湾农民的切身利益，也为建立两岸农产品贸易渠道起到了积极的推动作用

自从80年代以来，随着工商业和服务业的快速成长，台湾农村劳动力大量外流，导致农业劳工缺乏，工资急剧增涨，果品生产成本升高。依据台湾农产贸易统计年鉴统计，2004年，台湾水果的进口值达到4.2亿美元，较2003年增加6.5％。台湾水果无论在外销市场还是内销市场，都遇到了前所未有的挑战。毋庸置疑，拓展大陆市场是台湾水果解决销售困境的理想选择。

为协助解决台湾水果丰收季节的滞销问题，为台湾农民提供帮助，祖国大陆积极采取措施推动台湾水果在大陆扩大销售。2005年大陆单方面宣布将台湾水果检验检疫准入品种扩大到18种，并对原产台湾的菠萝、番荔枝、木瓜、杨桃、芒果、番石榴、莲雾、槟榔、柚、枣、椰子、枇杷、梅、桃、柿子等15种水果实施零关税进口。同时以台湾水果在大陆市场的开拓为契机，先后在主要城市举办展销会和品尝会，如福建“海交会”、上海“展销会”和北京“农交会”等。不仅收到了非常好的市场效果，而且表现出巨大的消费潜力。由于大陆与台湾有着密切的血缘、地缘、亲缘关系，加上相似的生活和消费习惯，自然地蕴藏着对台湾农产品潜在的巨大销售空间。开放台湾水果进入大陆市场的成功尝试，不仅促进两岸农业及果蔬业的接触和交流，而且对培育和建立两岸稳定的农产品贸易渠道起到了极大的影响和推动作用。

二、从台湾水果进入祖国大陆的成功销售，看两岸农产品贸易渠道建立过程中应注意的几个问题

（一）贸易通路与两岸直航

为配合台湾水果顺利出口大陆市场，大陆方面除对15种水果实行零关税外，同时允许台湾水果经由所有对台湾水果有检验检疫能力的口岸进入大陆市场，以减少两岸间农产品贸易的运输成本。但由于两岸目前没有实现直航，台湾水果出口大陆的运输路线仍要绕经第三地转口进入大陆，空运要绕经香港，海运要绕经香港或日本石垣岛。这使大部分的台湾蔬果出口到大陆后的售价一般都是岛内价格的2倍以上，有的甚至高达5–6倍。由于两岸间运输成本过高，特别是果蔬类农产品，距离绕远，时间延长，腐烂消耗增大、品质下降等，都是造成台湾水果在大陆销售价格骤升的一个重要原因。通过北京和上海两地消费者对台湾水果的消费调查，反映出大陆消费者普遍认为台湾水果在大陆的销售价格太高，而且60%的消费者主要集中在月收入5000元以上的高收入群体。

（二）台湾水果稳定的产能与市场培育

由于台湾受限于土地面积狭小、海洋性气候易受台风等自然灾害的影响，台湾农产品特别是水果、蔬菜，既容易出现滞销也容易出现供应短缺的现象。2005年由于台风影响，台湾水果大幅减产。造成即使在北京和上海等中心城市，出现一些台湾水果缺货现象，显现出不稳定的产能与市场供应的矛盾。另一方面台湾水果在大陆销售市场还处于培育阶段，即使在大中城市50%–70%的消费者仅仅是用于个人品尝，尚未形成特定的消费习惯和稳定的消费群体，消费市场的培育需要有稳定的货源支持。而台

湾水果价格波动幅度大，货物供应量有限的特点对市场的发育和持续发展都会产生不利影响。

（三）两岸植物检疫与农产品标准的协调一致

自2005年3月起，大陆许多口岸的海关、检疫部门相继出台便捷通关措施，以保证台湾农产品快速、及时通关，做到随到随检，全天候实施查验，大大缩短通关检疫时间。台湾水果出口大陆的过程中，从检验检疫和便利通关措施中直接获得25%左右的运输成本下降和5%左右的损耗率下降，使台湾农民切实感受到了开拓祖国大陆市场的丰厚利益和美好前景。鉴于目前台湾水果出口大陆的规模比较小，通关便利与严格检疫的矛盾不很突出。随着台湾水果产量增加，出口大陆的贸易规模也会随之扩大，这对检疫部门来说，快速检验检疫和严格控制疫病虫害的进入将是一个两难选择。如被称为水果“头号杀手”的橘小实蝇，通过台湾水果的种苗引进，目前已开始蔓延到福建中部地区。如果不加以严格控制，并对新进入农产品进行严格检疫，有可能形成向大陆纵深扩散的严重后果。

由于两岸农产品贸易尚未实现正常化，信息交流平台和农产品贸易的销售渠道尚未形成，农产品市场资讯、运销信息和物流保鲜技术的交流极不通畅。在农产品质量安全认证、通关措施、动植物检疫等问题上，双方应建立磋商机制，加强合作。在WTO框架内，两岸农产品标准之间的对接和协调一致，建立长效、稳定的信息沟通和贸易渠道就显得尤为重要。

（四）果蔬物流保鲜与台湾农产品流通成本降低

目前，流通成本已成为限制台湾水果开拓大陆市场的最大障碍。由于大陆幅员辽阔，流通成本中同样还应包括大陆内地的物流、信息、销售及贮运损耗等成本。由于台湾农产品生产成本高，大多数农产品大陆销售是非常不经济的。不仅远比大陆本地产的同类水果高，而且也普遍高于东南亚国家的同类水果，市场前景并不看好。因此，台湾农产品特别是果蔬类产品开拓大陆市场的关键是降低流通成本。要实现降低流通成本，一方面需要两岸共同努力尽快实现直航，减少人为的运输成本的增加。同时依靠大陆现有运销流通网络，形成台湾水果及农产品行销大陆的稳定流通渠道。另一方面在果蔬包装、分等分级、贮藏和运输过程中，运用先进的果蔬物流保鲜技术，降低贮运过程中的运输周期、腐烂损耗，提高果蔬品质和货架期，提升台湾农产品的价格竞争力。由于台湾出口大陆的水果种类在福建和海南等地均有种植，因此适合优先选择在台湾有独特生长优势且价值较高的农产品开拓大陆的销售市场。待价格竞争力有明显的提升后，逐步扩大和增加台湾农产品的数量和品种。

三、开展果蔬物流保鲜关键技术合作研究，拓展台湾果蔬等农产品进入大陆的销售市场

（一）两岸果蔬物流保鲜技术发展现状

目前，发达国家已建立起了以冷链为基础的现代物流配送体系，果蔬采后商品化处理和物流技术与装备日趋成熟，形成了海、陆、空均衡发展的运输网络。同时，先进低温高湿保鲜、臭氧气调保鲜、辐照保鲜、涂膜保鲜、高压保鲜、高温处理保鲜、生物保鲜、高压静电场保鲜、纳米保鲜等保鲜技术和预冷技术（湿冷预冷、真空预冷）、光电分等分级技术、信息技术等得到了应用，并形成了相对统一的操作规范和技术标准。

大陆在果蔬贮藏保鲜已经广泛使用的技术主要包括，机械制冷贮藏技术、气调贮藏保鲜技术，传统窖藏保鲜技术以及保鲜剂、

涂膜保鲜技术等。虽取得了令世人瞩目的成就，但在数量和贮藏保鲜质量上与台湾相比还有一定的差距。大陆目前水果贮藏能力仅占总产量的20%，而且大都是简易贮藏。台湾果品基本实现了分级包装进库贮藏，控温贮藏等。在果蔬速冻保鲜、包装技术方面具有一定的优势。台湾果蔬市场销售设施齐全、信息畅通、网络发达。两岸在农业高新技术领域特别是果蔬物流保鲜技术的交流远远不够，技术合作潜力大。

体现现代化物流理念的果蔬物流配送与保鲜技术研究，大陆目前贮运界尚未真正开展起来。这不仅严重制约了大陆果蔬加工流通领域的产业发展和国际竞争力的提高，而且也给大陆果蔬流通带来极大的贮运损耗，每年因运输贮藏水果腐烂造成损失已达到产量的20%以上。因此，为适应台湾农产品特别是果蔬类产品拓展大陆的销售市场，实现海峡两岸果蔬物流的流通和对接，降低台湾农产品的流通成本，提高台湾农产品在大陆的竞争力，非常有必要在此领域加强两岸合作，开展新型果蔬保鲜与物流配送关键技术研究与产业化示范。

（二）两岸合作开展的果蔬物流与保鲜关键技术研究领域

1．果蔬快速预冷处理

为提高果蔬的商品化率，重点开展果蔬快速预冷技术、智能化分等分级技术、自动化涂膜包装技术研究与装备开发，并进行产业化示范。

2．果蔬物流保鲜

为减少果蔬采后损失，重点开展栅栏技术，新型节能高效CA技术和MAP技术，天然生物保鲜技术，高压脉冲电场、辐照等物理保鲜技术，纳米保鲜技术，以及高效低毒化学保鲜技术研究，并研制开发相应装备和设施。

3．果蔬物流配送

针对果蔬在物流配送过程中贮运环境和安全问题难以控制、溯源技术和配送技术复杂，开展果蔬物流配送过程中质量安全控制技术研究，重点研究贮运温度、湿度、气体成分在线数字化显示和检测技术、TTI（Time - Temperature Indicator）指示卡及监控技术、微生物预测预报技术和编码溯源技术，实现对果蔬物流配送全过程的安全控制与监测。

4．物流信息化

重点研究时点销售系统（POS）、电子订货系统（EOS）、电子数据交换（EDI）、电子商务等现代化的物流信息技术，建立果蔬物流配送信息系统，同时对果蔬各流通环节进行编码标识和信息采集，建立果蔬物流配送信息数据库，构建果蔬生产商、运输商、销售商信息共享的平台，用于果蔬物流的宏观决策和调控，带动农产品物流的现代化、标准化。

5．物流配送产业化示范

研制开发适合果蔬长距离运输与销售配送的节能型冷藏运输装备和辅助设备，如板块组合式和冷板车厢型冷藏运输箱、冷藏车清洗灭菌技术与装备等。以菠萝、香蕉、杨桃、木瓜等热作水果为产业化示范对象，综合运用各种物流配送关键技术，建立大宗果蔬物流配送技术体系和示范线。

总之，两岸合作开展以果蔬物流配送与保鲜的关键技术研究，实现海峡两岸果蔬物流配送和保鲜贮藏体系的交流和对接，不仅可以提高台湾果蔬进入大陆市场的竞争力，而且可以为推动两岸农产品贸易的发展提供重要技术支撑。

作者简介：

教授，博士生导师，中国农科院首批二级岗位杰出人才。中国科学院上海原子核研究所核物理与核技术专业硕士。现就职于中国农业科学院农产品加工研究所，现任中国农业辐照中心主任，农业部辐照产品质量监督检验测试中心常务副主任。哈益明教授多年来一直从事贮藏保鲜，辐照食品加工、食品安全与质量控制等方面的科研和教学工作，主持和参加国家“十五”食品安全重大科技攻关项目、IAEA 国际合作项目、农业部及国家自然基金项目等课题的研究与开发工作。主持制定了 18 个辐照食品工艺和质量评价的国家标准。现任中国原子能农学会常务理事、中国同位素与辐射行业协会辐射加工专委会副理事长、《核农学报》常务副主编，中国质量认证中心 HACCP 审核专家。在《高能物理与核物理》、《Chinese Journal of Nuclear Physics》、《食品科学》、《激光生物学报》等国内外学术期刊上发表中英文科研论文 40 余篇，其中 SCI 收录 2 篇，CA 引用 28 篇，国家发明专利 3 项，主编专著《辐照食品及安全性》，参编学术著作 6 部。

加快两岸交流与合作
促进两岸航运业互利双赢

张富生

摘要：

2005年4月26日，中共中央总书记胡锦涛和时任国民党中央主席连战进行了会面，达成国共两党五大愿景，为发展两岸关系开启了新思维，开始了两岸发展的新阶段。随着国民党的“和平之旅”、亲民党的“搭桥之旅”、新党的“民族之旅”相继登陆，给两岸“三通”带来新契机，给两岸航运业的互利双赢合作建立新平台。两岸海上直接通航是两岸“三通”中的重要环节。目前，两岸海上货运形式主要有三种：一是运送两岸贸易货物的船舶须绕经“第三地”进行换单的“两岸三地”航线；二是运送非两岸贸易货物的两岸“试点直航”航线；三是方便台胞通过金门往返两岸之间并运送小量贸易货物的厦金航线。两岸海上直航面临的主要问题：“船通货不通、货通船不通”的局面阻碍了两岸交流的进一步发展，人为增加了航运企业各项成本，延长了运输时间，降低了运输效益；同时，也导致了台湾港口货运量大幅下降。加强两岸的交流与合作是两岸经贸发展的需要，实现两岸海上直航是台湾经济发展的内在需要。自从大陆实施改革开放以来，中远集团抓住机遇，不断开展同台湾航运业的合作，积极参与两岸间贸易运输。为了加快两岸交流与合作，促进两岸航运业互利双赢，提出三点建议：加强交流与合作，促进两岸海上直航谈判；解除对大陆直航船舶货物不通关、不入境的限制；开放大陆公司在台开展业务。

2005年4月26日，海浪如往常一样拍打着海峡两岸，然而全世界目光都聚焦在时任国民党中央主席连战先生率领国民党大陆访问团开始的“和平之旅”。此间，中共中央总书记胡锦涛和连战先生进行了会面。国共两党的最高领导人六十年后再度握手，共同迈出了历史性的一步，既标志着两党的交往进入了新的发展阶段，也体现了我们两党愿共同促进两岸关系发展的决心和诚意，必将记载在两岸关系发展的史册上。两党领导人以开阔的视野，广阔的胸怀，求大同、存小异，最终达成国共两党五大愿景，为发展两岸关系开启了新思维，开始了两岸发展的新阶段。自国民党“和平之旅”后，亲民党的“搭桥之旅”、新党的“民族之旅”相继登陆，两岸关系呈现一个前所未有的祥和的气氛，极大地推动了两岸关系的缓和，促进两岸的交流和交往，给两岸“三通”带来新契机，给两岸航运业的互利双赢合作建立新平台。

一、海峡两岸海上通航的现状

在两岸同胞的强烈要求及两岸业界的协商努力下，两岸海上通航经历了一个不平凡的发展历程，从1986年之前的互不通航到之后的间接通航，从1995年起分步开放通航到2001年的沿海局部直航，20多年来不断取得进展和突破。

目前，两岸海上货运形式主要有三种：一是运送两岸贸易货物的船舶须绕经“第三地”（香港或日本石垣岛等地）进行换单的“两岸三地”航线；二是运送非两岸贸易货物（即转口货物）的两岸“试点直航”航线；三是方便台胞通过金门往返两岸之间并运送小量贸易货物的厦金航线，即所谓的“小三通”。

两岸“三通”中空中直航走在前列。2005年的春节包机跨越56年历史时空，实现了“共同参与、多点开放、直接对飞、双向载客”的直接通航，让我们看到了两岸海上直航的希望，对此我们充满了信心。

二、两岸海上直航面临的主要问题

（一）目前的“船通货不通、货通船不通”的局面阻碍了两岸交流的进一步发展，人为增加了各项成本，延长了运输时间，降低了运输效益

以厦门到高雄的集装箱运输为例，由于不能直航，必须绕航香港或日本石垣岛。一艘500标箱的船舶，航速14.2节，如果绕航香港，航行距离增加469海里，航行时间增加33小时，单航次船舶成本增加7200美元，油耗费用增加8500美元，在香港发生费用5000美元，绕航累计增加20700美元；如果绕航日本石垣岛，船东增加21000美元的支出。在燃油价格高涨，船舶租金高企的今天，这样高昂的绕航成本对于航运业来说确实是个沉重的负担。一旦直航，航运业就可节省15%－30%运输成本，也会相应降低台湾进口商的成本支出。

对于大宗散货运输也是如此。2004年台湾从大陆进口动力煤1985万吨，焦炭14.2万吨，合计2000万吨。煤炭的进口运输也不能直航，一般都要湾靠南韩的Mokpo港（木浦港），以2004年巴拿马型船平均市场水平测算，单航次绕航多支出成本2.5万美元左右，仅煤炭进口运输一项，台湾的电厂等用煤大户要多支付800万－900万美元的运输成本。两岸一旦直航，资金、人员、货物当天即可往返，节省时间和金钱。

（二）两岸不能直航导致了台湾港口货运量大幅下降

据台湾媒体报道，2005年高雄港货柜装卸量下降了2.5%，首次呈现负增长，高雄港原本是全球第三大货柜港，近几年邻近港口急起直追以及两岸不能直航的影响，目前排名已掉到第六。两岸直航潜在的经济效益在于因运输成本及时间的节省，提升物流配送效率，从中长期来看，能促进两岸产业分工，扩大两岸贸易。

三、加强两岸的交流与合作，促进两岸海上直航

（一）加强两岸的交流与合作是两岸经贸发展的需要

两岸贸易不断发展，两岸贸易依存度不断增大，使两岸海上直航显得越来越迫切。近几年来，两岸的经济文化等各项交流和人员往来保持着很好的发展势头，不仅促进两岸经济共同繁荣和发展，而且增进两岸民众的共同利益，成为两岸关系中最积极、活跃的因素。2005年两岸间接贸易额达912.3亿美元，而1978年仅为0.46亿美元，增长了近2000倍，其中大陆对台出口165.3亿美元，大陆自台进口746.8亿美元，大陆逆差581.3亿美元，大陆已经成为台湾最大的出口市场和贸易顺差的来源。

从投资角度看，据台湾“经济部投审会”统计，2004年台商赴大陆投资金额达69亿美元，增长率高达51%，2005年突破了100亿美元。1988年至2004年10月，大陆累计批准台商投资项目67700多项，合同台资金额870多亿美元，实际到位台资410多亿美元。两岸优势互补，共同发展的光明前景已经清晰。在这一趋势下，开放两岸直航，进一步推动两岸经贸交流与合作，将有利于促进双方互补、互利、互惠以及相互依存关系的形成。

（二）实现两岸海上直航是台湾经济发展的内在需要

2004年两岸的贸易就达到了台湾外贸总量23%，其中台湾对大陆的出口已经占到台湾整个外贸出口37%，大陆已经成为台湾经济发展的内在动力。

两岸直航迟迟难以实现，使台湾经济发展已丧失许多机会，不仅难以成为“亚太营运中心”，而且可能逐步走向“边缘化”。只有实现两岸全面、双向、直接“三通”，才是台湾经济发展的必由之路。历史终将证明，两岸实现直航，建立更紧密的经济联系，是支撑未来台湾经济成长的重要动力。

（三）中远集团积极参加两岸的交流与合作

1. 中远集团同台湾航运业界之间的联盟合作。

自从大陆实施改革开放以来，中远集团抓住机遇，一直积极开展同台湾航运业的合作，尤其是最近十年，中远集团同阳明海运、长荣海运的合作关系更加紧密。1996 年 8 月，中远集团就同阳明海运在远东/西北欧线进行互换舱位合作，并联合川崎汽船组成了 CKY 松散联盟。2002 年 1 月韩进海运加入，组成 CKYH 四方联盟。四方以共同派船、互租舱位等形式在以太平洋航线、欧地航线、大西洋航线等三大主干线为主的多条航线上开展合作，获得了很好的经营效益。

中远集团和长荣海运的合作是从 1999 年 5 月在远东/南非/南美东航线共同投船经营开始。多年来，两家公司不断拓展航线合作，合作的范围基本在亚洲区域内航线（波斯湾航线、澳洲线、东南亚线等）和亚洲/南非/南美航线。截至 2005 年 9 月，中远集团和长荣海运在亚洲/南非/南美东航线、波斯湾航线、中国/东南亚航线、新加坡/南非航线、东南亚支线等 7 条航线上以共同派船、互租舱位等形式开展合作。但就是在自己家里两岸直航问题上没法合作，实在令人遗憾。

2. 中远集团积极参与两岸间贸易运输。

随着两岸间贸易量的不断增加，中远集团下属各专业船队加大了两岸运输投入的力度。2004 年中远集团承运台湾进出口货物 1200 万吨，其中台湾电厂从大陆进的煤炭总量的四分之一是由中远集团经营的船队承运的，共计 524 万吨。

四、有关建议

（一）加强交流与合作，促进两岸海上直航谈判

秉承市场经济法则，不以政治分歧影响两岸交流与交往，在互相尊重与保障对方经济利益的前提下，相互磋商与灵活处理有关直航事宜，以务实的方式，通过民间对民间、行业对行业、企业对企业进行两岸海上直航问题的商谈，通过简单、易行的方法，有效解决两岸直航的具体问题，让经济规律推动直航的进程。

从过去的经验看，这种谈判方式是切实可行的。厦门、福州与高雄之间的试点直航、港台航权、2005 年春节包机都是在这样的方式下进行的。双方已创造出操作性很强、切实可行的谈判模式。建议海峡两岸航运交流协会和台湾海峡两岸航运协会建立定期交流机制，为谈判建立搭建平台，并对两岸海上直航问题加强沟通与研究，为促进两岸海上直航发挥积极作用。

（二）解除对大陆直航船舶货物不通关、不入境的限制

在相互尊重与保障对方经济利益的前提下，建议相互磋商与灵活处理有关直航船舶货物不通关、不入境的限制，避免在香港、日本等第三地中转。

（三）开放大陆公司在台开展业务

台湾航运企业已在大陆有几十家办事处、分公司等派出机构，为本公司的船舶进行揽货、签约或安排船舶挂靠、装卸业务等服务。而台湾方面仍限制大陆船公司在台湾地区设立公司和办事处，大量业务只能委托第三方公司办理，使大陆航商处于不平等的竞争地位。两岸海上直航是一个中国内部的事务，建议以平等互利

及对等为原则，允许两岸的船公司互设子公司和办事处，开展本公司的航运业务。

随着两岸经济依存程度越来越高，两岸直航对于众多台商来说尤为迫切，早日实现两岸“三通”顺乎两岸的民意。去年9月份据媒体报道，国民党主席马英九先生指出“如果国民党‘执政’，两年内一定完成两岸‘三通’”。这是顺乎民意的。合则两利，通则双赢，早通比晚通好。我们对实现两岸直接、双向、全面“三通”的前景充满信心，相信在台湾各党派、工商界，以及广大台湾同胞与大陆同胞的共同努力下，海峡两岸海运业互利双赢合作一定能够全面展开，海峡两岸直接、双向、全面“三通”一定能够实现。

作者简介：

1950年3月出生，汉族，中共党员。武汉交通科技大学运输管理专业硕士学位，高级工程师、高级政工师。1968年9月参加工作。历任天津港务局第一作业区党委副书记；中华人民共和国交通部政治部组织部二处副处长、组织部一处处长，人劳司处长、副司长，体改法规司司长（交通部新闻发言人）；交通银行北京分行副行长；中远集装箱运输有限公司党委书记等职。2002年4月起，任中共中远（集团）总公司党组书记、中远（集团）总公司副总裁。是十届全国人大代表。

经济全球化下的两岸经贸关系

——兼论两岸“三通”对企业全球运筹的影响

华晓红

摘要：

两岸密切的经贸关系是经济全球化的必然产物，是任何“政策”所不能左右的。两岸早已成为相互最重要的贸易投资伙伴之一，互利互惠，为两岸经济发展带来巨大利益。两岸经贸往来突破一般贸易投资形态，成为全球资源配置和产业分工链条上的重要一环。目前两岸产业合作已进入寻求产业链升级的阶段，通过促进生产环节的升级，共同提升在国际分工中的地位，获取更高附加价值。但是因为政治分歧，两岸至今没有实现“三通”，严重阻碍两岸贸易扩大和造成贸易失衡，为两岸贸易发展埋下隐患，以致影响两岸经贸合作的深入发展，难以实现制度性安排。台湾当局对“三通”的紧张心态，片面强调对开放大陆贸易投资带来的负面效果是的。应对全球化和自由化的损害，只能是“顺应”和“适度保护”，而不可能断然“拒绝”，一方面违规，另一方面影响产业持久竞争力。只有实现两岸经贸关系正常化，两岸才能够通过协商平衡两岸之间的经济利益。台湾今年将接受 WTO 审议，对大陆的歧视性贸易政策也将难以为继。两岸应以务实的心态促进“三通”早日实现。

经济全球化是当今世界经济发展的主要潮流。自上世纪60年代以来，国际货物贸易增长了57倍（2003年统计），远超过世界经济增长的26倍；国际FDI在历史最高年份（2000年）达到13880亿美元，是1980年和1990年的25.2、6.7倍；作为经济全球化主体的跨国公司，2001年销售额占世界总产值的14%，占全球FDI的90%，其内部贸易占全球贸易的40%。[①]

两岸经贸往来正是在经济全球化背景下迅速发展起来，并成为全球分工的重要组成部分。两岸经贸交流从80年代起步，90年代起飞，21世纪成熟，已成为两岸经济发展的重要推动力和两岸参与国际竞争的重要方式。两岸经贸关系的发展，充分反映了经济全球化对各国各地区不可抗拒的影响力，这是任何人为力量所不能左右的。

但是，两岸长期存在政治分歧，并因此对经贸交流造成严重阻滞，在贸易投资自由化成为全球共识的今天，两岸还在不断谈论“三通”的影响，还在研究经贸关系正常化的作用，不能不说是遗憾之极。仅因某些人的政治观点，而使两岸坐失经济全球化带来的良机，不能不说是中华民族的悲哀。

一、两岸日益紧密的经贸关系已成为两岸经济发展的重要组成部分

截至2005年底（1979年以来），两岸贸易额累计达4958.4亿美元，其中，大陆对台出口817.2亿美元，自台进口4141.2亿美元，目前台湾是大陆第七大贸易伙伴，第七大出口市场，第四大进口市场；对台湾而言，大陆已成为最大的贸易伙伴，最大的出口市场。台湾对大陆出口占到台湾总出口的1/4，若包括对香港

① 《经济全球化—中国商务发展》，人民出版社，2004/10。

出口则超过 1/3，大陆成为台湾最大出口市场和最大的贸易顺差来源地。

由于台商经第三地名义转投资，以及统计口径的不同，两地对台湾大陆投资统计有较大差距，而且都明显低于实际数额。依大陆官方统计，截至 2005 年底，台商对大陆投资累计项目 68095 个，合同金额896.9 亿美元，实际利用金额417.6 亿美元（另一计算为 598.6 亿）。分别占大陆境外投资份额 12.3 %、7.0%、6.7%，如果加上经第三地（维尔京群岛、开曼群岛等）的转投资，台资在大陆吸收境外投资中位列第二。

在经济全球化大背景下，两岸经贸交流在强劲市场动力和大陆鼓励政策推动下，发展迅猛，远远超过两岸各自经济发展速度。两岸经贸交流从无到有、从小到大，形成了以台商投资为主线，加工贸易为主要方式，投资带动贸易，贸易促进投资的两岸经贸交流发展格局。[①]

1987－2005 年两岸贸易增长

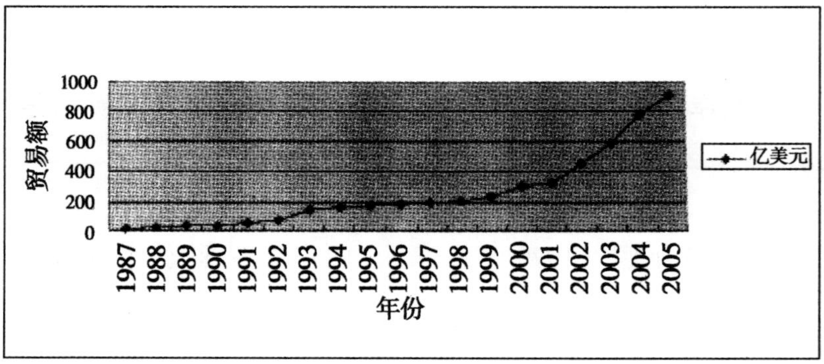

以年均增长率公式计算，自 1990 年以来，两岸贸易年均增长达23.58%，两岸实际投资金额年均增长达20.78%，合同金额增

① 大陆商务部网站。

长达18.17%；以每年增长率算术平均法计算，自1990年以来，两岸贸易年均增长达29.70%，实际投资金额增长达33.91%，合同外资金额增长达36.07%。自上世纪90年代以来，两岸经贸交流发展之快在大陆其他贸易投资伙伴中罕见。

90年代以来两岸贸易依存度增长速度很快，大陆对台湾贸易依存度增长了2.15个百分点，2005年达到6.42%，台湾对大陆贸易依存度增长了19.76个百分点，达到23.93 %，其中台湾出口对大陆市场的依存度增长了31.53个百分点，达到37.63%，目前台湾1/3强的出口市场在大陆。[①]

1987年－2005年台湾对大陆投资增长

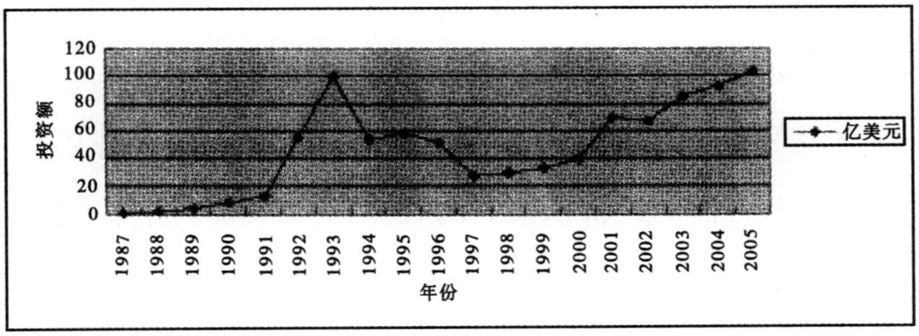

由于台湾当局的限制，两岸投资仅表现为台湾对大陆的投资。如以维尔京群岛、开曼群岛、萨摩亚（台商转投资主要来源地）三地实际投资金额的70%估算，2004年，台商经由第三地转投资的实际使用金额约为69.3亿美元，远远超过按注册地统计的台资金额，加上按注册地统计的实际台资31.2亿美元，台商实际投资额高达100.5亿美元，约占当年大陆境外投资使用额的16.58%，居境外投资的第二位，占大陆当年GDP的0.60%，固定资产投资

① 华晓红、赵旭梅《两岸经济依存关系分析》。

完成额的1.69%。[①] 2005年，这一数字为58.5亿美元，大幅下降41.8%。[②] 约占当年大陆GDP的0.65%，固定资产投资额的0.54%。

依据“贸易乘数”理论，2004年两岸贸易对大陆的经济贡献为151.9－224.8亿美元；对台湾的经济贡献为174.7－250.6亿美元；依据“台湾大陆企业工业增加值”计算，2004年台商大陆投资对大陆经济的贡献为94.91亿美元，占大陆GDP的1.50%－1.94%。依据“台湾对大陆投资收益比率”计算，2004年台湾在大陆的投资对台湾经济的贡献为22.15亿美元，占台湾GDP的5.23%－7.34%。加入第三地转投资后，台商大陆投资对大陆的经济贡献为305.55亿美元，占大陆GDP的1.50%－1.94%，对台湾经济贡献为71.36亿美元，占台湾GDP的6.62%－8.67%。计算结果表明，两岸经贸往来对两岸经济都产生了重要影响，相互依赖是两岸经贸往来的基本特征，但是台湾对大陆的经济依赖要明显高于大陆对台湾的经济依赖，约在3.73－5.46个百分点间[③]。

近年台湾内部需求对经济增长的贡献度较少，甚至为负；而外部需求则一直稳定在2.4个百分点以上，台湾经济增长的75%以上来源于外部需求，大陆是其中最重要来源地。根据台湾中华经济研究院从生产方面的估计结果，台湾出口大陆每增加1元，可直接间接诱发台湾各产业增加产值2元左右[④]。2000－2003年，在台湾经济年均2.6%的增长率中，来自外需扩张的贡献率高达97.6%，提供了2.5个百分点的经济增长，而外需扩大几乎全靠

---

① 据大陆统计资料计算。

② 据商务部统计，2005年按注册地台湾对大陆实际投资21.5亿美元，经第三地转投资37亿美元，投资大幅下降既有经济因素也有政策因素。

③ 详见对外经贸大学国际经济研究院华晓红、赵旭梅所作分析。

④ 张世宏“两岸贸易严重失衡原因分析及应对政策之探讨”台湾研究，2004年第4期，39页。

对大陆顺差的扩增。根据台湾“经济部”公布的资料，2003年台湾对大陆贸易顺差对台湾GDP的贡献达13.6%(采用均为台湾资料，大陆尚未有自己的计算，我们正准备着手该项研究)。

2005年台湾从大陆贸易中获取顺差581亿美元，而当年台湾贸易总顺差只有158亿美元，如果没有对大陆贸易顺差，2005年台湾贸易逆差将高达423亿美元。截至2005年，台湾对大陆累计贸易顺差3323.9亿美元，超过台湾现有外汇储备（2570亿美元）753亿美元，目前台湾外汇储备位居世界第三。

根据台湾资讯工业策进会的统计数字，在台湾企业生产产值的产地分布比率中，2002年大陆所占的比重为46.9%，而台湾本岛所占的比重仅为36.3%，1990年到2003年，台商赴大陆投资金额占台湾当局核准对外投资总额的比重平均为62%，2004年达到67%，远高于对岛外其他任何地区的投资。台湾有关部门估算，台商赴大陆实际投资额累计超过700亿美元，已占台湾对外投资的75%以上，每年台商对大陆实际投资大约占台湾岛内固定资产投资额的6%左右。2005年1－10月，台湾岛内投资人的岛外资产比重已达30%以上，岛外金融资产的增长速度（20%）是岛内资产增速(7.5%)的近3倍。[①]

投资大陆给两岸都带来了重要利益。例如，台湾优势产业——电子资讯业通过台湾接单——大陆出货、台湾管理——大陆生产、台湾生产——大陆组装或台湾研发——大陆生产的运作模式，有效实现了两岸之间的优势互补。大陆的低成本劳动力要素和配套加工能力，既扩大了电子资讯产品的利润空间，也强化了该类产品的市场竞争优势，成为支撑台湾电子资讯行业发展的重要力量。而大陆也从最初的获得台湾传统产业转移带来的制造技

① 朱含章“2005年台湾经济回顾与展望”，《台湾周刊》2006年第2期。

术和市场，扩大了贸易，进而发展到从台湾新兴产业的成长中获取全球市场份额，提升国际分工地位。目前在全球制造业和信息技术业市场上，相当部分是两岸合作企业共同占有的。2005 年大陆高新技术产品出口2182.5 亿美元，大幅增长31.9%，占出口总额比重高达28.6%，大陆高新技术产品出口 80%来自外资企业，而其中台资企业占到 70%。

二、两岸产业合作成为国际产业链条上的重要一环

在经济全球化背景下，两岸经贸往来早已突破一般贸易投资形态，而成为全球资源配置和产业分工链条上的重要一环。两岸贸易为典型的投资带动型，且具有明显的产业内贸易和企业内贸易特征，台湾对大陆出口的 75%发生在外资企业[①]，其中主要为台资企业。台湾输往大陆的前 10 项产品中属于制造业原料、中间产品或零部件产品类占有绝对的比重，而电子资讯和机械产品及其零部件在贸易总额中所占的比重，呈逐年快速上升趋势，两岸在此两类产品的生产上，已经形成一种较为密切且相对稳定的分工关系。在光学产品、有机化学品的生产上，也呈现出产业分工的初始态势。从台湾统计局按产业关联程度大小，对 1999 年投入一产出表分析后所作的总体部门分类情况看，台湾出口大陆贸易中的前 10 项主要产品，基本属于感应度及影响度系数均大于 1[②]的产业或前向关联度低、后向关联度高的产业[③]。

尽管与大陆各个产业之间联系的具体实现形式不同，但是台湾通过向中国大陆的出口，已经与大陆之间形成了“出口中间产品或零部件—在大陆组装、生产和销售或转向第三国或地区销售”

---

① 大陆商务部《中国外资统计》。

② 感应度及影响度系数大于 1 的产业的发展会引起整个国民经济的加速发展。

③ 对于后向关联度高的产业，该产业的扩张所产生的引诱投资可以促进后向关联产业的发展，后向联系产业的发展反过来又推动该产业的进一步扩张，从而带动整个产业的发展。

的产业分工模式。这一产业分工是通过台商在大陆不断扩张投资规模，转移制造业产能实现和推进的，在此过程中，台湾得以将自身的制造技术优势与大陆的包括原材料、劳动力和市场等在内的资源优势有机地结合起来。

两岸产业内和企业内贸易形态决定了两岸贸易在两岸经济发展中的特殊地位，与产业间贸易相比，具有贸易伙伴之间联系密切，不易替代的特点，是两岸在经济全球化条件下深化产业合作的必然结果。

两岸贸易形态的变化直接来自于台湾对大陆投资产业结构的升级。台湾传统产业大陆投资比重逐年下降，例如食品饮料业已从 1994 年的 15%下降到 2004 年的 1%，高新技术产业比重明显上升，例如电子电器业比重从 1994 年的 16%上升到 2004 年的 47%。[①] 十年分别下降 14 和 31 个百分点。

两岸贸易的特点反映了两岸产业合作的程度，尤其是企业内贸易的增加更说明两岸产业合作进入新的阶段，开始从产业升级转而向产业链升级。所谓产业升级，是指从轻纺工业向重化工业，再向新兴工业发展的过程，这个过程在两岸间已告一段落，台湾传统产业向大陆转移基本完成。目前两岸产业合作已进入寻求产业链升级的阶段，即通过促进两岸合作产业生产环节的升级，共同提升在国际分工中的地位，获取更高附加价值。产业链升级的台阶为“简单组装→复杂组装→零部件制造→零部件研发→自有品牌的研发、设计、生产”[②]，因为缺乏统计，所以我们很难确切地以数字来说明台商大陆企业在产业链的各个环节的情况，但是我们从两岸贸易结构和大陆出口产品结构的变化可以清晰地感受

① 柳英“台商投资大陆新趋势”，《台湾周刊》2005，第 23 期。
② 隆国强等《加工贸易工业化的新道路》2003，中国发展出版社，第 7 页。

到这种升级过程。近几年大陆高新技术产品出口增长迅速，增幅远远高出总出口增幅，2005年在总出口中的比重超过28%，出口前三类为计算机类、通信类和电子类产品，分别占比48.2%、32.9%、11.4%，这些产品相当部分为台资企业生产，台资大陆IT产业已从主要以生产零组件为主转向拉长产业链，生产高端核心产品。[①]

2005年9月，台湾大众计算机公司宣布，关闭台湾最后一条手提电脑生产线，移往大陆。台湾地区曾号称全球最大的“笔记本生产王国”，笔记本电脑是台湾过去10年最重要的电子产业之一，全球市场占有率高达80%。但是随着岛内竞争力的下降，厂商纷纷移往大陆，今年初，广达、仁宝等大企业即已宣布，因为成本原因，将规模生产线全部外移。大众计算机公司最后生产线关闭，标志着台湾本土手提电脑产业已经结束，曾经造就台湾信息产业奇迹的笔记本电脑产业，今后将在大陆创造新的奇迹。主要以代工形式存在的台湾计算机业，为控制生产成本，提高运送效率和掌握生产速度，西移已经形成经济规模的大陆，是适应经济全球化趋势的必然举措。虽然各种利益集团所受到的影响不同，因此引发不少争论，但是我们不得不承认，全球资源重组的发展趋势难以更改，两岸产业顺应潮流，深入国际分工，提高国际竞争力的趋势难以更改。

台湾产业转移大陆，完全是经济全球化下的国际分工使然，最近台湾当局有言论要降低台湾对大陆投资比例，要企业南进印度、东欧，尽管有其自身考虑，但是无视现实，违背经济规律的决策是会损害台湾经济利益的。事实上，企业在利益最大化原则下，适应全球化趋势所作的行为调整，是当政者政策所难以左右

---

① 《2005年我国高新技术产品进出口情况分析》，商务部网站。

的。我们从最近的统计数字看到，台湾对大陆出口增速放缓，根据台湾对大陆出口商品结构，我们可以推测是台湾大陆企业在台湾采购减少，转而大陆当地采购或第三地采购（例如韩国对大陆贸易加速上升），两岸现有的分工格局也在发生变化。

三、“三通”对两岸经贸交流和企业全球运筹的影响

“三通”是两岸经贸关系正常化的基础，不能直接通航、通商，严重阻碍了两岸经贸关系的深入发展和两岸经济的全面整合。不能“三通”的影响主要体现在以下几个方面：

第一，阻碍贸易扩大和造成贸易失衡，为两岸贸易发展埋下隐患

仅以最近台湾水果对大陆出口为例。据台湾农委会资料，近几年台湾农产水果销往大陆的金额成长迅速，从 2002 年的7.2 万美元到 2004 年 34 万美元，增长将近 5 倍。2005 年上半年，对大陆出口金额已逼近 2004 年 34 万的总额(达 33.1 万美元)，仅仅 7 月一个月的生鲜水果对大陆出口就已达 26 万美元。但是，尽管增长惊人，但与 2005 年台湾 1—7 月农产生鲜总体外销贸易金额 2300 万美元相比，却仅占2.6%。从 2005 年 8 月起，大陆单方面对台湾水果进口实行优惠待遇，本为大陆善意，对台湾果农实为好事和机遇，但是因为不能直航，致使效果不如人愿，转口运输成本抵消了零关税利益，关税对价格的影响有限（估计为 5% - 10%），远不如运输成本的降低（估计 20% - 30%），以及其他环节的影响，大陆市场对台湾农民多少有点可望不可即。

巨额贸易逆差一直是两岸贸易在大陆受到质疑的最大问题，2004 年大陆对台贸易逆差突破 500 亿美元，2005 年达581.3 亿美元，至 2005 年底，大陆累计逆差达3323.9 亿美元，台湾成为大陆贸易逆差最大来源地。虽然对台贸易逆差有部分客观合理性，但

是台湾当局对大陆歧视性贸易政策决定严重损害了两岸贸易健康发展。虽然从表面看，台湾当局的大陆贸易政策保护了台湾市场和部分企业利益，但实际上损害了两岸长远经济利益以及台湾民众的利益，长期贸易不平衡，一方面造成台湾贸易对大陆市场的单方面过度依赖，另一方面也影响了大陆市场对台湾产品的进一步放开，为两岸贸易长远发展埋下隐患。

第二，影响两岸产业整合与国际竞争力的提升

从长远看，不能"三通"对两岸投资和产业整合影响更大。至今大陆对台湾鲜有投资，台湾对大陆的投资也受到诸多限制，延缓了两岸通过合理的产业分工，推动各自产业升级的进程。

台湾对大陆投资是台湾海外投资的最大和最重要的组成部分。但是这部分投资却受到规模（不得超过净资产额的40%）、数量、产业、技术等方面的限制，以至不得不采取第三地转投资的做法。

虽然两岸入世后，台湾当局大陆经贸政策已改"戒急用忍"为"积极开放、有效管理"，最近又改为"有效开放、积极管理"，甚至提出"产业西进如果做不好有效管理，宁愿不再继续开放"，[①]"（2006年）半年内，台湾对大陆投资比重要由目前的71%降至61%"。[②] 在全世界都在抢占大陆市场的形势下，虽然台湾对大陆投资年年增加，但是市场份额却年年下降，甚至已被韩国超过。

台商大陆投资不仅在数量上受到限制，更重要的是在质量上受到影响，使两岸产业合作层次受到压抑，国际竞争力难以提升。最近有台湾学者批评两岸产业合作层次低，是在"为西方的跨国集团效力情形下，在国际贸易只能赚得蝇头小利，而且以'苦力'

---

① 台湾《中华日报》，2005/07/28。

② 《侨报》2006/3/24。

结合'苦力'的打拼作法不可能为两岸贸易创造高附加价值利润。"[①] 但是在两岸经贸关系非正常化情况下，要提升两岸产业合作层次谈何容易。

违背经济规律的政策使两岸产业全球运筹能力受到限制。目前台湾对大陆投资主要集中在有限范围的制造业，而在更广阔的制造业领域、潜力巨大的服务业领域两岸合作较少，而服务业可能是激发台湾经济新活力的重要支撑产业，也是台湾在经济全球化中寻求新定位的突破口。

突破"三通"障碍，开拓两岸全面经济合作局面，深化两岸产业分工，加速产业升级，才是解决所谓台湾"产业空洞化"和经济发展深层次问题的良策。"不通"的结果只能使台湾经济更加依赖大陆，而不会如台湾当局所设想的那样"根留台湾"。如上所述，台湾对大陆出口约有70%产生于台商大陆企业，主要为用于再加工的生产资料，不能"三通"，不仅造成成本上升，产品竞争力下降，而且直接影响产品配送、生产效率甚至产业整合。当核心企业移往大陆后，因为"三通"障碍，其上下游配套企业也很可能转移大陆，这种做法可能并不利于台湾经济发展。

另一方面，由于"不通"，岛内产业转移留下的"真空"，难有外资填补，即便是在产业结构比重上不断上升的服务业，也因为难以通过"跨境服务"的方式，分享大陆台资企业的利益，不得不"跟随"西进，加剧台湾经济困境。

第三，影响两岸经贸合作的深入发展，难以实现制度性安排

经济全球化和区域经济一体化是当今世界经济发展的两大潮流，目前区域经济合作集团内贸易已达到全球贸易的60%以上，世界贸易组织的绝大部分成员都参加了一个或一个以上区域合作

① 陈添枝讲话，凤凰卫视"台湾学者指出两岸贸易'四大危机'影响前景"2005/05/15。

组织。今后两岸经贸关系发展所遇到的最大挑战之一是如何应对经济全球化和区域经济一体化。

大陆在进入新世纪后加速了区域经济合作的步伐，先后与香港、澳门、东盟实现了某种形式的区域经济合作安排，与澳新、智利、海湾合作组织等正在进行FTA谈判，大陆还在积极谋求与韩国、日本的双边或多边经济合作。

区域经济合作对两岸贸易投资势必产生重要影响，虽然在对中国大陆总体贸易投资结构上，台湾与港澳、东盟以及韩日有所不同，但是竞争将日趋激烈，贸易投资转移效应不可避免。中国入世后台湾一度是最大利益获得者，但是目前这种局面已经改变。如果两岸还不能实现最基本的“三通”，使两岸经贸关系正常化，两岸间实现某种形式的区域经济合作制度安排就完全没有可能，台湾在大陆的利益会进一步失去，两岸产业的全球运作也将受到严重影响。

四、促进两岸尽快实现“三通”的建议

客观地说，“三通问题”已不存在“研究”需要，而是“谈判”如何实行。2006年是台湾“入世审议年”，台湾要接受WTO贸易审议机制对台湾入世以来贸易政策的首次审议。大陆完全可以借此要求台湾对改变大陆歧视性贸易政策，实现完全“三通”。但是考虑到两岸实际状况，两岸的问题还是在两岸之间解决为好。

排除政治因素，我们仅从经济角度来考量台湾当局对“三通”的心态，也是难以理解的。台湾当局认为两岸“三通”所带来的两岸之间扩大开放，贸易投资自由化程度上升，可能危及台湾弱势产业、加剧失业、甚至带来社会经济安全威胁，仅仅是夸张地强调了问题的一个方面。我们承认，全球化和自由化对不同经济体所产生的影响是不同的，它可能造成损害，国际上也不乏这样

的案例。但是即便如此，你也只能“顺应”和“适度保护”，而无法采取断然“拒绝”，一方面违背国际经济规则，另一方面也使得产业失去参与国际竞争的机会，影响长远发展。只有在实现“三通”，两岸经贸关系正常化后，两岸才可以便利通过协商的方式平衡两岸之间的经济利益，解决贸易纠纷。因此建议：

（一）以务实的心态促进“三通”早日实现

两岸真正实现经贸关系正常化存在很大难度，在“一个中国”问题上，两岸分歧严重，大陆决不会为了短期利益而置民族、国家长远利益而不顾，台湾当局也不会轻易放弃“台独”主张，对此双方各界人士应看清事实，丢弃幻想。

但是，“三通”作为两岸经贸关系正常化的最基本目标，在可预见的时间内实现并非难事。贾庆林在2005年9月上海两岸菁英论坛讲话，对两岸经贸交流与合作提出4点建议，第二条即为“顺应民意，切实推动两岸直接‘三通’进程”。贾庆林认为，“实现‘三通’的关键在直接通航，而直航的突破口在实现两岸客运、货运包机直航。大陆方面愿意采取灵活、务实、有效的做法，积极推动两岸民间行业组织，以2005年春节包机协商的模式，尽早就客运、货运包机问题开始商谈，就有关技术性、业务性安排达成共识，一并安排，同步实施。”表现了大陆在解决两岸“三通”问题上的务实态度。

大陆早已明确提出，“‘三通’作为经济性事务，理应以两岸同胞的切身利益和实际需要为优先，而不应受到任何政治因素的干扰和影响。以民为本，为民谋利，应当是解决‘三通’问题的立足点和出发点”[①]，大陆商务部也表示要积极采取更为灵活务实

① 2003年1月，钱其琛讲话。

的措施推动两岸直接“通商”[①]，在两岸“三通”问题上大陆并无预设政治前提．已做到最大诚意，只要台湾当局遵守国际规则，兑现对 WTO 的承诺，取消对大陆的歧视性经贸政策，放下疑惧心态，实事求是地解决问题，采取灵活做法，“三通”当可尽快实现。在两岸政治分歧短期难以弥合的形势下，台湾当局总是以类似“公权力”之类的口实，拖延两岸“三通”进程，实在是无益之举，无效之举，更何况台湾取消对大陆的歧视性贸易政策是完全无需双方协商就可以解决的，那时“三通”就会水到渠成。台湾各界对大陆方面的建议始终存在争议，虽然不无道理，但是要解决问题，就要以务实心态，承认现实，少一些争论，多一些办法，少一些研究，多一些行动。

（二）以民促官是促进两岸经贸关系正常化的重要手段

胡锦涛总书记在关于两岸关系四点意见中再次强调“贯彻寄希望于台湾人民的方针决不改变”，[②] 在台湾当局不承认一个中国原则，两岸正常沟通机制无法恢复的情况下，通过民间方式，以民促官可能是仅有的次优选择。过去两岸经贸关系是在市场规律作用下靠民间力量推动的，今后仍然会是这样，民间力量在两岸经贸关系发展中不可忽视，尤其在台湾民主政治日益发展的今天，民意倾向至关重要。“民”的概念是广泛的，形式也是多样的，各种民间经济组织、工商企业、研究机构、专家学者应是其中重要力量。在“三通”问题上，依靠两岸民间力量已是大陆的既定方针。

（三）建立两岸过渡性经贸协商机制

贾庆林在 9 月上海会议提出“构建两岸经济合作机制”。并明

---

① 2003 年 1 月，外经贸部安民副部长讲话《推动两岸直接通商，促进祖国和平统一》。
② 《人民日报》海外版，2005/3/5。

确指出："建立这样的机制，主要是建立会议制度和协调机构，商讨两岸经济交流与合作的重大问题，协调两岸之间的投资与贸易政策，进行合理的资源配置和有效的分工合作，充分发挥优势互补的经济效果，实现两岸经济关系正常化、规范化、稳定化。"这一建议为建立两岸经贸协商机制打开了突破口。

目前两岸经贸交往规模越来越大，大量的经贸事物亟待解决，在两岸无法正式官方接触的情况下，建议是否可以首先建立一个独立于政治之外，专门处理两岸经贸事物的两岸经贸协商机制。根据"一个国家内部事务"精神，根据世贸组织单独关税区的定位，可考虑这个机制由两岸负责经贸事物的政府职能部门官员和有关民间人士共同构建，总揽两岸双边经贸事务，以定期沟通、协商的做法，全权处理两岸经贸往来中产生的一切事务性问题。包括：经贸关系正常化（"三通"），市场准入，贸易平衡，贸易纠纷、贸易措施、投资保护、有关国际经贸协调，区域合作等等。

两岸经贸协商机制应是职能性和技术性的机构，既不同于政府部门，也不同于一般的民间行业协会、商会、经济合作组织以及各种研讨性质的组织。

两岸经贸协商机制的建立，可以使两岸处理双边经贸问题有了不受政治干扰、稳定、规范、合法的途径，避免两岸因缺乏正规沟通渠道而无法处理双边经贸事物的尴尬，也避免将两岸双边经贸事务多边化、国际化。

（四）大陆坚持以我为主的单方面优惠政策，积极促进两岸经贸关系发展

在两岸经贸关系不能正常化的情况下，大陆将会从两岸人民的利益出发，在可能的范围内，继续坚持单方面给予台湾贸易和投资优惠待遇，让利于台湾人民。尽管这种优惠政策及其效果，

在范围和时效上都可能是有限度的，难以解决所有问题，但是在当前的形势下，对维系两岸经贸关系，促进两岸经贸交流与合作的深入发展，应对经济全球化和区域经济一体化的挑战，是有积极意义的。

但是需要特别指出的是，两岸经贸关系中的问题并非单方面可以解决的，即便是相对简单的“三通”问题，也非单方面可以做到。台湾各界一定要明确，重要的是改变台湾当局的两岸经贸政策，而非寄希望于大陆的不断让利。

结束语：经济全球化潮流下两岸经济融合是不可更改的必然趋势

今天两岸经贸关系的密切程度和对各自经济发展的影响，已到了人为阻断必然带来严重后果的程度，已不是政界、学界或是什么人可以轻易改变的。

两岸经贸交流从开始到现在都是在阻力、障碍重重的非正常状态下进行的，其间各界人士在理论、实践和政策层面进行了无数探讨。最初对两岸经贸交流的认知早已被两岸经贸交流的实践浪潮所淹没，企业行为的极度扩张也使得政策制定显得苍白无力。今天对“大陆对台经贸政策的统战意图”和“台湾经济安全”的讨论，无论出于什么角度和立场，都是忽略了两岸经贸关系中的国际经济因素，都是忽视了经济全球化对各国各地区经济发展的影响力。中国大陆已成为排名世界第3的贸易大国和排名第4的制造业大国，成为未来世界最有发展潜力的经济力量，两岸经贸交流是中国崛起和两岸参与经济全球化不可分割的重要部分。

两岸经贸交流从来不是依靠当局推动的，因而也不是当局可以阻止的，在经济全球化大潮迅猛，各国各地区经济联系密切，两岸加入WTO，大陆经济迅速崛起的今天，没有什么政策措施可以改变两岸经济的融合，实践已经走在理论前面，实践高于理论。

作者简介：

研究员，对外经贸大学国际经济研究院院长，台港澳经济研究中心主任，WTO研究院研究员。中国国际贸易学会理事、中国世界经济学会理事。主要从事中国对外经济贸易、台港澳经济、国际区域经济一体化和世界贸易组织研究。承担国家以及政府部门多项重要研究项目，并发表诸多研究论文。

加快两岸直航进程
推动两岸经济共同发展

张冠华

摘要：

加快推动两岸直航进程，在当前形势下有着重要的意义与影响。两岸直航将大幅度降低两岸货物与人员往来成本，扩大两岸贸易、投资与人员往来规模，推动台商在两岸进行更合理的产业布局，促使两岸经贸关系由制造业领域向服务业领域延伸，加快建立两岸建立经济交流与合作机制，进而促进台湾经济增长和转型升级。同时，两岸直航还将增进两岸民众的共同利益，营造两岸良性互动气氛，促进两岸关系的和平与稳定发展。当前，两岸直航问题已具备了良好的基础与条件。在岛内，70%以上的民众赞成两岸加快直航进程，工商界及国亲等在野党运用自己的力量在加快推动直航。大陆推动两岸直航的不懈努力和提出的一系列务实主张，为两岸直航奠定了有力基础。通过“试点直航”、福建与金马地区的海上直航以及两岸春节包机等实践活动，两岸在处理直航涉及的技术性、业务性问题上积累了丰富经验，找到了敏感性问题的妥善处理办法。两岸直航的民间沟通与党际对话的多元化渠道已经建立，两岸政治僵局下务实推进直航的解决方式已基本形成。在上述基础上，两岸直航应本着先易后难、循序渐进的方式，通过尽快实现两岸客货运包机的常态化，推动台商相对集中地区的定点直航，逐步实现全面双向直航。

当前，两岸直航问题已成为影响两岸经济关系和台湾经济发展的关键因素。加快推动两岸直航，不仅是两岸经济关系发展与人员往来的迫切需求，也是两岸主流民意的共同期待。两岸直航目前已经具备了良好的基础与条件，海峡两岸应本着务实态度和采取切实措施，加快推动两岸直航进程。

一、两岸直航的意义与影响

加快推动两岸直航进程，对今后两岸经贸交流与合作、台湾经济发展乃至两岸关系的和平与稳定将产生一系列重要影响。

（一）大幅度降低两岸货物运输与人员往来成本

两岸直航的最直接影响，就是大幅度降低两岸货物与人员往来的航运成本。从货物运输看，综合估计两岸若实现直航，可较间接航运节约成本2%左右，以2005年两岸贸易总额912亿美元计算，一年可节省成本18亿美元以上。从两岸人员往来看，2005年两岸人员往来高达437万人次，其中台胞来大陆近411万人次，大陆居民赴台16万次，绝大部分经由港澳地区转机，每年累计消费金额在20－25亿美元之间，如果两岸实现多点直航，消费金额将节省一半左右。从时间成本上看，直航后两岸货物运输与人员往来时间将节省一半左右，由此产生的经济效益也将相当可观。这种评估，还只是建立在当前两岸间接航运的基础之上，如果两岸实现直航，必将促进两岸货物与人员往来的快速增长，其带来的经济利益更加可观。需要指出的是，由于两岸无法直接通航，由此带来的额外成本，绝大部分是由台湾民众来承受的。

（二）有利于推动台湾经济增长与转型

当前，两岸已互为重要贸易伙伴，大陆已成为台湾最大的出口市场、第二大进口市场与最大的贸易顺差来源地，近年来台商对外投资的70%以上集中在大陆。两岸经济关系的持续快速发展，已成为推动台湾经济增长与未来转型的重要因素。两岸开放直航后，据估算两岸厂商货物运输成本可降低15%左右，将带动两岸贸易规模的扩大和岛内产业产值的增加，大幅提振岛内民间消费者与投资者信心，长期将使台湾GDP增长率每年增加0．4到1．19个百分点，这对已进入中低速增长的台湾经济将是相当大的贡献。同时，两岸直航将加快台湾经济的转型升级，岛内制造业可利用两岸产业交流与合作的深化发展加快向研发、创新方向升级；服务业可以通过扩大两岸服务贸易获得新的发展空间；两岸直航后将加快两岸建立经济交流与合作机制进程，有助于提升台湾在经济全球化与区域经济一体化进程中的地位与角色。

（三）有利于提升台湾的航运地位

由于两岸无法直航和岛内产业大量外移，近年来台湾的航运地位持续下滑。高雄港的集装箱吞吐量已由过去的全球第3名急剧下滑到目前的第6名，2005年更是衰退2.5%，为建港以来首见。据估计，如果两岸不能直航，高雄港集装箱运量到2012年有可能滑落到30位。高雄港条件优越、地理优势突出，要保持现有地位和发展成为区域航运中心，就需要争取转口货源。两岸“试点直航”以来，高雄港“境外航运中心”有集装箱转运量由1997年的12.8万个迅速增长到2004年的67.5万个，可见大陆转口货源对高雄港的重要性。有专家提出，实现直航后，长期两岸可以共同构建以高雄港为中心，以厦门、福州和台中、基隆为两翼的台湾海峡亚太国际航运中心。从空中航运看，去年大陆已成为台湾航空货运出口的第二大市场。两岸若实现直航，有助于台湾发展成为亚太地区的空中转运中心。

（四）有利于台商在两岸进行更合理的产业布局

由于两岸无法直航，岛内许多台商从投资代替贸易的角度出发，着眼于大陆市场而前往大陆投资，反而加快了台湾产业外移步伐。两岸直航后，许多大企业将扩大岛内投资，而以产品出口方式进入大陆市场。2004 年台湾经济部门所做的制造业投资调查报告显示，66%的台商表示两岸直航将不会减少其在岛内的投资，其中有29.3%的中型企业和 25.6%的大型企业表示将增加岛内投资。2005 年底台湾《远见》杂志的调查也显示，直航后将有 50%以上的外商选择台北作为营运中心。台当局宣称的直航将加快台湾资金、技术与人才外流，缺乏事实依据。

（五）有利于推动两岸经贸交流与合作的深化

当前，两岸经贸交流与合作正在步入一个深化发展的新时期。随着台湾经济加快向服务业经济转变，大陆加入 WTO 过渡期届满后对服务业市场的扩大开放，以及大陆“十一五规划纲要”将发展现代服务业放在突出位置，将大大促进两岸在服务业领域的交流与合作，推动两岸经贸交流与合作的重心由制造业领域向现代服务业领域延伸和转移。同时，按照大陆“十一五规划纲要”提出的加强自主创新以及台湾产业升级的需求，两岸在制造业领域也将以共同提高技术水平与竞争力为重点，进一步提高两岸产业交流与合作的水平。两岸实现直航，将促使两岸生产要素流动的正常化和便利化，推动两岸服务业领域的交流与合作，促进两岸产业分工关系的深化发展，加快两岸建立经济交流与合作机制进程，实现两岸经济的共同发展与繁荣。

（六）有利于两岸关系的和平与稳定发展

两岸直航问题已成为两岸关系发展的一项重要指标。两岸实现直航，有利于创造两岸良性互动的气氛，加快两岸民众的交流，增进两岸民众的相互了解与共同利益，为两岸关系的和平与稳定创造有利契机。

二、两岸直航已具备良好的条件与基础

（一）直航符合两岸特别是台湾的主流民意

随着两岸经贸关系的快速发展和两岸民众往来的迅速增加，两岸直航问题已与越来越多的岛内民众的切身利益密切相联。2000年以来岛内各机构、媒体、党派等所做的数十次民意调查显示，赞同两岸直航民众普遍在70%以上，其中最高达90%以上，最低也在50%左右。不仅多数工商界、在野政党及主流媒体要求尽快实现两岸直航，民进党内要求务实推动直航的声音也在增强。在岛内，广大民众和工商界要求台当局开放两岸直航的压力持续增加，国民党和亲民党等在野党也积极运用各种力量加以推动，成为加快两岸直航进程的重要动力。

（二）大陆的不懈努力与务实主张，为两岸直航奠定了有力基础

长期以来，大陆为加快两岸直航进程做出了不懈努力。在技术和业务问题上，大陆早已宣布对外开放港口均对台湾船舶开放，批准多家台湾航运公司和航空公司在大陆设立营业性机构或代表处，航标灯、海岸电台以及海上搜救等全方位对台开放。为了务实推动两岸直航进程，近年来大陆还以“以民为本、为民谋利”为出发点，提出搁置政治争议、不以政治分歧影响和干扰两岸“三通”的务实主张，并就两岸直航的沟通与协商方式、航线定位、船舶与航空器的旗证等问题提出相应的务实建议。大陆的努力与务实主张，为两岸加快直航进程奠定了有利基础。

（三）两岸在实践中为处理直航的技术性、业务性问题积累了丰富经验

近十年来，两岸在通航问题上不断取得突破。1997年，厦门

与高雄港开通“试点直航”，虽然运送的货物只限于转口货物，行驶船舶仅限于两岸权宜轮，但两岸船舶跨出直接往来的第一步。2001年，大陆的厦门、福州与台湾的金马地区实现了海上直接通航，2005年出入境人数已突破50万人次。2005年春节，两岸实现双向对飞、不经停第三地的台商春节包机，大陆民航飞机首飞台湾。2005年9月，大陆批准台湾客货运输定期航班飞越大陆空域。上述突破虽然还算不上真正意义上的直航，但在涉及两岸直航的各种技术性、业务性问题处理上积累了丰富经验，在一些敏感性问题上找到了妥善解决的办法，证明两岸直航已不存在技术性、业务性问题的障碍。

（四）两岸已初步建立起推动两岸直航的多元化民间沟通渠道

目前，两岸在通航问题上已建立起多元化的民间沟通与协商渠道：第一，两岸航运界多次举行综合性和专业性研讨会，就两岸航运的技术性、业务性问题进行深入研讨，形成许多共识。第二，两岸海运及空运的民间行业组织，已建立起密切的联系与沟通渠道。第三，中共与国民党与亲民党已建立起制度化的对话与协商机制，并就两岸直航问题达成重要共识。第四，两岸就“试点直航”、“台商春节包机”等问题形成的沟通与协商方式，尤其2005年台商春节包机形成的“民间沟通、达成共识、各自安排”的“澳门模式”，更是当前两岸关系形势下推动两岸直航的务实可行之道。

可以说，当前推动两岸直航已是万事俱备、只欠东风。而这个东风，就是台当局能否从台湾经济利益和民众福祉出发，减少和消除对两岸直航的政治阻碍，务实开放两岸直航。

三、关于加快推动两岸直航的几点建议

在当前两岸关系形势下，为降低两岸直航的政治干扰因素，

两岸直航可以采取先易后难、循序渐进方式推进。

（一）通过实施客货运包机的常态化作为两岸直航前的过渡性办法

尽快实现两岸客货运包机的常态化，是当前推动两岸直航进程的务实步骤。客货运包机的常态化可大大增加两岸人员与货物往来的便利性，有效降低间接航运增加的成本；而且，客货运包机不涉及航线定位和航权谈判等政治敏感问题，业务相对单纯，并有春节包机的成功经验。尤其是2005年两岸台商春节包机形成的“澳门模式”，由两岸航运协会和双方业务部门的官员参与沟通协商，形成共识和做出安排后双方共同实施。这一模式，既解决了当前政治僵局下两岸就业务性、技术性问题的沟通与协商问题，又充分照顾了航运涉及的公权力，是两岸均可接受的务实可行模式。因此，两岸应以“澳门模式”，尽快就客货运包机的常态化问题一并协商，做出安排，同步实施。

客货运包机的常态化，应采取双向直接对飞方式、由两岸民航飞机共同承担；包机航点由东部沿海城市扩大到中西部、东北地区的台商投资和台胞往来相对集中城市；载客对象由台胞扩大到两岸民众，尤其是未来大陆赴台观光民众，可考虑增开旅游包机，并就相应的旅行签证等问题做出安排；增加包机班次，实现周末化、节日化、常态化，以最大程度地满足两岸民众与货物往来的实际需求。

（二）两岸试行局部直航

考虑到当前两岸关系现状和降低直航的政治干扰因素，在两岸全面实现直航前，可先试行局部直航。此举一是可降低航线定位问题的政治敏感性，如航线定位可以采用中性的城市间航线名称，如沪（上海）北（台北）航线、厦（门）高（雄）航线等等；

二是可以为全面直航热身和积累经验。

——两岸“试点直航”运载货物由转运货物扩大到两岸货物，运行船舶由权宜轮改为使用两岸资本并在两岸注册的船舶，船舶悬旗由方便旗改为公司旗。

——将东南沿海与金马地区的海上直航扩大到澎湖地区，人货可以中转。台湾 2000 年通过的“离岛建设条例”第 18 条，已允许在两岸全面直航前试办金、马、澎湖地区与大陆直航和人员中转。

——将金、马、澎地区设为两岸海运中转的“第三地”。建议台湾方面依据《自由贸易港区设置管理条例》第 3 条第 1 款，在澎湖、金门、马祖地区设置自由贸易港区，作为全面直航前两岸海上运输的“第三地”，以取代现有两岸海运须绕经石垣岛等地的做法。

——推动台湾自由贸易港区及大陆相关港区间的海空直航。目前台湾已在高雄、台中、基隆等港口设立自由贸易港区，可进一步扩大至桃园、台中、高雄机场及科学园区，并开放港区与大陆的人货直接往来；大陆可在台商相对集中城市设立相应功能区域，如扩大保税区范围及加强与港口、机场联动方式，与台湾自由贸易港区相对接。

——进一步推动北京、上海、广州等城市与台北、台中、高雄进行点对点或多点对多点的局部海空直航。

（三）建立两岸直航相应的管理与配套机制

两岸尽快就直航涉及的航运管理、航政监管、航道建设、航运安全、运价制度、两岸航商的权益保障与资源分配、客货通关以及检验检疫等问题展开民间沟通与协商，建立相应的机制，保障两岸直航的规范有序进行。

（四）全面实现两岸直接双向通航

作者简介：

中国社会科学院台湾研究所所长助理、研究员；并任全国台湾研究会理事、中国国际经济关系学会常务理事、中国世界贸易组织研究会常务理事、海峡两岸关系研究中心兼职研究员等。主要从事台湾经济及两岸经济关系问题研究，先后发表《透视台湾经济转型》等学术著作及学术论文、报刊文章百余篇。

两岸直航的政治经济分析

林祖嘉　朱云鹏

摘要：

20多年来两岸经贸快速发展的情况，出乎大多数人的意料之外。在两岸商品与人员不能直接通航之下，过去25年来的每年进出口平均成长率分别高达24.6%与35.1%，如果两岸可以直航，两岸贸易可以达到多高的成长率？或者，在不能直航的情况下，每年两岸商品与人员往来所必须支付不效率的代价，又是如何的惊人？本文先针对直航带来的直接利益进行说明，其中包括商品运输成本与人员往来所简省的时间成本。然后再进一步说明直航在两岸产业整合中所扮演的关键角色，阐述两岸直航与台湾产业结构调整的关系之外，并讨论直航与国家安全的关系，最后提出建言。

一、前言

自1979年至今的20多年来，两岸经贸快速发展的情况，出乎大多数人的意料之外。以2005年为例，两岸贸易总额高达922.2亿美元，其中台湾享有的顺差高达487.0亿美元，是台湾最大的顺差来源。同时，台湾对大陆与香港的出口占台湾总出口的37.8%，是台湾最大的出口地区，远超过第二大出口地区的美国15.2%。更令人难以置信的是，过去25年来的每年进出口平均成长率分别高达24.6%与35.1%，而且是在两岸商品与人员不能直接通航之下所达成的。试想，如果两岸可以直航，两岸贸易可以达到多高的成长率？或者，反过来看，在不能直航的情况下，每年两岸商品与人员往来所必须支付不效率的代价，又是如何的惊人？

事实上，从世界贸易组织（WTO）、欧盟（EU）、北美自由贸易区（NAFTA）、亚太经济合作会议（APEC），到即将成立的东协－中国自由贸易区（简称十加一），到已经成立的中港与中澳的更紧密经济伙伴安排（CEPA），以及超过300个以上的国与国之间签署的自由贸易协议（FTA），我们可以看到国际经贸关系全球化与自由化的脚步，正在非常快速的进行着。台湾身为国际社会的一分子，当然也应积极的参与全球化的过程，尤其对外贸易一向就是带动台湾经济成长的引擎，而且台湾的对外贸易依存度在全世界也是名列前茅，因此台湾更应该积极的参与各种国际贸易组织，并参与国际间的经济整合与生产分工。

大陆不但是世界的制造工厂，而且拥有一个庞大的内陆市场，一方面其快速成长的出口竞争力，对亚洲国家的出口产品带来很大的压力；另一方面，大陆内陆市场庞大的内需市场，也吸引大量的外资与进口。包含日、韩与东南亚在内的周边国家，莫不积极的与大陆进行更高度的经济整合，从进出口贸易的成长，到更进一步的成立自由贸易区（10＋1与10＋3）等等。①

两岸之间，由于相同的语言、相似的习俗与互补的产业发展，使两岸三地的经济整合更是早于大陆与其他地区的经济关系。即使在两岸敏感的政治氛围之下，两岸三地所形成的大中华经济圈已然形成，这个事实的存在是任何政治立场的人物都难以忽视的。

---

① 关于东亚经济整合对台湾经济可能造成的冲击，请参考林祖嘉（2005a，b）的分析。同时，在去年时二月召开的第一届东亚高峰会议中，澳洲、纽西兰与印度都表达有高度意愿加入东亚自由贸易区，因此未来看到的很可能是10＋6。

然而，随着大陆对外开放程度日增，全球各国对大陆市场日渐重视，台湾对大陆市场的相对重要性却出现逐渐下降的趋势。韩国势力在大陆市场的崛起，只是一个开始而已；未来，日本、美国与其他欧美主要国家相继进入大陆市场，只是时间的早晚而已。相反的，台湾企业仍受限于当局的诸多管制，在与大陆的贸易与投资上缚手缚脚，台湾企业在大陆的竞争力，也因此而受到很大的折扣。

两岸不能直航可说是对台湾产品与企业竞争力的最大限制之一，不直航一方面使得台湾产品与人员往来两岸之间的移动成本大幅增加，而且更重要的是，不直航使得台商企业在两岸之间进行产业整合的机会大幅降低。尤其是，不直航使得台湾成为区域中心的可能性完全丧失，不但使得台湾在吸引外人投资的能力锐减，也使台湾要大力发展服务业相关产业的美梦形成泡影。

本文先针对直航带来的直接利益进行说明，其中包括商品运输成本与人员往来所简省的时间成本。然后，我们再进一步说明，直航在两岸产业整合中所扮演的关键角色，其中要进一步阐述两岸直航与台湾产业结构调整的关系。再其次，我们要澄清直航与台湾的安全的关系，我们要强调的是，直航只是一种手段，它提高了商品与人员往来的效率，与提供台湾经济发展更多的机会。直航与两岸商品管制与人员往来管制是完全两回事，不应该混为一谈。同时，直航也不会危害到台湾的安全，因为只要在技术上克服一些障碍即可。最后，我们认为开放直航是拼经济最重要的一环，不开放直航，一方面表示对台湾的经济缺乏信心，更重要的是，不开放直航摆明就是政治考虑大于经济考虑，这绝对不符合全体台湾人民的最大利益。

二、直航的成本与效益

（一）直航所节省的海运成本

货物经由海洋运输所发生的运输成本，决定于运输的时间、运输的数量及运输的形态（散装或货柜）等诸多因素。因此，要估算两岸直航可能节省的海运成本，则必须先要假设两岸间开放的港口数量、两岸货运的数量及载运船只的种类等等。

台湾关于研究开放海运直航所可能带来的成本减少相关文献已有许多，例如，林美霞（1994）、钟琴（1998）、杨仲池（1999）、冯正民（2002）与王思粤（2002）等等。国政基金会科技经济组曾在 2003 年 11 月 13 日对三通对于航运成本的影响，举办一系列的座谈。会后，依据与会学者对于海空运成本的推估方法所提出的建议，对于海运成本进行仔细的估算，估算的结果请参见林祖嘉等（2003）一文。

依据林祖嘉等（2003）内容显示，根据航政司所提供之数据，不直航而湾靠时，航行时间与距离会增加，时间约增加 3 至 21 个小时，距离则增加 165 海里至 274 海里之间。湾靠主要会增加两项成本，第一项是港口成本，虽然湾靠不需要装卸成本，但为了要取得证明，需花费 35 万日币至 72 万日币之间；另一项是代理成本，约在 8 万日币左右。此外，湾靠时间增加后，营运成本（亦即固定与变动成本）亦会增加，因此两岸若不直航而因湾靠增加 20 个小时航行时间，加上港口成本及代理成本，一艘船要增加新台币 53 万左右的成本。

依据航政司根据 2002 年的资料估算，在不定期船班部分，目前两岸之间以煤炭及砂石为大宗，台湾一年自大陆进口 1496 万公吨的煤炭，若直航，一年将可节省新台币1.5 亿元左右；砂石则可以节省 7000 多万台币，这两项大宗货品加起来以后，不定期船在直航后一年约可节省新台币2亿2千元左右。

在定期船（货柜船）部分，根据与会专家讨论，航政司、海研会及基隆港务局均估算一年定期船约在100万至105万TEU之间。若是自由船，湾靠将减少一天时间，如果是租的，则将节省一天租金。此外，减少一天油料也会减少，若再加上节省的港口费用，依据航政司的估算，直航后一个TEU可以节省17元美金，若以1美元兑换新台币34.5元计算，再乘以105万TEU后，直航后定期一年约可以节省新台币6.2亿元。将上述不定船及定期船直航后所节省的成本相加，林祖嘉等（2003）估算直航后海运成本约可以节省新台币8.4亿元。

（二）直航所节省的空运成本

开放空运直航能节省的成本，与空运时间、运输人数与开放的直航城市数目有关。目前台湾关于空运直航所能节省的运费与时间成本的相关研究已有不少，例如黄雅芬（1993）、曹寿民（1994）与高长（2000）等等。此外，林祖嘉等（2003）也针对空运直航所能简省的成本，进行详细的估算。

依林祖嘉等（2003）的估计，直航后，空运将可以节省转机时间及飞行时间。在客运方面，依民航局的参考数据，将飞航区域分为华北、华中与华南三大地区。两岸直航后，每人每航次赴华北、华中与华南地区，将可以依序节省170分钟、205分钟与185分钟，其中转机时间均可节省60分钟，飞行时间方面，华北、华中与华南地区依序可节省110分钟、145分钟与125分钟。

其次，参考吴继虹（1990）以问卷调查估算候机时间之单位时间价值为314元/小时，飞行时间之单位时间价值为587元/小时，换算直航后每人每航次节省时间成本，依序为赴华北1390元、赴华中1733元及华南地区1537元。

再者，依据民航局提供2001年台港及台澳航线航空客运量分别为673.5万及246.5万人次数据，参考“交通部”运研所1998年办理“赴港澳地区国际空运旅客特性调查分析”计划中，赴港澳地区旅客转机至大陆各主要地区之旅次分配比例，估算华北、华中与华南地区客运人数依序为30万、100万及140万人次后，再以此数据与直航后每人每航次节省时间成本相乘，得出两岸直航后，华北、华中及华南地区依序可节省4.2亿元、17.3亿元及21.5亿元的时间成本，总计两岸直航后空运客运部分，时间成本将可节省43.0亿元。

在票价成本方面，依民航局提供之数据，以2001年台港、台澳航线航空客运量及票价，估算两岸直航后，华北、华中及华南地区将依序节省票价成本19.2亿元、103.0亿元及127.8亿元，合计两岸直航后，票价成本将可节省250.7亿元。总计时间成本及票价成本后，两岸直航后空运客运节省成本共计293.8亿元，其中华北、华中及华南地区分别节省24.0亿、120.4亿及149.4亿元，见表一。

在货运方面，依民航局估算方式，亦将货运区域划分成华北、华中及华南地区。民航局依据陈英杰（2002）对于直航后运价之评估，以1998年两岸往来之航空货运量约占台湾地区空运总货量之5.73%，估算2001年两岸往来航空货运量约为64015公吨，再依据陈英杰（2002）估算至华北、华中及华南地区之空运货量比例后，计算出直航后华北、华中及华南地区直航后空运吨数依序为2.3、2.8及2.6万公吨，与其估算之每公吨所节省之运价相乘后，两岸直航后空运货运节省成本共计8.1亿元，其中华北、华中及华南地区分别节省2.7亿、2.8亿及2.6亿元。

表一　直航所节省的海空运成本估算

项目/区域	华北	华中	华南	合计
(1)直航后每人每航次节省飞行时间(分钟)	170(转机节省60分钟+飞行节省110分钟)	205(转机节省60分钟+分行节省145分钟)	185(转机节省60分钟+飞行节省125分钟)	560
(2)直航后每人每航次节省时间成本(元)	1390	1733	1537	4660
(3)估算空运客运人数(万人次)	30	100	140	270
A.直航后节省时间成本(亿元)((2)×(3))	4.2	17.3	21.5	43.1
B.直航后节省票价成本(亿元)	19.8	103.1	127.9	250.7
直航后空运客运节省成本(亿元)(A+B)	24.0	120.4	149.4	293.8
(3)预估直航后每公吨节省的运费成本(元)	11900	11150	16255	39305
(4)估算空运货运吨数(公吨)	22917	24838	16260	64015
C.省空运货运成本(亿元)((3)×(4))	2.7	2.8	2.6	8.1
直航后空运节省成本(亿元)(A+B+C)	26.7	123.2	152.0	301.9
D.直航后海运节省成本(亿元)	-	-	-	8.4
直航后节省的海空运成本总和(亿元)(A+B+C+D)	-	-	-	310.3

资料来源:谭谨瑜(2002),“开放三通后航运成本之效益评估”,“国政基金会国政研究报告”。

将空运客运及货运所节省的成本相加，直航后预估将可节省301.9亿元的空运成本，其中华北地区将可节省26.7亿元，华中地区将可节省123.2亿元，而华南地区将可节省152亿元。

最后，我们得到直航后，每年所节省的海空运成本可达到310.3亿元，其中以人员往来所节省的时间与运量成本最多，达293.7亿元，货物空运可节省的成本为8.1亿元，货物海运所节省的成本则为8.4亿元。[①]

（三）直航对于台湾总体经济的影响

依林祖嘉等（2003）的估计，直航可以使台湾人员与货物往来两岸之间的运输成本与时间成本减少，每年大约为310.3亿元新台币。在两岸运输成本大幅减少的情况下，两岸的贸易与投资都会增加，从而进一步带动GDP的成长。

依陈丽瑛等（2002）与高长等（2002）的估计，在直航后，可以使台湾每年出口成长率增加0.27%到0.71%之间，进口成长率则会介于0.52%与0.82%之间，见表二。随着进出口的成长，企业产值与GDP也随之扩大，依陈丽瑛等（2002）、高长等（2002）、翁永和等（2001）的估算，两岸直航可以使企业总产值每年增加0.02%到0.16%；使每年GDP成长率提高0.01%到0.41%之间。

① 我们必须强调的是，此处的估计十分详尽，所以估计结果应与实际相去不远。不过，即使如此，我们相信这些估计的数字仍然是低估的，主要理由有二：第一，估计中所采用的资料是2002年的资料，包括人员与货物的往来，因此如果采用最新的往来资料，这些节省的成本会更多。第二，在两岸直航以后，由于人员往来更快速更便宜，因此人员往来的数字必然会大增；商品往来的情况也是一样，所以实际上可以节省的运输成本必然更为可观。

表二　开放直航对台湾总体经济影响之估计

	陈丽瑛等(2002)	高长等(2002)	翁永和等(2001)
进口成长率	0.52%	0.82%	-
出口成长率	0.27%	0.71%	-
实质 GDP 成长率	0.15%	0.01%	0.41%
总产值成长率	0.16%	0.02%	0.03%

资料来源:本研究整理。

附注:三篇研究报告的基本假设情境分别为:陈丽瑛等(2002)假设两岸直航可以使运费减少 14.6%,并采用 GTAP1997 年数据。高长等(2002)假设维持现有管制下,估计两岸开放直航的效果,采用 GTAP1997 年的数据。翁永和等(2001)假设在 WTO 架构下,估计两岸开放直航的效果,采用 GTAP1995 年资料。

三、直航与产业结构调整

在前面所提到的各种文献当中，不论其采用的方法是全球贸易分析模型（Global Trade Analysis Program，GTAP）或是投入产出模型（input - output model)，基本上都是属于一种静态模型，因为他们采用现有的全球贸易架构，或是现有台湾的投入产出表，来估计直航可能对总体经济产生的影响。此种估计方法会产生两个严重的误差：第一种误差是他们所采用的数据是过去的数据[①]，在两岸贸易平均每年成长率超过 20%以上的情况下，分析数据若有两三年的时差，直航的效果自然会被严重低估。[②]

① 以 GTAP 为例，由于其需要的贸易资料非常详尽，所以资料的时差落后很严重。预计在今年（2005）底以前 GTAP 最新资料出来时，其资料可能只提供到 2002 年。而现有文献中所采用的 GTAP 模型时，其资料全部是 1997 年的全球贸易资料。

② 简单来看，2005 年两岸贸易总额是922.2 亿美元，是 1997 年352.4 亿美元的 2.6 倍。因此，表二中的估计效果至少都要加倍才对。

另外一个严重的问题是，GTAP与投入产出模型都无法考虑直航可能导致两岸经济结构产生巨大转变的事实，也因此会使估计结果产生严重的误差。从经济直觉来看，两岸直航除了对进出口贸易与GDP产生影响以外，我们觉得还有几项可能导致台湾产业结构产生巨幅变化的因素，值得吾人更进一步的追究。

第一，两岸直航会带来台商与外商在两岸投资的变化。依陈丽瑛等（2002）调查结果显示，直航会使台商在大陆的投资增加，因为两岸往来方便，因此投资意愿会增加。那么直航对于台商在台湾的投资意愿有何影响呢？依“经济部”2002年“制造业国内投资调查报告”的调查结果显示，在3214家的有效样本中，有17.5%的业者认为三通后会增加在台湾的投资，18.5%会减少，64.0%则保持不变。其中大企业会增加岛内投资的比例较高，中小企业减少投资的比例较多。因为前者有较大能力在两岸之间进行投资，后者则较无法在两岸之间投资。[①] 由于前者的投资规模较大，所以对台湾投资的净额会增加。高长（2001）的分析结果发现，大厂在大陆投资以后，更重视在台湾母公司的研发，有助于企业的升级，促进台湾产业结构的调整。[②]

在台湾的外商团体，如美国在台商会、欧洲在台商会，都在他们的年度报告中提倡自由化和国际化的落实，其中就直航对企业竞争力的重要性部分，尤其着墨得多。例如，美侨商会在2005年的报告的“总体建议”（overall recommendations）中，明确表示希望“加速与中国大陆的经济整合”；并表示：“两岸未能直航不但增加企业的时间与金钱成本，更迫使许多跨国企业将负责大中

① 王永庆先生就曾公开表示，如果两岸直航，他会立即增加台湾的投资，因为运输成本较低，他可以直接把产品由台湾卖到大陆，而不必在大陆投资设厂生产。

② 林祖嘉（2001）与陈丽瑛与郭乃峰（2002）亦提出相似的看法。至于高科技厂商在台湾发展经验，可参见朱云鹏（2006）的分析。

华区业务的高阶及中阶经理人调离台湾，这个问题俨然成为企业营运的绊脚石。更令人忧心的是，这种旅行及投资障碍，已成为台湾自外于亚洲市场的象征。台湾应善加利用与大陆的咫尺之距，转化为自身经济优势。”欧侨商会亦在同年的报告中明确表示，建议台湾当局“加速两岸贸易正常化”，包含贸易进出、人员往来与直航。[①]

第二，两岸直航之后，由于运输成本与时间大幅降低，于是两岸之间可以形成更紧密的供应链（supply chain）与产业分工（production integration）。由于两岸工厂之间的比较利益不同，使得目前台湾母公司以生产零组件为主，大陆工厂则生产最终产品，也使得两岸之间的贸易超过九成以上是工业产品，这也是两岸分工的最佳指标。然而，我们同时看到一个很严重的现象是，目前“台湾接单，大陆生产”的比例愈来愈高。

在表三中，我们看到制造业在台湾接单海外生产的比例由1997年的17.46%快速上升到2005年的38.89%，其中大部分都转单到中国大陆生产。在2005年时，以信息通讯业的73.07%最高，其次为电机产品的47.70%，电子产品的36.46%第三。电子信息产业转单比例最高的主因之一，是由于零组件体积小价值高，单位运输成本较低，厂商可以利用转单生产达到上下游整合生产的目的。另外一个造成信息通信业从2001年起转生产比例大幅上升的理由，与台湾笔记型计算器工厂从2001年陆续移到大陆生产有密切的关系。

① 见美侨商会（2005）与欧侨商会（2005）。

表三　制造业主要产品台湾接单海外生产比率

单位:%

	合计	化学品	塑料橡胶	皮革毛皮	纺织品	基本金属	电子产品	机械	电机产品	信息通信	精密仪器
1997	17.46	1.99	16.23	52.34	13.05	9.77	16.98	4.97	18.70	26.25	28.72
1998	19.30	0.77	15.63	44.28	9.87	9.07	18.70	8.66	18.00	31.36	25.27
1999	16.66	1.95	12.23	31.24	10.58	6.23	11.93	7.78	18.91	26.71	23.97
2000	15.40	1.57	13.42	26.22	11.90	5.39	8.87	7.29	19.96	27.02	29.49
2001	19.55	2.00	16.82	32.36	15.64	7.63	14.16	21.69	26.66	31.46	35.26
2002	19.28	1.91	9.65	26.16	13.97	8.85	15.09	15.23	31.41	34.29	32.40
2003	24.03	2.96	9.83	21.13	17.06	8.17	20.11	10.01	34.93	45.41	46.21
2004	32.12	20.21	12.84	27.94	18.97	11.76	29.55	25.39	39.81	60.71	39.40
2005(a)	38.89	26.12	16.67	28.90	20.53	14.65	36.64	30.31	47.70	73.07	46.62

附注:(a).2005年为1月到9月的统计资料。

既然造成转单生产的最大原因，就是因为两岸目前在不能直航的情况下，台湾母公司的生产被迫迁移到大陆以缩短零组件供应的时间，因此在直航以后，由于原物料供应时间可以大幅缩短，中大型企业就会有意愿在两岸之间进行分工生产，对于根留台湾会有更好的效果。[①]

第三，直航可以扩大台湾服务业发展的机会。在国民党执政的时代，曾经很努力的想要规划台湾成为亚太营运中心，然而受限于两岸敏感的政治因素而无法成功。在民进党执政时代，把目

① 依史惠慈等（2005）对美侨商会与欧侨商会的问卷调查结果显示，在台湾的外商反映，由于两岸未能进行直航所增加的成本，已成为企业营运的一大障碍，而迫使许多跨国企业将大中华地区的业务重心移出台湾。

标缩小到希望台湾成为台商企业的运筹中心。然而，不论是亚太营运中心或是台商运筹中心，最重要的市场还是大陆。因此，两岸直航是发展运输、仓储、物流与金融等服务业的必要条件，开放直航并不一定能成功的使台湾服务业在国际上扮演重要的角色；但在不直航的情况下，台湾想要成为营运中心或运筹中心则根本就是缘木求鱼，遥不可及。①

第四，最后，在全球区域整合快速发展的情况下，台湾也应积极的融入其中。在亚太地区的经济整合现况里，大陆与东协的自由贸易区（10+1）已预定在2010年正式生效，包括日本与韩国在内的十加三预计在其后数年之内也会成立。为因应亚太地区的经济整合，台湾一方面要努力设法加入其中，十加四是一个努力目标；另外一个努力目标则是与大陆签署两岸共同市场。② 直航则是成立两岸共同市场的必要条件，因为直航可以使商品快速的往来；然后，在自由贸易条件下，才可以使商品免关税的自由往来。所以，如果没有直航的条件，则两岸共同市场也不可能有更进一步的发展。

四、两岸直航的政治经济分析

由于两岸之间的敏感政治关系，再加上台湾本岛内对于统“独”的争议不断，因此有许多反对开放直航的人士，就会对于直航所产生的影响提出一些似是而非的说法，我们认为有必要在这里加以澄清：

第一，有些人认为开放直航会吸引更多台商赴大陆投资，进而掏空台湾：事实是，台商是否要在大陆或台湾投资，决定于其

① 依2005.8.29日的联合报登载，2005年上半年，台湾国际空运与海运业务量绝对值都出现下降的现象，这是几十年来头一遭。我们相信，两岸不能直航使得许多国际航运绕过台湾，是造成台湾国际运输业务量下降的最主要原因。

② 关于两岸共同市场的机制与合作模式，可参见朱云鹏（2005）与林祖嘉（2006）的讨论。

在两岸生产分工的安排。留在台湾的部分必然会是往更高级的生产方向发展，可以促进台湾产业的升级。至于资金的流动更不是问题，因为赴大陆投资所造成的资金流出（资本账）远小于投资所带动的贸易顺差（贸易账）。

第二，有些人认为两岸直航以后，大陆产品会大举销往台湾，对台湾厂商造成重大冲击：事实是，直航与开放进口是两回事，直航并不需要与开放大陆产品进口有任何关联。不过，台湾是否要开放大陆产品进口应该是依 WTO 的规定，而与是否直航没有关系。

第三，有人认为开放直航会使大陆人士蜂拥至台湾，造成台湾工资大跌及其他社会问题：事实是，直航与开放大陆人士来台，也是完全独立的两回事。因为开放直航只是让飞机与轮船可以在两岸之间直接航行，至于是哪些人可以登机与登船，仍然要经过“境管局”的审查，大陆人士怎么可能会大量来台?

第四，有人认为开放直航会造成对台湾的安全的威胁：有部分人士认为直航有利于大陆航机穿越台湾上空，进行侦察与渗透，同时，直航会增加两岸飞机辨识上的困难。关于两岸飞行器的监控，其实一个具体可行的方式，是建立两岸飞机的“空中安全走廊”观念，即两岸直航的飞机必须限制在一定航道之内飞行，如此就可以大大降低因为直航产生的安全上的顾虑。

第五，还有一部分人士认为直航会增加两岸人员往来的交流，从而模糊“敌我意识”，影响岛内内部的安定：[①] 其实，单纯从技术面来看，直航对台湾的影响应该只是纯粹经济面的效果。至于直航以后，两岸人员往来频繁对于台湾社会可能产生的影响如何，

① 这是非常标准的官方说法，最具代表性的说法可参见“行政院”各有关机关（2003）的报告。

在目前台湾多元化的社会中，其影响效果很难说。不幸的是，有许多人基于“台独”的意识形态立场，对于两岸之间任何形式的接触都加以排斥，才会出现直航会造成模糊敌我意识不清的说法。这种观念如果不是缺乏对自己的信心，就是企图以愚民政策来面对两岸直航的问题。

第六，最后，民进党当局执政以来，一直把“拼经济”当成重要的经济口号。但是除了在2001年暑假举行一场轰轰烈烈的经发会以后，就再也看不到有何重大作为。而经发会中两岸关系的重要结论：“积极开放，有效管理”，但是让人看到的结果却是“消极开放，严格管理”。[①] 在这些限制之下，导致台湾企业竞争力也难以提升。我们认为政府真的要拼经济，就应该把意识形态放在一边，除了加速两岸之间的开放以外，最重要的指标之一，就是两岸直航。因为直航开放只是单纯的提高人员与货物往来的效率，其间没有任何政治上的关联。而如果政府连直航都不愿意开放，则对于其他任何拼经济的做法，可能都难获得人民的相信。

五、结论

两岸直航带来的直接经济效益很大，单单是以直航所能节省的成本计算，每年可达到新台币310.3亿元，其中以人员往来所节省的时间成本最为可观。而且在两岸经贸关系持续快速成长的情况下，愈晚开放直航，我们所必须承担的运输成本就愈大。同时，直航可带来两岸贸易、投资与GDP的增加更是可观；其中直航不但可以吸引国内外企业在台湾的投资，也有更多的机会扩大台湾服务业的发展，使台湾成为台商与外商的亚太运筹中心。

---

① 例如，两岸资金往来的管制、金融产业无法登陆、高科技产业赴大陆投资、与大陆人士来台观光的诸多限制，都是严格限制的最佳指标。今年初又再改成“积极管理，有效开放”，充分显示出民进党当局对于两岸经贸关系的保守心态。

更重要的是，直航可以扩大两岸产业间的分工，使台湾成为两岸制造业供应链中重要的一环，让附加价值较大的部分留在台湾生产，根留台湾的结果，不致造成台湾产业的空洞化。

至于直航可能造成的人员往来的增加与可能引发的安全疑虑，这都是属于技术面的层次，只要配套措施得宜，这些安全问题都不难解决。其中，飞机航线可以采用空中安全走廊的观念加以管控。至于两岸人员往来交流扩大，可以增加彼此的认识，从而减少两岸冲突的可能性。

最后，我们要再强调的是，民进党当局执政以来，台湾经济表现江河日下，官方“拼经济”的说法只是口号，看不到任何具体作为，也使人们对于当局经济政策几乎完全失去信心。现在，开放两岸直航，应该是可以实现当局“拼经济”的重要政策指标之一，民进党应该立即起而行才是。此外，在国际间区域经济快速整合之际，大陆与东协国家所形成的自由贸易区正在加速的进行中，日本与韩国也会很快的加入。届时，如果台湾被排挤在外，台湾经济被边缘化的情况很快出现。因此，我们认为短期下，台湾应该先从开放两岸通航开始，加强与大陆的经济关系；长期下，台湾应积极的与大陆进行协商成立两岸共同市场，以突破未来台湾经济可能遇到边缘化的危机。

参考文献：

王思粤（2002），“两岸直航对台湾经济的影响”，“国政基金会国政研究报告”。

史惠慈、陈建勋、刘孟俊（2005），“三通后在台跨国企业之动向与未来布局”，“中华经济研究院”。

“行政院”（2003），“两岸‘直航’之影响评估”，“行政院”

各有关机关，2003.8.15。

朱云鹏（2005），两岸经济合作模式的选择，2005.5.9，台北。

朱云鹏（2006），“The High – Tech Industrialization in Taiwan: The Developmental State and Its Mutinous Mutation”，收录于 Yun – Peng Chu and Hal Hill 主编，The East Asian High – Tech Drive，London: Edward Elgar。

吴继虹（1990），“台湾地区国内航空客运需求分析”，台湾大学土木工程研究所硕士论文。

林美霞（1994），“未来两岸可能直航之港航问题研究”，“交通部”运输研究所。

林祖嘉（2001），“两岸加入 WTO 与开放三通对两经贸之影响”，第一届台商研究学术研讨会论文，2001.12.15，投资中国杂志。

林祖嘉（2005a），“东亚经济整合对台湾经济发展的影响与冲击”，“国政基金会研究报告”。

林祖嘉（2005b），“两岸经贸与大陆经济”，天下文化公司出版，台北。

林祖嘉（2006），“两岸共同市场应从电子电机产业开始”，2006 海峡两岸经贸论坛研讨会论文，2006.4.8，厦门。

林祖嘉、谭瑾瑜、林美萱、陈金隆（2003），“开放两岸直航对我国经济与产业影响之分析”，“国政基金会研究报告”，科经（研）字第 092 – 009 号。

美侨商会（2005），Taiwan White Paper，台北。

翁永和、许光中、徐世勋（2001），“WTO 架构下两岸三地经贸受排除条款及直航之影响”，人文及社会科学集刊，第 13 卷第

2 期。

高长（2000），“两岸三通问题之探讨”，台湾区电机电子工业同业公会委托研究计划。

高长（2001），“制造业赴大陆投资经营当地化及其对台湾经济之影响”，大陆经济发展研讨会论文集，“中华经济研究院”。

高长、史惠慈、杨书菲（2002），“放宽赴大陆投资限制对台湾经济之影响”，2002 年大陆经济发展研讨会，“中华经济研究院”。

黄雅芬（1993），“两岸间航空客运需求系统动态分析与预测”，淡江大学土木工程研究所交通组硕士论文。

曹寿民（1994），“两岸客运间接通航之成本分析”，财团法人郁氏文教基金会委托研究计划。

陈英杰（2002），“两岸航空货运直航航点选择与航线规划问题”，成大交通管理科学系硕士论文。

陈丽瑛、王思粤、郭乃峰、杨浩彦（2002），“两岸三通对台湾产业之影响——总体经济效果之评估”，2002 年大陆经济发展研讨会，“中华经济研究院”。

陈丽瑛、郭乃峰（2002），“WTO 架构下，两岸开放直航对台湾及东亚经济之影响”，第六届东亚经济会议，2002.11.24，日本福冈。

冯正民（2002），“加入 WTO 后两岸通航之冲击与效益”，“国政基金会国政研究报告”。

杨仲池（1999），现阶段两岸间接运输成本调查与分析，“行政院大陆委员会委托研究计划”。

欧洲商会（2005），2005 – 2006 Position Papers，台北。

钟琴（1997），“两岸直航的政经分析”，经济前瞻，52 号。

谭瑾瑜（2002），“开放三通后航运成本之效益评估”，“国政基金会国政研究报告”。

学经历简介：

林祖嘉

学历：

1988 美国洛杉矶加州大学（UCLA）经济学博士

经历：

1992 年政治大学经济系教授

1993－1996 年政治大学经济系教授兼系主任

1996 年美国哈佛大学费正清东亚研究中心访问学者

1999－2002 年“中华民国”住宅学会理事长

现任：

政治大学经济系教授

“中华民国”住宅学会理事

“中华民国”区域科学会理事

台湾经济学会理事

工商时报主笔

国政研究基金会科经组政策委员

朱云鹏

台湾大学经济学学士、硕士，美国马里兰大学经济学博士。

曾任之专职为：

(1)“中央研究院”副研究员、研究员、社科所所长

(2)“行政院”公平交易委员会委员

(3) 景文技术学院校长

(4) 美国史丹佛大学访问学人。现任“中央大学”经济系教授暨台湾经济发展研究中心主任。

曾经或仍在担任之兼职有:

(1)“中国农民银行”董事

(2) 台大经济系兼任教授

(3)“行政院”科技顾问组兼任研究员

(4)“中华民国”亚太新经济学会理事长。

朱教授之研究领域为经济发展、产业经济及国际经济，作品经常发表于中英文学刊及媒体上；最新作品为与澳洲 Hill 教授合编 The East Asian High – Tech Drive 一书，近期将由英国 Edward Elgar 出版。

“三通”直航对企业全球运筹的影响

蔡宏明

摘要： 随着台湾经营环境的变迁，企业全球布局与比较利益考虑，业者积极对海外投资，进而发展出以代工和海外加工为主之全球运筹模式。其中，对大陆投资系台湾海外投资的主要去向。

企业两岸运筹活动，增进两岸产业内贸易与人员往来与企业界开放三通的政策需求。此外，由于台商在大陆投资的地域分布，虽主要集中在沿海各省市，尤其是广东、江苏、福建等地，但也逐渐扩散。此趋势使得原来经由港澳转机之运输方式，愈来愈难符合业者需求。

直航的成本节约对已在大陆投资的台商将有降低营运成本、节省往返时间的效益，有助于减少两岸零组件调度时间，缩短大陆厂零元件库存期间，强化弹性分工并降低成本；也有利于具竞争力与优势的原料产业和关键零组件产业“根留台湾”，例如信息电子业者普遍表示，关键零组件交货到大陆进行组装的运送时间缩短，厂商反而不必急着移往大陆设厂；甚至于两岸直接通航也可能增加台商将大陆生产的半成品大量运回台湾组装，以“台湾制造”名义出口，进而形成“台湾接单、大陆加工、台湾出货”之新商业模式。

因此，期望两岸以2005年“澳门协商模式”，开展两岸对话，务实处理客货运便捷化与直航协议问题，进而为企业营造更有效率的运筹环境，并藉以建立两岸制度化协商机制与良性互动关系。

一、前言

全球运筹管理是企业全球化经营活动中，从原料的购置开始，直到将产品送达顾客手中的一系列活动，将物流、信息流、商流、资金流透过供应链管理，使制造、销售与维护管理均能从全球性的眼光找到最佳组合的生产管理模式，并透过快速响应系统掌握下游消费市场信息、通路信息，以有效掌握商机并提升竞争力。

在全球化竞争下，透过企业全球运筹策略，降低运销成本、快速地将产品或服务送达国际市场上每一顾客手中，是掌握商机并提升竞争力的主要策略。在此趋势下，台湾信息电子、成衣、皮革制品、钟表及育乐用品等海外生产盛行，而海外生产据点则以大陆为主，东南亚次之，另外根据外销订单统计观察，近年来台商海外生产比重明显上升，显示台湾制造业（不论是高科技产业或传统产业）的生产、营销活动，已具备全球运筹管理的特性。特别企业的两岸运筹管理活动尤其活跃，台湾母公司与大陆投资事业间存在着营销与生产出货的分工关系，不但促进两岸间贸易与人员往来，也使得企业界衍生开放“三通”的政策需求。

虽然企业界基于两岸人员往来与企业运筹活动之需求，持续表达要求开放之期待，但是由于涉及两岸协商有关的政治互动与台湾内部对于直航衍生经济、社会、政治、安全等层面影响的考虑，使得“全面通航”无法付诸实现，只能以“境外航运”、“小三通”、“客货运便捷化”等方式，推动“试点”和“局部”的通航。

对此，吾人认为两岸实应从企业运筹活动观点，思考“客货运便捷化”与“全面通航”对台湾厂商与产业的效益，进而务实处理直航与客货运便捷化问题的策略，以为企业营造更有效率的运筹环境。

二、台湾企业全球运筹活动研析

1980 年代中期以后，由于台币升值、土地与劳动成本上扬等经营环境转变，劳力密集产业迅速外移，以及近年来海外投资或赴大陆投资企业朝技术密集与先进技术产业发展，已得使台湾企业具备全球运筹活动的雏形。

根据“经济部”调查显示，制造业之产品订单以自制者最多，2003年占全部订单的75.40%，这些制造业生产所需原料、半成品及零组件等中间材料则有39.80%进口。至于原料、半成品及零组件等中间材料之进货地区分以自日本进口额占原料零组件总额的11.43%居首位，自美国进口额占8.21%次之，自欧洲及大陆进口分别占3.51%及3.30%，自东南亚进口者仅占2.69%。

不过，近年来自大陆进口原料、半成品及零组件等中间材料之情况有日益增加现象。2005年1至5月台湾自大陆进口主要货品项目为电机设备及其零件、机械用具及其零件、钢铁、矿物燃料、光学产品及零件、有机化学品、塑料及其制品、铝及其制品、石料石灰及水泥、车辆及其零件等项目，以上货品合计63.36亿美元，占台湾自大陆进口比重79.9%，前述项目多呈2位数成长增幅。

在台湾产品外销流向上，近年来制造业产品销往美国及欧洲的比重，呈现逐年减少现象，而对大陆的销售比重则持续快速增加，根据“经济部”调查显示，2003年外销大陆比率较2001年增加2.71个百分点。另外，根据“贸易局”统计，2005年1至5月台湾对大陆输出金额估计199.51亿美元，较上年同期成长12.7%，占台湾出口总额26.7%，比重较上年同期增加1.2个百分点。

其中，订单海外生产比率日益提高，是近年来台湾企业全球运筹活动的重要特色，该比例由2001年的20.11%(1998年占10.65%)提高至2003年的24.60%，海外生产中以大陆占全部订单的18.91%为最主要的代工地区。

其中，信息电子工业海外生产比重41.04%，居四大行业之冠，其中以大陆为最主要之生产据点，占信息电子工业之5兆4016亿元订单总额的33.74%。若按各小业别观察，海外生产之比率以被动电子组件制造业之78.18%最高（大陆所占比率为74.58%），光学器材制造业之74.22%次之（大陆所占比率为73.44%），计算机及其接口设备制造业之65.96%再次之（大陆所占比率为57.82%），显示近几年台湾信息电子业者对大陆积极投资，已产生明显的生产替代效果。

除了信息电子工业外，金属机械、化学工业和民生工业中的许多产品，海外生产的比率亦甚高。例如金属机械工业中，事务机器制造业之海外生产比率亦达47.03%（全部委托大陆生产）及其他运输工具之41.71%较高（以委托欧洲、美国及日本生产为主）。化学工业中，橡胶制品制造业之海外生产比率亦达32.45%（大陆所占比率为30.07%）及涂料染料及颜料制造业之26.67%较高（大陆所占比率为25.82%）。

民生工业中，梭织成衣业海外生产比率达62.70%最高（其他国家及东南亚所占比率分别为34.55%及18.77%），其他工业制品制造业之51.43%次之（大陆所占比率为28.50%），育乐用品制造业之34.75%再次之。

表1　制造业2001年产品订单之生产分配

单位：%

	台湾生产(%)		海外生产(%)		大陆生产(%)		东南亚生产(%)	
	2001年	2003年	2001年	2003年	2001年	2003年	2001年	2003年
制造业	79.89	75.40	20.11	24.60	12.84	18.91	4.70	1.92
金属机械工业	96.18	92.90	3.82	7.10	2.42	4.09	0.38	1.11
信息电子工业	69.00	58.96	31.00	41.04	20.94	33.74	6.89	2.73
化学工业	91.13	93.63	8.87	6.37	3.30	3.61	2.43	0.73
民生工业	84.31	85.50	15.69	14.50	9.11	6.52	4.94	1.76

资料来源：《制造业经营实况调查报告》，2002年、2004年。

上述现象显示随着台湾经营环境的变迁，企业全球布局与比较利益考虑，业者积极对海外投资，进而发展出以代工和海外加工为主之全球运筹模式。其中，对大陆投资系台湾海外投资的主要去向，根据“经济部”投审会统计，累计自1991年至2005年6月（含经核准之台商补办案件），台商赴大陆投资共计438.9亿美元，占台湾整体对外投资总额比重达52.2%。其中，核准赴大陆投资的制造业以电子及电器产品制造业所占比重最高，尤其在1995年以后，台商到大陆投资更显著地集中于电子和电器制造业，到2005年6月止约占对大陆总投资的35%。

至于台商在大陆之运筹活动，目前大陆台商在营运总部、研发、营销、财务及采购方面皆仍以台湾为主，而制造生产则以大陆子公司为主。但值得注意的是大陆子公司设立营销、财务及采购部门的比例已经提高，而台商的接单来源仍以台湾母公司为主，但“台湾接单与研发、大陆生产与出货”已渐渐成为台商的发展趋势。

虽然如此，大陆台商在产销活动和采购来源上仍与台湾维持一定之联系关系。例如电子电器制造业产品52.6%回销台湾、32.1%外销其他国家和地区，在大陆当地销售率不及2成，是典型的“两头在外”产业，且其资金主要来自台湾母公司（46.4%）、外销订单主要由台湾母公司接单（77.8%）、并由大陆子公司出货（45.7%）、采购来源主要为台湾地区及其他国家（67%）。基本金属制造业方面，销售地主要为其他国家和地区（约6成）、向台湾采购与在大陆采购比重相近（约4－5成）、主要由大陆子公司出货（约6成）及主要以母公司接单为主（约6成）。

表 2 2003 年四大主要产业大陆投资事业营运概况

单位：%

营运概况	化学品制造业	基本金属制造业	电子电器制造业	塑料制品制造业
(1)雇用之业务管理行政人员比例	22.51	12.29	10.56	5.36
(2)投资动机：大陆内需市场广大	80.65	43.24	40.86	54.76
(3)厂商设立营销部门比例	72.41	69.44	69.23	78.05
(4)2003 年亏损厂商比例	43.33	41.18	48.02	43.9
(5)盈余增加的原因：当地市场需求增加	47.06	35	41.3	56.52
(6)营运资金来源：				
台湾母公司	39.29	25.71	46.43	39.47
大陆金融机构	42.86	31.43	20.83	47.37
(7)产品在各地区销售比例：				
回销台湾	0.54	2.94	52.63	0.22
在大陆当地销售	94.06	31.61	15.29	98.18
外销其他国家	5.4	65.45	32.08	1.61
(8)厂商无回销台湾比例	82.76	47.06	46.86	63.41
(9)外销订单接单来源：				
台湾母公司	55.42	62.32	77.77	78.19
大陆子公司	44.58	33.84	18.54	20.93
(10)外销订单出货比例：大陆子公司	42.48	59.27	45.65	50.75
(11)采购来源比例：				
台湾	3.97	35.03	45.7	49.99
大陆	4.47	33.74	8.21	12.58
其他国家和地区	89.8	14.77	25.35	17.16

资料来源：台湾“经济部”投审会(2004)，大陆投资事业状况调查。

三、台湾企业运筹活动衍生之直航需求

企业对大陆投资与两岸运筹活动，不但牵动台湾母公司与大陆投资事业间存在着营销与生产出货的分工关系，也增进两岸产

业内贸易与人员往来，使得企业界衍生开放“三通”的政策需求。其中，由于每年有数百万人往来两岸，经由港澳所花费的大量转机成本，形成两岸航空客运市场之庞大需求。

在两岸航空货运方面，由于两岸贸易产品高值化倾向明显，两岸航空货运往来日益热络。根据“经济部贸易局”统计资料，台湾对大陆（含香港）空运出口货值由1998年之44亿美元增加至2004年之249亿美元，占台湾对大陆（含香港）出口额比重由1998年之17%增加至2004年之39%；台湾自大陆空运进口货值则由1998年之6亿美元增加至2004年之54亿美元，占台湾自大陆进口额比重亦由1998年之16%增加至1993年之32%。

经空运出、进口大陆货物系以电子零组件、消费性电子产品及其他高单价货物为主，就两岸航空货运出进口货物结构而言，经空运出口大陆（含香港）主要货品项目系以电子零组件为主，其中集成电路及微组件（HS8542）与液晶装置（HS9013）二项产品占台湾经空运出口大陆（含香港）总额比重即超过5成，分别为36%及22%；此外，尚包括无线电手机、数字相机（HS8525）及有线电话器具（HS8517）等消费性电子产品，以及高尔夫球设备等运动器材（HS9506）、光学透镜及其他组件（HS9002）、照相机（HS9006）、空气压缩机（HS8414）等高单价货品。

另经空运自大陆进口主要货品项目以电子零组件及信息产品为主，其中集成电路及微组件、信息装置及半成品（HS8471及8473）三项产品即占台湾自大陆空运进口额比重近5成，分别为23%、14%及12%。其中，因大陆半导体产能快速扩充，唯封装测试之技术及容量仍然不足，反观台湾在半导体封装测试技术居于全球主导地位，故大陆部分半导体产品须运至台湾封装测试后再出口。

展望未来，由于电子信息部分产品逐渐成熟，产品生命周期日益缩短，竞争日趋激烈，在两岸电子产业分工，厂商为有效缩短生产时程俾能快速交货的需求下，两岸航空货运业务可望仍将持续成长。

表 3　两岸航空货运出、进口货值统计

单位：亿美元；%

年份	对大陆出口（含香港）					自大陆进口				
	出口额	成长率	空运出口	比重	成长	进口额	成长	空运	比重	成长
1998	256.54	–	43.90	17.11	–	41.10	–	6.42	15.62	–
1999	285.48	11.28	59.38	20.80	35.26	45.26	10.12	8.02	17.72	24.9
2000	355.53	24.54	85.54	24.06	44.06	62.23	37.49	12.70	20.41	58.35
2001	317.10	–10.81	82.12	25.90	–4.00	59.02	–5.16	13.15	22.28	3.54
2002	407.96	28.63	127.04	31.14	54.70	79.47	34.66	21.83	27.47	66.01
2003	497.70	22.01	173.82	34.92	36.82	109.66	37.91	36.07	32.89	65.23
2004	638.43	28.28	249.45	39.07	43.51	166.78	52.17	53.72	32.21	48.93

资料来源：台湾方面统计资料。

注：比重系指空运出、进口占出进口总额之比例。

对于从大陆出口之台商而言，近年来大陆空运出口货量急速成长，尤其是华东地区航空货运年成长率约 32%，但大陆航空货运发展速度相对较慢，各主要航空公司之货运机队及客机货舱舱位经常不足，以致不能符合台商零组件运补之时效，加以若逢出货旺季，当地台商往往无法正常出货（以笔记型计算机业者为例，在台湾出货时间需 1 至 2 天，但在上海浦东机场，依淡旺季不同，需1.5 天到 7 天，因此业者经常需采空空或海空联运方式再转出口，例如自上海经海运至韩国釜山，或是运至香港、澳门，或由海运转运至台湾再转空运出口），影响台商在当地扩大产能及争取国际订单。因而衍生两岸直航以疏解大陆机场拥塞、货运舱位不足之运输瓶颈。

此外，由于台商在大陆投资的地域分布，虽主要集中在沿海各省市，尤其是广东、江苏、福建等地，但也逐渐扩散。此趋势使得原来经由港澳转机之运输方式，愈来愈难符合业者需求。

四、直航对企业全球运筹的影响

（一）直航时间及成本之节省

在空运运输时效方面，台湾至厦门空运则只需45分钟，至上海及北京分别只需1.5小时及3小时，加上直飞后票价降低，可减少透过香港转口的费用，降低厂商运输成本，而根据中华经济研究院之调查显示，员工的往返上可节省约26.45%的成本。

即使是两岸货运包机直航，根据业者估计，若以747全货机每班次运能100吨估算，并以中正机场飞航至上海为估算基准，如按现行航线中停港、澳转机，单程运输时间约需12至16小时（含地停及转机时间）；若以一机到底（如货运包机）中停港、澳再飞上海，则单程运输时间可缩短为5至6小时（含地停时间1至2小时）。

在运输费用上，台北中停港、澳再飞上海，往返成本约11万美元（据业者提供数据，停降香港包括降落费、停机费及地勤代理费等每次约需6200美元，加上其他如地面人员处理管销费及起降增加之耗油等每次约需6000美元，共计停降香港一次需增加1.22万美元；另若停降澳门，则其技术降落费用预估将增加1.37万元）。相较下，若飞经港、澳（不停降）转飞上海，往返成本减少至约8.56万美元。对航商而言，若未来两岸包机直航确实推动，在货运运价稳定、营运成本下滑下，预估对长荣航空及华航的营运成本将可降低7亿至9亿元。

表 4　两岸货运包机直航对航商时间及成本之节省比较

	现行方式	间接货运包机	两岸货运包机直航
方式	中停港澳转机（含地停及转机）	中停港澳飞上海（含地停）	直接飞港澳（不停降）转飞上海
单程时间	12–16 小时	5–6 小时	4 小时
成本耗费	16–19 万美元	11 万美元	8.6 万美元

资料来源：宝来证券，http://stock.yam.com/rsh/article.php/286122

再者，若大陆能够开放“第五航权”[①] 让台湾航空公司停靠大陆机场载货、客并直飞第三地（如欧美或其他国家），此种方式将可减少港澳至台湾的这段航程的成本，对航商营运成本降低有绝大的帮助。预估将至少节省 20 亿元的营运成本。[②] 不过，由于第五航权的取得不易，未来仍需俟两岸官方的谈判进步而定。

在海运方面，假设两岸真的实现直航，由于航程距离、时间的缩短（海运由台湾至厦门约可节省一天的时间），减少船只营运成本及油料的成本，且无须经第三地转运也可免除转口港埠费用，研究显示开放与深圳及黄埔港直航，可以节省海运成本 20%、与厦门及福州港直航可以节省 61%、与上海港直航可以节省 52%，与青岛港直航可以节省 50%，经以进口货物量加权后，降幅达 39.57%。[③] 另外，中华经济研究院之调查显示，厂商估计在产品及原料的运输上，直航后每年可节省约14.56%的运输成本。

直航的成本节约对已在大陆投资的台商将有降低营运成本、

---

① 第五航权：中间点权或延远权。某国或地区的航空公司在其登记国或地区以外的两国或地区间转运客货，但其班机的起点与终点必须为其登记国或地区。也就是说，第五航权是要和两个或两个以上的国家进行谈判的。以新加坡航空公司的货权为例，它执飞新加坡经厦门、南京到美国芝加哥的航线，并在厦门、南京拥有装卸国际货物的权利。

② 航空产业：全球航空业营运近况及展望，http：//stock．yam．com/rsh/article．php/286122

③ 翁永和、许光中、徐世勋：《两岸全面开放三通对亚太地区经贸之影响》，“台湾经济学会”年会 2001 年。

节省往返时间的效益，有助于提高企业全球运筹效率。

（二）直航对投资之影响

由于台湾位居亚太地区关键位置，中正机场至西太平洋七大城市的平均飞行时间最短，只要2小时55分，高雄港位于亚太地区之中心，到亚太地区各大港口的运送时间最短，与亚太五大主要港口间平均航行时间仅需53小时，且正转型为自由贸易区，采行更加便民的海关程序，加速货物流通，减少企业营运成本。[①]透过直航可以打通与大陆市场之联系网络，让台湾有许多机会巩固台湾经济、吸引外资，并强化全球营运，两岸经济的合作互补，将使台湾成为更具吸引力的经商环境。

在厂商对台湾投资方面，根据“经济部”《制造业投资实况调查报告》（2004年），回收样本中有高达六成以上之业者认为若台海进行“三通”时，对台湾之投资金额将维持不变，预期将增加投资者占20.25％较减少者占13.18％高出7.07个百分点，显示台海两岸进行“三通”时将有利于台湾制造业投资之增加。以企业规模别来分析：中型企业有29.25％之业者及大型企业有25.57％之业者在进行“三通”时会增加投资，但小型企业仅有16.61％之业者在进行“三通”时会增加投资。依四大行业别分，亦有六成五左右业者将采维持目前对台湾投资额度来因应台海进行“三通”，将增加投资者以信息电子工业占25.31％为最高，其余依序为化学工业占21.91％，金属机械工业占17.43％，民生工业占17.06％，显示直航也有利于具竞争力与优势的原料产业和关键零组件产业“根留台湾”，例如信息电子业者普遍表示，关键零组件交货到大陆进行组装的运送时间缩短，厂商反而不必急着移往大陆设厂。

---

① http://investintaiwan.nat.gov.tw/zh-tw/env/taiwan.html.

表 5　台海两岸进行“三通”对未来投资金额之影响

单位：%

	增加	不变	减少
总　　计	20.25	66.57	13.18
按企业规模分			
大型企业	25.57	67.15	7.28
中型企业	29.25	59.18	11.57
小型企业	16.61	66.82	16.57
按四大行业分			
金属机械工业	17.43	65.89	16.68
信息电子工业	25.31	67.12	7.57
化学工业	21.91	65.22	12.87
民生工业	17.06	68.23	14.71

资料来源：“经济部”，《制造业投资实况调查报告》(2004年)。

(三)直航对企业全球运筹的影响

对台商而言，由于其两岸运筹行为，主要是以台湾为主导研发技术和开发市场，新产品开发及试产点，以及营销、财务管理中心为主，并以大陆为生产制造基地，配合生产国际大厂之OEM/ODM订单生产。因此，大陆投资事业之原料、零组件与半成品进货来源仍以台湾为主。2003年大陆投资事业原料由台湾提供的比率为39.32%，零组件与半成品由台湾提供的比率为46.11%。

在此情况下，若两岸直接通航可减少两岸零组件调度时间，缩短大陆厂零组件库存期间，强化弹性分工并降低成本。

表 6　大陆事业原料、零组件与半成品进货来源比率

单位：%

	台湾提供	当地台商提供	当地非台商提供	其他国家提供
1998 年				
原料进货来源	50.3	18.6	19.8	11.4
零组件与半成品	52.5	21.4	18.6	7.5
1999 年				
原料进货来源	43.2	22.6	22.1	12.1
零组件与半成品	45.8	25.2	21.7	7.4
2003 年				
原料进货来源	39.32	25.52	22.23	12.93
零组件与半成品	46.11	24.87	21.75	7.27

资料来源："经济部"，《制造业经营实况调查报告》，1999 年、2000 年和 2004 年。

就"台湾接单、大陆出货"行为而言，由于大陆已经成为台商重要的海外生产据点。若比较 2003 年与 2002 年制造业者在台湾外销接单中，由大陆出货金额呈显著增加趋势。按台湾四大行业及产业形态分别观之，信息电子工业在由大陆出货方面成长最显著，扩张指标高达71.25%；金属机械工业在由大陆出货方面亦明显成长，展望指针亦高达66.48%，显示未来"台湾接单、大陆出货"之分工模式不但会更趋普遍，而且分工的范畴会由技术及资本密集度低的民生工业"升级"至技术及资本密集度更高的产业。

在此情况下，若两岸直接通航有助于减少诸如自上海经海运至韩国釜山，或是运至香港、澳门，或由海运转运至台湾再转空运出口之迂回，增进"台湾接单、大陆出货"之运作效率。

此外，若两岸直接通航也可能增加台商将大陆生产的半成品大量运回台湾组装，以“台湾制造”名义出口，进而形成“台湾接单、大陆加工、台湾出货”之新商业模式，有助于强化台湾生产基地，提升台湾经济格局，对建构台湾为亚太运筹中心甚有帮助。

表7 “台湾接单,大陆出货”比率变动—2003年与2002年比较

单位:%

	整体	金属机械工业	信息电子工业	化学工业	民生工业
增加	22.54	39.21	47.80	34.27	38.13
相近	56.65	54.55	46.90	58.04	50.36
减少	20.80	6.24	5.30	7.70	11.52
扩张指标	50.87	66.48	71.25	63.29	63.30

资料来源:“经济部”,《制造业经营实况调查报告》,2004年。

说明:扩张指标=增加比率+1/2相近比率。

就研发活动而言，两岸直接通航可减少台湾经理人员与研发人员奔波两岸所耗费的时间精力，对两岸经营管理与研发的创新进步，也都会有帮助，有利于台湾外厂商将研发资源放置在台湾，提升台湾产业的研发实力。

此外，根据日本野村总合研究所针对在台日商所作报告，日商认为与台湾企业共同进军大陆的最大优势是“得以与已进军大陆之台商沟通”，其次依序为“得以管理大陆当地人才”以及“得与大陆当地政府沟通”，日商对台湾的定位已从1960年代的“加工出口基地”、1990年代的“高科技生产基地”，转变至2001年以后，日商的“中华圈事业营运基地”及重要的研发及发展中心，显示台湾具有作为外商亚太地区营运总部，进军包括大陆在内的亚太市场之潜力。然而，在台跨国企业在实施“中国战略”，普遍希望台湾能开放“三通”，便于以台湾作为拓展大陆市场的营运总部或货物配销中继站，加以台湾拥有众多专业劳工且与大陆语言、文化、背景相同，开放“三通”后，可作为欧美企业进出大陆的跳板，预料将吸引外商前来台湾投资或设立营运总部，以降低其在大陆投资的风险。

两岸直航对台湾港口的转运业务，也有显著的帮助。根据大陆方面估计，两岸直航后台湾的高雄港将利用其地理位置优势、良好的港口条件和港湾设施，相对低廉的转口费用，与以香港为主的枢纽港竞争大陆的洲际中转货柜量（尤其以大陆北方港口的洲际中转箱且为争夺焦点）。经香港转口的货柜约 40 万 TEU 将在沪台间直接运输，将对香港港口货柜吞吐量产生约2.5%的替代效果，显示直航对高雄港的转运业务，将产生刺激效果，并对相关行业产生影响。

最后，两岸直航也可以纾缓两岸间发生重大意外，例如 SARS 来袭，正常航空班次大幅减少时台商所受舱位不足的困扰，维持产品出货正常。

五、结论

综合上述可知，近年来由于全球市场竞争激烈，使企业运筹管理成为企业与政府关注的重点，而台湾厂商大陆投资之两岸运筹活动，则是因应全球市场竞争与经营环境变迁，和满足顾客需求的策略作为。特别是“台湾接单、大陆出货”之分工模式的普遍化，而且分工的范畴会由技术及资本密集度低的民生工业“升级”至技术及资本密集度更高的产业，显示企业对大陆投资活动中，台湾母公司与大陆投资事业间存在着营销与生产出货的分工关系，不但增进两岸产业内贸易与人员往来，也使得企业界衍生直航与客货运便捷化的政策需求。

对此，如何克服当前企业全球运筹行为中之运输障碍，将是决定企业与产业竞争力，以及能否促使具竞争力与优势的原料产业和关键零组件产业“根留台湾”的关键因素之一。

对台湾而言，直航与货运便捷化具有“货畅其流”的意义。特别是规划中的两岸货运便捷化措施不仅包含空运、海运，同时适用海峡两岸双向交流，而输运内容更包括原料、半成品及成品，预估可大幅提高两岸的货物交流，同时台商在大陆生产的半成品大量运回台湾组装，有助于强化台湾生产基地，提升台湾经济格局，对建构台湾为亚太运筹中心甚有帮助。

当然，直航与客货运便捷化不是单纯的经济课题，其实现与否决定于两岸互动情势。对此，2005 年 1 月 7 日在澳门讨论春节台商包机事宜，确立 2005 年两岸春节包机采“双向、对飞、不中停”的营运模式，不但突破长期以来“间接往来”的坚持，也为两岸客运包机节日化、常态化、货运包机，以及其他经济交流正常化课题，提供典范与可操作之空间。此一经验值得两岸在直航与客货运便捷化议题上援引采行的模式。我们期望两岸仍以同样建设性思维，开展两岸对话，务实处理直航与客货运便捷化协议问题，进而为企业营造更有效率的运筹环境，并藉以建立两岸制度化协商机制与良性互动关系。

学经历简介：

现职：工业总会副秘书长

兼任：“经济部”研究发展委员会研究委员

“经济部”产业咨询委员会贸易审议会委员

“经济部”国际贸易局声明异议委员会委员

两岸共同市场基金会咨询委员
中华欧亚基金会顾问

经历：工业总会贸易发展委员会副执行秘书、执行秘书（1992－2000）
国政研究基金会政策研究员（1990－1992）
“经济部”国际贸易局科员（1988－1990）

学历：成功大学工业管理研究所硕士

专长：WTO、区域经济协议、大陆经贸投资政策、两岸贸易、投资、航运、产业与经济问题等

著作：GATT与WTO之规范，五南图书公司，台北，1995年

从两岸通航展望谈两岸关系

陈光华

摘要：

海峡两岸通航关系着两岸关系的正常化进程，更直接的影响是运输时效与运输成本的节省，对于两岸经济的竞争力与未来发展非常重要。本文检视历年来，两岸为了回应民众及企业界“三通”的呼吁，所进行过的海运与空运通航协商谈判过程，分析其间的各项航线定位、航政监理、文书认证、安全管制、税捐征收及海事管辖等等议题谈判内涵，并加以检讨。再据以提出可行的通航策略建议，期能实质有效解决两岸通航相关的争议，加速实现两岸的通邮通航通商，增进两岸的交流与伙伴关系，共同创造互惠互利的双赢愿景。

一、前言

海峡两岸历经过去数十年的阻隔，在 20 世纪 90 年代开放之后，基于“双向直航、互惠互利”的双赢原则，两岸观光旅游民众与商务人士，莫不期望两岸当局能尽速实现通邮通航及通商的“三通”政策。但是两岸通航由于牵涉到航线定位、航政监理、航政文书认证与稽核以及海关监管检疫与税赋征收的问题，因而不论是海运或空运，在十余年的协商与谈判之下，进展的速度并未如外界所期待的那般顺利。

本文从两岸历来对于通航协商的内涵检视与演进过程的整理分析，归纳出两岸有关通航的展望事项及值得进一步检讨改进之处，希望能有所帮助于海峡两岸的通航协商、增进两岸交流合作，使得两岸的商旅往来更便捷、经贸发展更蓬勃，两岸的关系能更稳固互信。

二、海峡两岸海空运通航协商问题

两岸间展开全面通航，将面对下列相关问题：

（一）海运方面

1．通航基本问题

（1）两岸航线之定位（国内航线、国际航线、特殊航线）

（2）船舶国籍、船舶检查、船舶吨位、船员服务等证照及相关航政文书之认证及查检

（3）开放通航方式（定期航运、不定期航运）及通航范围（局部、全面）之确定

2．航政监理问题

（1）营业机构（法人）及代表人设立许可

（2）航线证书之核发

（3）两岸船舶及运力之分配

（4）通航港口之选择

（5）客货运价之核定

（6）航港场站及复合运输之管理

（7）两岸航政法律规章冲突之解决

3．通航安全问题

（1）设定航路及航标导航设施之规划

（2）报位及船舶通讯辨识之实施

（3）海上保安维护及偷渡私运防制之执行

4．航运管制问题

（1）船舶进出及船舶设施之检查

（2）船舶客货通关及海关监管作业之执行

（3）船运客货卫生检疫之检查

（4）船员登岸之管理

5．税捐征收问题

（1）货物关税稽征及海关规费计收

（2）商港服务费之征收

（3）营业机构营业税及营利所得之课征与减免

6．海事处理问题

（1）海上遇险通讯及海上搜救捞救之执行

（2）海洋污染及倾废之处置与管制

（3）海事调查处理及判决之互认

（二）空运方面

1．通航基本问题

（1）两岸航线之定位（国内航线、国际航线、特殊航线）

（2）航机国籍、空勤人员服务、型号合格、适航认可、维修许可证之认证及查检

（3）开放通航方式（定期、包机）及航权、时间带、航点、内陆延远权之确定范围

2．航政监理问题

（1）营业机构（法人）及代表人设立许可

（2）定期航线及包机申请之核发

（3）双方班次对等、航点分配及内陆延远之协议

（4）客货票务及运价规定及客货赔偿法令之适用

（5）机场维护、地勤代理、器材租用资源及场站软、硬件设

施之管理

(6）两岸航政法律规章冲突之解决

3．通航安全问题

(1）设定航路、航点之规划及航图数据之提供

(2）飞航情报局（FIR）衔接及防空辨识区（ADIZ）之辨识

(3）通讯频道之开放及雷达、非雷达服务方式之连结

4．民航管制问题

(1）客货通关、检疫及税捐之法律适用及纠纷调处

(2）民航保安维护及劫机防制之执行

(3）民航事故调查处理及判决之互认

5．营运及税捐征收问题

(1）国际计算机订位系统引进及适用

(2）民航业界联营及联运协议，票务处理及票价收入汇出

(3）营业机构营业税及营利所得之课征与减免

三、两岸海空运通航发展经过

（一）海运方面

1．大陆地区对海上通航政策发展演进

大陆地区对海上通航政策发展演进于1979年元月，发表“告台湾同胞书”，提出“三通”，建议台湾与大陆间尽快实现通邮、通航及通商；同年6月，召开“恢复台湾海峡正常通航会议”，公布解除大陆地区商船禁止通行台湾海峡之限制，并宣布台湾船舶可泊靠大陆港口及开放通信与海难救助机构对台湾遇险船舶救助等措施。

1990年12月“全国对台工作会议”明订两岸通航原则为“一个中国、双向直航、互惠互利”，两岸通航为全面开放，属“国内运输之特殊惯例方式”。非单纯为国内航线，经订定特殊规定规

范，不同意第三国籍船舶介入两岸通航，两岸通航区分为政策性及技术性问题，前者必须经由政治解决，后者可经由两岸航港界学者专家共商解决办法；并要求台湾授权团体或个人进行协商谈判。于1991年12月成立“海峡两岸关系协会”积极配合台湾的近程阶段“交流互惠”政策进行接触，唯因两岸关系涉及法律及技术问题复杂，1995年1月成立“海峡两岸航运交流协会”与台湾地区航港界直接交流。

1996年8月公布“台湾海峡两岸间航运管理办法”先开放厦门、福州两个港区，作为“两岸间船舶直航的试点口岸”，同年10月，再发布“关于实施‘台湾海峡两岸间航运管理办法’有关问题的通知”，同意两岸权宜籍船舶通航大陆试点口岸与台湾境外航运中心港口。1997年5月，公布“关于加强台湾海峡两岸间接集装箱班轮运输管理的通知”。同意台湾、香港、大陆地区权宜船舶及外国船舶可经由第三地经营航行两岸定期航线业务。而“对外贸易及经济合作部”亦于1996年8月公布“关于台湾海峡两岸间货物运输代理业管理办法”同意台湾与大陆海运承揽业间商业行为。2000年1月底，公布“外商独资船务公司审批暂行办法”，同意台湾地区可在大陆设立独资船务公司。

1997年1月22日，“海峡两岸航运交流协会”与台湾地区“台湾海峡两岸航运协会”在香港第一次会谈，就福州、厦门与高雄港间试点直航之事务性及技术性问题交换意见签订“会谈纪要”，同意两岸航运企业根据两岸航政主管部门有关管理规定程序提出营运申请，并由两会核发许可证，同年4月19日，厦门轮船总公司圣文森籍“盛达轮”首航厦门至高雄，开启“权宜籍船舶”直航的历史性新页；1998年2月11日两会在泰国曼谷第一次会议，同意根据“双向同步，互动互惠”为原则，促成两岸“权宜籍船舶”航经第三地之定期班轮海运服务。

2002年1月1日，实施“国际海运条例”，分别于4月8日及5月20日公布获准经营“国际班轮运输业”名单，包括台湾地区的阳明海运、万海航运、建恒海运、长荣海运、立荣海运及正利航业等六家可从事进出口中国大陆港口的国际班轮运输业务。并为配合2002年11月明订两岸通航为“两岸航线”定位，于8月11日发布“关于立即制止外国籍船舶从事祖国大陆沿海港口与金门马祖间海上运输紧急通知”，及于11月26日公布“关于加强台湾海峡两岸不定期船舶运输管理的通知”，自2003年1月1日起，除在中国大陆、台湾、香港、澳门四地注册登记的船公司可申请从事海峡两岸不定期船舶运输业务，除非特别需要，不允许使用外国船公司的船舶，外国船公司不得从事两岸不定期船舶运输业务。配合1996年8月发布“台湾海峡两岸间航运管理办法”的执行，完成对两岸间定期、不定期，及对外贸易与两岸间贸易海上通航的规范。

2．台湾地区对海上通航政策发展演进

1987年11月，宣布开放民众赴大陆探亲，1988年8月起，相继颁布大陆产品间接输入、间接投资及技术合作，间接输出货品、间接汇款及大陆出口台湾押汇相关措施，所为必须之规范，而衍生对航运通航之需求，乃同意不定期航线之外籍船商可经由第三地前往大陆港口载运大宗散杂货，唯定期航线必须执行两段式运输，在香港换装至大陆（或至台湾）之货柜船，对外籍商船直航两岸则予严厉处罚及限制；1991年3月，通过“国家统一纲领”，明订至中程阶段“互信合作”时，将开放两岸直接“三通”（通邮、通航及通商）。同年3月底成立“财团法人两岸交流基金会”，担任两岸中介事务，期使两岸关系发展朝向正常及体制运作；

1992年7月通过“台湾地区与大陆地区人民关系条例”，规定通航、通商等重大决策应经“立法院”决议始得实施，其中，外行商违反两岸禁航规定，依该条例规定处分，使两岸通航问题有周详的法律基础依据。而同年10月，订定“航政管理机关处理台湾地区与大陆地区人民关系条例有关两岸海运运输事项作业规定”，规范两岸间接海运之航政作业。

1995年5月发布“境外航运中心设置作业办法”，指定高雄港为初期营运港口，将“境外航运中心”与大陆地区港口开航线定位为“特殊航线”，适用于悬挂第三国旗帜之船舶（包括台湾地区大陆地区航商设籍或租用营运之外籍船舶，及外国籍船舶）承运大陆地区输往第三地区或由第三地区输往大陆地区之转口货在台湾地区“不通关、不入境”转运。1996年4月，允许大陆地区航商标置之货柜来台；1997年1月，开放外籍船舶（包括台湾地区大陆地区航商设籍或租用营运之外籍船舶，及外国籍船舶）经第三地（包括香港地区）航行两岸定期航线；同年6月开放含大陆资本20%以内之外国船商来台设立分公司并解除大陆资本比例逾50%外籍船舶来台湾靠泊之限制。

同年10月，再解除境外航运中心之船舶应以集货船（feeder）方式之限制。并准许航行往第三地。1998年8月，明订母船航行境外航运中心航线者，可延伸其航线载运台湾地区与第三国地区国家间之进出口货物。2000年6月并将高雄加工出口区纳入境外航运中心作业范围，2001年7月，境外航运中心可办理海空转运作业。2002年1月16日，通过“加入WTO两岸经贸政策调整执行计划”，开放大陆地区农工产品进口，及“陆资”投资货运代理等运输服务业之直接投资贸易措施，9月25日通过“自由贸易港区设置管理条例”草案，以国际机场、国际港口设置自由贸易港区成为两岸全面贸易的试点。

1996年7月，为配合推动“境外航运中心”，同意设立“台湾海峡两岸航运协会”，与大陆地区“海峡两岸航运交流协会”就两岸通航之相关事务性及技术性问题，协调解决。两会并分别于1997年1月22日及1998年2月11日在香港及泰国曼谷二次会议，达成福州、厦门试点直航口岸与高雄港间境外航运业务，及两岸航经第三地之定期班轮海运商务之会谈纪要，而于1997年4月19日及1998年6月30日，正式启动两岸定期班轮海运商务之经营。

而在1997年香港回归后，为维系台湾与香港间海运通航，于1997年4月2日，公布“香港澳门关系条例”，规范台湾与香港澳门间运输，以“第三地”认定，维持台湾与香港间通航关系，并为解决台湾与香港之商船悬挂旗帜问题，于该年5月经台、港两地船东协会经委任授权方式协商，签订“台港海运商谈纪要”，达成台湾地区登记商船进入香港港口，及在香港注册商船进入台湾地区开放港口，均暂不悬挂旗帜之权宜共识与务实做法。并于2000年12月13日通过“试办金门、马祖与大陆地区通航实施办法”，采台湾与香港间航运关系方式处理，自2001年1月起金门与厦门、泉州、漳州、马祖与福州间直接客货通航的“小三通”。

（二）空运方面

1．大陆地区对民航通航政策规划演变

1991年元月大陆方面依1990年12月“全国对台工作会议”要求北京、天津、上海、福州、厦门、广州及海口及各机场进行“两岸通航”之准备，并了解“两岸通航”问题涉及双方当局之航权谈判，选定“华东民航管理局”及所属“中国东方航空公司”负责推动与台湾通航工作，并自1990年9月起，取消航空器机身不再置有旗帜图案，以避开两岸通航时双方航空器机身上“国旗问题”，并明示两岸通航为“国内航线”之政策。并于 1995 年 8 月成立“民航协会海峡两岸运输交流委员会”期仿效海运模式促成两岸通航。

1995 年 10 月，台湾与香港、澳门民航业在双方当局授权下进行航约谈判达成协议，台港方面以各两家航空公司指定方式经营，航权跨越 1997 年至 2001 年 6 月，双方航机均不能出现代表国家的旗帜或徽章，台湾方面并同意含有大陆资本达 64% 的“港龙航空公司”飞航台、港航线；台澳方面，台湾地区允许大陆资本 50% 之澳门航空公司飞航台湾，并允许澳门航空以“原班机换编号”、“一机到底”方式飞航大陆地区，而大陆方面则允许台湾的航空公司飞机飞越广州飞航情报区，并接受深圳进场飞航管制指挥服务。2001 年 11 月 1 日，国际民航组织（ICAO）同意“三亚飞航责任区”由“中国民航总局空中交通管理局三亚空中交通管制中心”接管，同意台湾地区航空业者依“国际惯例”及航路运行规则，由台湾至东南亚航路飞越“三亚飞航责任区”，而 2002 年 2 月，依“国际公约”规定，对台北飞航情报区（FIR）提供国际机场飞行信息公告。此外，并允许大陆地区航空公司与台湾地区航空公司办理联营及台湾地区航空公司经营第三地子公司可在大陆地区设立办事处，而民航总局亦于 1999 年 4 月，同意台湾地区中华航空公司及长荣航空公司在北京设立办事处；2001 年 3 月，同意台湾地区台湾航勤、中华航空、长荣航空及远东航空公司共同持股 49%，投资兴建及经营厦门空运货站公司；2001 年 7 月，同意台湾地区中华航空公司持股 25%，加入“中国货运航空公司”，成为海峡两岸航空公司首次台资经营之货运航空企业。

2000 年 11 月，台湾与澳门民航关系在五年期航约届满后，双方再签订“台澳（门）航权机密了解备忘录”，增加客货班次；而台湾与香港民航关系在五年期航约期满后，则经历一年谈判，于2002年6月底由香港业者与台湾代表团签订“有关台港之间空运安排”，台港各三家及增加客货班次，提供民航服务。2002年10月，同意澳门航空办理深圳、澳门至台北直达货运班机，2003年元月初，配合台湾之“大陆台商春节返乡项目”间接包机，同意台湾地区的远东、中华、华信、长荣、立荣及复兴航空等六家民航业者申请，于2003年1月26日至2月9日期间，完成上海与台北、高雄间，经由香港及澳门中继往返八航次之历史性春节包机间接通航两岸间，并为两岸中断53年的民航，写下划时代新页！2003年3月26日，同意台湾地区中华航空公司为规避美伊战争危及中东航路安全，申请依“国际惯例”由泰国曼谷依B330航路经由大陆地区昆明、成都、兰州之领空，转中亚B215航路飞航至欧洲。

2．台湾地区对民航通航政策依“先货后客、先海后空”原则，循序渐进地发展

然而，由于民航通航涉及航权问题，必须经由协商谈判签订航权协议，在海峡两岸民航机构尚未直接进行谈判前，只能经由双方民航业者的交流与业务合作方式，改善必须经由第三地转机的间接通航方式。1994年元月，台湾方面研拟“海峡两岸民航业委托运输管理办法”，同年5月通过“台湾地区与大陆地区民用航空运业间接联运许可办法”，并于1996年8月及1997年6月修正，同意海峡两岸民航业者可经由双方签订双边联运协议联营，及订位查询、行李处理航空结算、货运收受、理赔及旅行服务等事宜。1997年3月，并同意相关部门受理大陆及航空公司开立大陆内部起运，经第三地转运台湾地区之货运提单。同年12月，由民航业者组成“中华民用航空学会”期与大陆“民航协会海峡两岸运输

交流委员会”对口协商，唯并未获得授权，仅局限于民间交流，乃于2000年12月，两会往台北举办“两岸民航交流研讨会”，民航总局直属六个地区管理局及北京、上海、厦门、广州等四个国际机场负责主管均来台出席，开启交流新页！2001年9月，大陆“民航协会航行管制委员会”与台湾“飞航管制员协会”在台北举行“两岸飞航管制技术交流研讨会”，民航总局空中交通管理局及直属六个地区空中交通管理局负责主管均来台出席，就两岸航管及非飞航情报区交接等技术问题进行研讨，而2001年7月境外航运中心扩及办理海空转运作业，将民航空运纳入境外航运之服务范围。2002年1月16日，通过“加入WTO两岸经贸政策调整执行计划”，开放大陆地区农工产品进口，及“陆资”投资航空器维修，空运销售及营销计算机订位系统等空运服务业。

而台湾方面在2000年11月完成与澳门航空公司签订“台澳（门）航权机密了解备忘录”，及2002年6月底，在经历一年协商，与香港民航业完成签订“有关台港之间空运安排”，并于2002年2月20日依国际民航公约规定，将台湾地区国际机场飞航公告传送大陆“民航总局华东空中交通管理局航情中心”参考。2002年9月2日，并由民航副局长级率团至北京，出席“2002两岸技术交流研讨会”，就双方航空专用名词统一及金门进场空域问题进行研讨。2002年10月，同意澳门航空开办台北经澳门至深圳直达货运班机；12月4日，核定“国籍航空公司申请飞航‘大陆台商春节返乡项目’间接包机作业办法”，同意中华、远东、长荣、立荣及复兴航空公司申请台北、高雄中继香港至上海春节包机，并于2003年1月26日至2月9日期间，完成往返八航次，两岸间春节包机的历史性首航，并为两岸中断53年的民航，写下两岸交流的划时代新页！

2003年1月13日，台湾方面同意澎湖可办理国际包机飞航澳门至大陆地区；3月20日为规避美伊战争危及中东航路安全，同意中华航空、长荣航空，可以“国际惯例”，由泰国曼谷经B330、B215航路飞越大陆地区昆明、成都、兰州之领空至欧洲；4月14日，为防治广东、香港“严重急性呼吸道症候群”（SARS）感染，同意澳门航空可“一机到底”，中继澳门，由台北飞航上海、厦门。

四、两岸通航现况与今后展望

（一）海运方面

两岸自1997年4月19日起，以两岸船舶公司设籍第三国之权宜籍船舶从事大陆福州、厦门两港口与台湾高雄港之间“境外航运作业”（大陆方面称为“试点直航”），将大陆输往第三地或第三地输往大陆的货物，在高雄港采“不通关、不入境”方式转运，其后并延伸至海空联运，及将加工出口区纳入范围；此外，并自1998年6月30日起，两岸船公司经第三地（香港中转或日本石垣岛弯靠）经营两岸对外贸易货物之定期班轮业务。2002年1月起，大陆实施“国际海运条例”，准许台湾地区航运业者经营大陆实施“国际海运条例”，准许台湾地区航运业者经营大陆对外贸易的“国际班轮运输业务”，2003年1月起，规定两岸及港澳地区的船公司方可从事两岸间不定期航运业务。

此外，两岸自2001年1月起，采台湾与香港间航运关系方式处理，以两岸船公司从事金门与厦门、泉州、漳州，及福州与马祖间直接客货通航的“小三通”业务，2004年2月，并开展金门、厦门间每日定期航班的新页！

2003年12月7日，大陆方面公布“两岸三通政策说明书”，说明两岸“三通”的基本立场和政策主张，明示“两岸航线”为两岸中国人“内部事务”，反对“国与国间或准国际的三通，或将其变相国际化”，可搁置政治争议，不涉及“一个中国”的政治含义，依“直接双向、互惠互利、平等协商”原则，由两岸民间航业组织协商“三通”问题，达成共识，各自确认，以实现直接、双向、全面“三通”，而非“间接单向、局部状态”的“三通”！2004年6月8日，公布“关于加强台湾海峡两岸集装箱班轮运输管理公告”，加强规范两岸货柜船定期航运市场秩序。

大陆方面基本上已完成其对外贸易之国际班轮运输；两岸间对外贸易之“试点直航”（境外航运）与“两岸三地定期班轮运输”；两岸间贸易之“小三通”直航客货运输业务，并由金门、马祖延伸至台湾、澎湖；与两岸不定期船舶运输业务等之规范，解决两岸未能协商达成协议，处理两岸海上通航所涉及船舶国籍等相关航政文书认证查验、港口开放、航政监理、海上安全、航运管制、海事纠纷处理等问题，及确立“两岸航线”定位，外国船公司不得从事两岸间定期或不定期船舶运输业务。对台湾方面，倘未能在“一个中国”的原则和基础上，进行两岸通航的对话与谈判，实质上并未影响其与台湾间海上通航的布局！

而在台湾方面，2003年8月15日，发布“两岸直航之影响评估报告”对两岸直航之经济影响，“国防安全”，技术面评估，确立推动两岸直航应有方向，配套措施，推动条件及协商原则，明订“两岸航线”及所涉及直航港口选择，经营船舶及开放直航方式各项技术事项，基于两岸良性互动及安全管理需要，由两岸进行协商确定，其他如船悬旗，航政监理（证照查验、通关检查及船舶设施检查），避免双重课税，设置航运企业（及货代、船代）可依相关国际规范或透过协商处理。2004年5月7日，发布“两岸海运便捷化措施”，增设基隆及台中两港境外航运中心，扩大业务范围至大陆输往第三地的进出口货物转运，及取消载运两岸进出口国际货物之船舶湾靠第三地限制，而核准国籍或外国定期船公司由境外航运中心直航大陆各国际港口，并于6月16日通过之“两岸通航短中长期规划方案”增列自由贸易港区保税仓库加工组装再出口之决议。

然而，台湾方面，尚未能经协商达成通航协议，相互全面开放海运市场，仍面临船舶检查、证照查验、通关单证、分支机构设立、人员居留、代理委托、业务经营、航线配船、货源掌控、税捐互免、资金调度、会计账务处理及船员管理等必须经由第三地处的问题，并限于台湾与福建间“试点直航”的局面！

（二）空运方面

两岸空运关系由于涉及航权航点、时间带、递远权、航机国籍及适航与机员资格等证照认证查验，民航监理、飞航安全等航政问题，必须经由协商谈判签订航权协议，尤以两岸尚未结束敌对状态，又涉及“国防安全”，其复杂度较海运通航为高！

在两岸民航部门尚未协商谈判达成协议前，目前只能经由两岸民航业者透过交流互动与业务合作方式，改善经由香港、澳门等“第三地”中继至大陆的间接通航，而大陆方面亦允许其民航业者与台湾民航业者办理联营，及允许台湾民航业务以“第三地”子公司名义在大陆设立办事处，投资航空货运站及合资经营货运航空企业，并依“国际惯例”飞越广州情报区起降澳门，飞越“三亚飞航责任区”至东南亚，及为规避美伊战争危及中东航路安全，开放曼谷经昆明、成都、兰州至中亚航路，供台湾民航业者飞越领空，并依“国际公约”规定，两岸航管单位互相提供区内机场飞行信息公告等数据。

2002年10月，两岸同意澳门航空办理台北、澳门至深圳直达货运班机，2003 年元月，两岸民航部门进行“大陆台商春节返乡项目”间接包机的单边作业，完成春节期间台北、高雄中继香港、澳门至上海往返包机直航，为两岸中断 53 年的民航关系，划下历史性新页！唯台湾民航业者向大陆民航部门申请包机飞航，以公司切结航机国籍、适航及机员资格证照的“权宜性”方式，仍未能解决双方民航部门相互认证，查验证照的程序，虽具“弹性”却未达“务实”要求！今后仍须经过正式协商谈判，达成航权平等互惠，相对全面开放民航市场，并解决航线航点、时间带分配、分支机构设立、机员及派驻人员居留、代理委托、国际计算机订位系统建立、业者联运联营、税捐互免、资金与票价收入汇出、会计账务处理等问题！

2003 年 9 月 15 日，台湾方面公布“航运货运便捷化措施”政策，推动两岸空运，进行“单向、有限度、间接货运、包机”通航，由台湾地区民航业先飞，由中正、高雄两机场中停香港、澳门往返上海的航权及航点，与每周运量分配之方案，而不涉及协商谈判问题。2004 年 10 月 11 日，通过“两岸人员包机”，不排斥对飞，中间不落地，进行协商。11 月 10 日，决议“在九二香港会谈基础，以‘台港航线协商模式’进行两岸货运包机及春节客运包机协商”。2005 年 1 月 2 日，大陆方面对两岸春节包机提出“共同参与，多点开放，直接对飞，双向载客”方式，同意上海、北京及广州航点，1 月 3 日，台湾方面同意委托台北市空运同业公会与大陆协商春节客运包机，“相互配合，积极推动”及“双向，对飞，不中停第三地”原则进行。1 月 15 日，台北市航空运输同业公会与大陆民航有关部门在澳门协商，达成原则性共识，自 1 月 29 日至 2 月 20 日两岸各六家航空公司各飞 24 班/次，直航台北，高雄与北京、上海、广州航点、台湾地区中华、长荣、华信、立荣、复兴、远东、与大陆地区中国国际、东方、南方、上海、海南与厦门等航空公司双向直航对飞，而开启56年来两岸民航直航的新页！

同年11月12日，台北市航空运输同业公会与大陆民航有关部门在澳门协商，达成两岸春节包机协议，自2006年1月20日至2月13日，两岸各六家航空公司各飞行36班次，直航台北、高雄与北京、上海、广州、厦门航点，并放宽搭乘旅客为持有双方合法有效入出境证之台湾居民。

而在2005年6月13日，台湾方面宣布，委托台北市航空运输同业公会与大陆民航有关部门协商两岸货运包机方案，8月15日，核准“国籍航空公司申请飞越中国领空作业办法”，9月2日，大陆方面同意台湾地区中华、长荣、华信、立荣等航空公司飞越大陆地区空域至东南亚及欧洲。9月19日，中华航空、阳明海运与万海航运与海南航空公司所属扬子江快运航空签约，持股43%，使两岸民航的合作向前迈进。

五、结语

大陆方面自1990年12月“全国对台工作会议”明订两岸通航原则，至2002年定位两岸通航为“两岸航线”，2003年12月17日公布“两岸三通政策说明书”，说明两岸“三通”的基本立场和政策主张，2004年5月17日发表声明，要求台湾方面，接受一个中国原则，两岸“恢复对话与谈判，平等协商，正式结束敌对状态。建立军事互信机制，共同构造两岸关系和平稳定发展的框架；实现全面，直接，双向‘三通’，以利两岸同胞便捷地进行经贸、交流、旅行、观光等活动；建立紧密的两岸经济合作安排，互利互惠”等远景的七项措施。而在台湾方面，2003年8月15日发布“两岸直航之影响评估报告”，9月15日公布两岸空运的“航运货运便捷措施"，2004 年 5 月 7 日，发布"两岸海运便捷化措施"。

两岸海运在历经境外航运（或"试点直航"）两岸三地航线及台湾香港海运关系的三次协商，及 2004 年 5 月起，增设境外航运中心，扩大业务范围至大陆输往第三地进出口货的转运，取消两岸进出口贷之船舶加靠第三地的限制，并同意境外航运中心，可直航大陆各国际港口。而两岸空运在两岸春节包机朝向"双向，对飞，不中停第三地"，两岸空中交通管理信息直接交换，及开放大陆空域供台湾地区航空公司飞越，并同意台湾地区海空运业者可投资大陆地区港口货柜码头，航空货运场站及航空货运公司等，已累积两岸通航技术方面的合作经验，只要在海空运方面朝下列方向协商发展，即可达到两岸通航正常化的关系！

海运方面：

（1）将境外航运改为正常定期航线（班），取消只准装载大陆地区输往第三地进出口货转运的限制，而扩大为准装载两岸间货物的通关入境，并直航两岸对外开放的港口。

（2）将装载两岸间货物的两岸三地航线改为直航两岸间港口，不再加靠第三地港口。以台湾香港航运模式，准许两岸的船舶挂靠双方港口，并准许延伸经营至沿海及内河航运的外贸港口。

（3）准许两岸航商在双方设置分支机构以利营运管理，并相互免除海运所得税，以减轻税捐负担。

空运方面：

（1）将两岸春节包机常态化扩大为每周包机，而不限于春节或重要节庆假期；允许两岸旅客在有效期间搭乘，而不限于特定包机往返班次限制，并经由两岸航空公司共享班号联营，以利两岸旅客搭乘。

（2）依澳门模式将两岸常态化包机航线，并由客运延伸至货运。

(3) 相互承认对方核发机船及人员证照，准许两岸航空公司在双方设置分支机构，处理票务行李及货物运转运，并相互免除空运所得税，以减轻税捐负担。

(4) 援引金马小“三通”模式，在金门至澎湖W6航线以南另辟民航航管航线，中正及高雄两机场航班经由该航线至厦门，并飞航至大陆开放航点，以改进现行“不中停第三地”状况。

两岸经历18年的海空运关系的发展，虽然迭有波折，唯已朝向良好发展的态势，只要双方能坦诚交流，积极促进合作，即可“临门一脚”达至两岸通航的共同目标！

学经历简介：

现职：运输科技与管理学系教授

学历：美国乔治华盛顿大学国际企业及行政学院硕士

(MS International Business): George Washington University, USA

美国犹他大学硕士

(M. B. A., University Utah, U. S. A.)

研究领域：交通行政法

航政法规

营销管理（Marketing Management）

国际企业管理

专书(Books)：

1. 陈光华著，企业政策（台北市三民书局）（1981年初版、1986年二版、1991年修正三版、1998年修正四版）

2. 陈光华著，中国的交通运输发展（台北市中央文物供

应社）（1981 年初版）

3．陈光华著，大陆海空运输产业概况（“行政院大陆委员会”）（1994 年 7 月第一版；1996 年 12 月修正二版；2000 年 12 月修正三版）

架起空中彩虹推动两岸直航

李家祥

摘要：

两岸经贸与文化论坛主题商议两岸“三通”，两岸航空界人士承载着两岸同胞兄弟血脉相连的亲情，带着两岸人民的共同心声走到一起。作为中航集团的总经理，我愿和同仁们一起为架起实现两岸通航的空中桥梁竭尽全力。尽管海峡两岸航程曲折蜿蜒，两岸民间往来相当热络，但不能直航不仅给台湾同胞增加了经济负担，耗费了大量时间和精力，而且还给航空公司增加了运输成本，延长了运输时间。直航可以全面推进两岸经济交流与合作，不断提高交流合作的层次和水平，拓展交流合作的领域，加强协同效应，提高共同竞争力。在各种产业的促进方面，直航为台湾投资大陆提供了巨大的市场。“合则两利，通则双赢”。两岸直航符合两岸同胞的共同愿望和根本利益，是两岸实现互利双赢的根本途径，是大势所趋，人心所向，也是当务之急。多年来，国航为促进海峡两岸的早日直航一直在进行着坚持不懈的努力。国航将与两岸航空界人士一起共同为了两岸民众的福祉和利益，致力于扩大通航运作范畴，加快启奏台湾与大陆正常直航的序曲。国航在大陆的承运人中拥有最强的国际航线网络，定期国际航线 53 条，占中国民航 50%左右的份额，每周定期国际航班 640 班，飞往 34 个外国城市。国内航线网络通达国内 76 个城市，每周的定期航班量达到4000多班。国航拥有的丰富资源是与台湾的航空公司合作的基础，并将为合作成功提供有力的保障。

记得2004年4月的北京春意盎然，两岸炎黄子孙融通中华民族的聪慧睿智，融化半个多世纪的坚冰，开启了两岸政党交流的大门，为两岸关系的发展注入了春天的气息。那一幕幕动人的场景，一声声深情的呼唤，一个个珍贵的镜头，把两岸人民的心紧紧相连。今天的北京春暖花开，气候宜人，两岸经贸与文化论坛在这里隆重召开，两岸航空界人士承载着两岸同胞兄弟血脉相连的亲情，带着两岸人民的共同心声走到一起。

作为中航集团的总经理，我在此表示愿和同仁们一起为架起实现两岸通航的空中桥梁竭尽全力，为实现两岸人民的共同福祉和利益在蓝天上画上最美的图画。

2004年春节期间，在两岸航空业同仁的共同努力下，海峡两岸12家航空公司“共同参与、直接对飞、多点开放、双向载客”，实现了客运包机直航对飞，使台湾同胞关山跋涉、舟车劳顿之苦舒缓，取道迂回、辗转破费之忧减少。国航包机首飞台北、高雄，把祖国大陆民众对台湾同胞的深情厚谊带向了蓝天，撒遍了海峡两岸，进一步浓厚了两岸同胞的情谊。然而两岸定期航班直航的梦想还未实现，骨肉同胞还在翘首盼望早日全面实现“三通”。

亲民党宋主席2005年5月到访大陆时曾说过，“世界有多大，中国的机会就有多大。”我想说，“两岸同胞心灵越相通，两岸的距离就越短。”

尽管海峡两岸航程曲折蜿蜒，但每年却有300多万人次的往来，物流量的规模超过400多亿美元，货运量达数千万吨。有数据表明两岸民间往来相当热络，自1993年至2005年9月止，台湾赴大陆旅游人次超过3700余万人次，大陆人民来台人次约125万余人次；两岸信件的往来超过2.66亿余封。仅2004年“十一黄金周”期间，大陆人士赴台旅游的人数估计超过3000人，据台业者粗估，光是从去年9月28日到10月7日这个星期，大陆人士在台消费会超过3亿台币。有数据表明，2004年1月至10月大陆民航共承运大陆至台湾的旅客数为73691人，其中国航就承运27895人。

两岸间如此大规模和密切的经济关系以及人员往来，却不能直接“三通”，令人遗憾！人为的设障，不仅给台湾同胞增加了经济负担，耗费了大量时间和精力，而且还给航空公司增加了运输成本，延长了运输时间。两岸人民、尤其台湾工商界正在经受着巨大的经济损失。

两岸同胞盼“三通”，“三通”重点在通航，通航的关键在直航。直航对产业发展策略和企业全球化布局将起着重要影响。首先，直航可以全面推进两岸经济交流与合作，不断提高交流合作的层次和水平，拓展交流合作的领域，加强协同效应，提高共同竞争力。在各种产业的促进方面，直航为台湾投资大陆提供了巨大的市场。为不断扩大的台湾农产品销售提供最便捷的交通保障；为面临激烈竞争的台资IC、IT企业提供强有力的支撑；为盼望提振旅游经济的台湾观光业者，提供最便捷的交通和服务。

由此可见，两岸直航可以使台湾与大陆进一步加强经济合作，台湾可以透过大陆经济，逐步融入“区域性自由贸易区”，避免被边缘化。直航能节省货物运送的时间及运费，提高台湾产品的国际竞争力，促成台湾更多产品出口大陆。台湾厂商在运输时间及成本大幅降低的情况下，才可以与大陆当地的厂商形成上、中、下游供应链。其次，直航能降低旅客往来两岸的时间及成本，不仅可以减轻人民的负担，还能提振台湾的观光业发展。直航后，台湾海空港口才能转运全世界进出大陆的货物，使台湾海空机场营运量大增，将台湾建设成为“亚太海空转运中心”。

台湾扼西太平洋航道，是祖国大陆与太平洋地区各国海上联系的重要交通枢纽，只要两岸直航，就可以成为重要的国际企业进出大陆的平台或跳板，成为商业人士在亚洲乃至全球的营运中心。台湾与大陆同文同种，语言相通，地理位置又相近。台湾具有拓展大陆市场得天独厚的优势，可善用大陆广大的土地、廉价的劳动力、丰沛的自然资源，提升各种产业的发展。如果不能直航，就会失去不少捕捉、运用商业信息的机会，无形之中把大陆的许多商机拱手让给了韩国、美国、日本等国的商人。

“合则两利，通则双赢”。两岸直航符合两岸同胞的共同愿望和根本利益，是两岸实现互利双赢的根本途径。直航不仅是两岸经贸合作的需要，不断增长的市场需求，也是两岸在当今经济全球化、区域化潮流中的实现发展的必行之路。两岸同胞理应相互扶持，加强交流，扩大合作，进行优势互补，努力开创两岸经济合作新局面，造福两岸同胞，促进两岸共同发展与繁荣。

台湾有关方面公布的数字显示，倘若实现直航，海运每年可节约8.2亿新台币；空运节省132亿元，节省旅行时间860万小时；货运节省8.1亿新台币，节省运输时间26万小时。因此尽早实现两岸直接“三通”，是大势所趋，人心所向，也是当务之急。“三通”作为经济性事务，我们航空界人士有责任从两岸同胞的切身利益和实际需要出发，以民为本、为民谋利。就直航的技术性、业务性问题达成共识，满足几十年来海峡两岸未尽的诉求。

“青山遮不住，毕竟东流去”。2005年以来，我们欣喜地看到，在两岸民航业者的共同努力推动下，两岸航空合作取得了飞跃式的发展。在圆满顺利地完成春节包机对飞后，台湾 4 家航空公司飞往欧洲、东南亚的客货运输定期航班，经批准可飞越大陆空域。我们衷心地希望实现胡总书记与宋主席会谈公报提出的，促成以 2005 年春节包机成功的模式，实现客运包机节日化、常态化，并逐步推动货运便捷化，逐步促成 2006 年开始全面、直接、双向通航。

大陆民航业的快速发展，为两岸民航深化交流、扩大合作提供了有利的条件和良好的基础，作为亚太地区航空运输新兴市场，五年来保持了持续、高速的发展速度。截止到 2005 年，大陆民航完成航空运输总周转量261.3 亿吨公里，旅客运输量1.38 亿人，货邮运输量306.7 万吨。五年间年均增长16.4%、15.5%和 13.8%。作为大陆最大的航空公司，多年来，国航为促进海峡两岸的早日直航一直在进行着坚持不懈的努力。自上个世纪 90 年代以来，国航已经与台湾的华航和长荣航等公司签订了特殊比例分摊协议和商务合作协议。2004 年全年，国航通过联运承运台湾旅客 40524 人次。2005 年 1 - 6 月，国航承运 21674 人次，同比增长 10%。我们的 CA1087 航班成为大陆 6 家航空公司执行 2005 年 24 个春节直航包机中的第一个时隔半个世纪后从北京直航台湾的航班。自 2005 年 5 月 1 日起，国航与华航开始了常旅客计划的合作。这是国航为积极促成台商春节包机任务之后，两岸航空公司所做出的重要举措，也是国航首次与台湾地方航空公司强强联手，建立常旅客计划的良好合作。此次合作涵盖双方所有的自营航线，从此搭乘国航和华航互相衔接航班来往于大陆和台湾的双方常旅客会员，将可全程累计里程，加速换取奖励机票与奖励升舱的机会。也就是说，国航知音会员可以在华航实际承运的定期航线上累积里程和兑换免票。华航会员同样可以在所有国航实际承运的国内、地区及国际定期航线上累积里程和兑换免票。从合作范围来看，此次合作也是国航与大陆以外众多航空公司合作中，合作范围最广的一次。

国航在货运方面长期以来一直保持与华航和长荣等台湾航空公司的业务交往，双方不定期地举行会谈相互交流货运管理经验，分析预测两岸空运市场变化、飞机的租赁等，并且已建立了货运结算关系，签订了特殊比例分摊协议。在机务维修方面，国航与华航有着良好的合作关系。

事实证明，两岸在通航方面的合作进展，已在很大程度上证明了两岸“三通”、直航是不成问题的。两岸民航交流从一票到底、飞越空域、维修合作、商务往来、合资经营、包机直航发展到共飞一片蓝天，在空管协调、联程运输、机务维修、航空培训、航空产品开发等方面的合作不胜枚举，为两岸直航实现渐进式的突破奠定了良好的基础。国航将与两岸航空界人士一起共同为了两岸民众的福祉和利益，致力于扩大通航运作范畴，加快启奏台湾与大陆正常直航的序曲。我在此真诚地呼吁两岸航空界尽快在以下几个方面有所突破：

1．建立定期航班和包机定期化、常态化。应该把在两岸间建立定期航班作为近期目标，实现直航。包机应取消限制搭载对象的规定，并增加航点，以满足两岸人民和两岸航空公司的需要。此外，在货运方面，可以与客运包机共同推进。双方的航空公司还可以在成本共摊，利益分享的原则下商谈共同经营、代号共享的操作方式。

2．包机航线改弯道为直道。去年春节包机航班途经港澳，不能最大程度地满足旅客和航空公司省时、省力、省成本的需求。目前旅客若乘 B737 飞机从北京前往台北，以从香港中转飞往台北的航班为例，北京至香港飞行小时为 3 小时 10 分，香港至台北需要大约 1 小时 20 分，在香港中转时间至少 1 个小时，全程总共耗费约 6－8 小时。国航 2005 年春节包机从北京前往台北，绕行香港航行情报区，单程飞行约 4 小时。如果采取北京—福州—台北直线飞行，仅需 2 小时 40 分钟左右，旅客可节省大约 1 小时 20 分钟的时间，而国航的单程成本也将减少约1.73 万元人民币。让我们两岸航空公司本着共同参与、合作经营、利益共享、互惠双赢的原则努力实现直航。

3．两岸航空公司加快合作步伐。国航在合作的问题上将采取积极和开放的态度，并愿与台湾航空公司共享资源，共谋发展，进一步开展更加深入和广泛的商务合作。经过战略重组以及资源整合并于 2004 年底完成上市的国航，综合实力得到进一步增强，航线网络资源也得到极大的扩展。目前，国航在大陆的承运人中拥有最强的国际航线网络，定期国际航线 53 条，占中国民航 50％左右的份额，每周定期国际航班 640 班，飞往 34 个外国城市。国内航线网络通达国内 76 个城市，每周的定期航班量达到 4000 多班。国航拥有的丰富资源是与台湾的航空公司合作的基础，并将为合作成功提供有力的保障。

“三通”关系到两岸人民的福祉和切身利益，关系到两岸经贸的合作与发展，是中华民族造福后代的千秋伟业，更是我们航空界人士责无旁贷的义务和期望。我们欣喜地看到，在两岸航空界人士的共同努力下，2006 年的春节包机在时间和搭乘对象、飞航地点和飞行班次上都有了新的进展。让我们携手合作，共同努力，早日促成两岸直航以缓解台胞们的乡愁，让他们可以直接横跨海峡，不再取道辗转，劳顿跋涉。

作者简介：

1949年11月23日出生于中国山东。曾就读于西北工业大学。2001年进入中国国际航空公司工作，任党委书记。2003年国内民航业重组后，任中国航空集团党组书记，中国国际航空公司总裁。2004年8月任中国航空集团总经理。2004年12月任中航股份有限公司董事长。

两岸直航对产业发展策略、企业全球布局的影响

曹小衡

摘要：

20年的两岸经济关系发展，是举世公认百年来两岸关系最密切、也是最具实质意义的时期。当前两岸经贸已成为最重要的维系两岸和平往来的纽带、两岸关系的晴雨表和两岸关系发展平台。今天我们来自两岸各界的新老朋友在这里聚会，落实去年胡连会达成的共识，对促进两岸经济全面交流具有重要的意义。我认为，当前两岸直航的条件已日趋成熟，实现两岸直航，不仅符合两岸的主流民意，同时也将对两岸产业的发展产生积极的影响。

一、两岸直航难以阻挡

我对两岸直航的看法是乐观的，两岸直航是“万事俱备，只欠东风”。

1. 从台湾方面看，两岸直航已经获得台湾主流民意与精英层的支持，形成了共识。例如，在多年和各时段的各种民调中，赞成两岸“三通”一直是岛内主流民意，甚至，近年在台外商也每年都将“开放两岸直航”列为他们对“改善岛内投资环境”的最大诉求，公开要求扁“政府”尽快“开放两岸直航”；另外，台湾精英层通过多年的观察对此问题也已形成了一致意见，并在2001

年经发会上就此事达成共识，认为必须尽快开放两岸“三通”。

2．从大陆方面看，大陆在2003年12月发布的有关两岸“三通”的白皮书中形成了新的、完整的政策，其中最引人注目是新政策中关于两岸直航的“三不涉及”，即：不涉及两岸谈判主体(中央或地方)；不涉及两岸的政治符号（国号、国旗）；不涉及两岸航线的定位（国内或国际），创造性地绕开了两岸在“三通”问题上的政治障碍，实践了大陆方面提出的“不以政治分歧去影响、干扰两岸经济合作”的主张。事实上，两岸几次春节包机的顺利实施，也充分说明了两岸空中直航已不存在任何技术上和业务上的问题。特别值得一提的是元旦后胡锦涛主席再次力促两岸直航，提出民间协商，同时也不拒绝当局的行业主管以适当身份参与的原则。

3．从扁“政府”看，尽管近期扁“政府”在“积极管理，有效开放”的政策下推出严密管控台商的资金流动等极端的举措，使人们仿佛看到李登辉时代“戒急用忍”的政策又起死回生。但如果我们回忆一下扁“政府”上台后关于两岸直航问题的言论，如忽而宣示两岸“三通”是必走的一条路，忽而又说直航不是万灵丹或特效药，忽而又提出两岸直航三阶段论，朝秦暮楚、反复无常，政策摇摆不定，我们会发现台湾人民及在台外资都对其失去信心，其信用已经破产，而其以破产的信用来围堵两岸经济合作注定难以长久。

二、两岸直航将全面激活两岸产业合作

尽管当前两岸经济已有较好的合作，但由于众所周知的原因，合作程度也就是“三分天下有其一”而已，两岸的合作还有待进一步深化。而推动两岸合作进一步深化的最重要的条件之一就是

尽早实现两岸直航。两岸直航不但是经济上的需要，而且也是两岸政治关系的晴雨表，因此，两岸直航标志着两岸关系将进入一个崭新的阶段，必将全面激活两岸在旅游、贸易、投资、国际合作、能源开发、人力资源合作、大型基础项目合作（电力、高铁、高速)、农业、金融、海洋、航空航天等领域更为全面、更为深入的合作。从大陆方面看，未来20年，或仅在“十一五”期间，在基础设施建设、服务业建设、高新技术的研发方面将有巨大的需求和巨大的发展，需要来自世界各地，包括台湾业者的参与；从台湾方面看，台湾上述产业有其可取、优势之处，有能力为大陆快速的经济发展做出贡献，同时，台湾的产业如能抓住此次机遇，在未来5年乃至于20年将有一个跨越式的发展，无论对台湾岛内的经济发展、对大陆的产业促进均能再上层楼，达成双赢的结果。而以所谓“积极管理”来钳制两岸经贸的发展，只会对台湾经济带来伤害，正如施振荣先生所言，台湾经济发展已到了一定的限度，两岸“三通”是台湾突破成长极限的关键。如果无法实现“三通”，台湾经济真正的问题会逐渐显露出来。因此，两岸要共同把握契机，促成直航，推动大陆经济发展，共享大陆经济发展的红利。

三、两岸直航将重塑企业的全球布局

在当前国际跨国企业的全球布局的重点已经转到中国大陆的潮流下，两岸应尽快实现直航，进一步密切两岸经贸关系。由于台湾具有连接大陆和美、欧市场的地理优势，两岸经贸依存也已经密不可分，而且双边的产业已开始呈现分工的态势，同时，两岸加入WTO后双方经济依存度更为提高，促使两岸进一步共同融入全球分工体系。如果两岸未来能实现直航，实现贸易正常化，将使两岸企业进一步融合，并进一步融入全球经济体系，扩大经济效益和整体实力，也能形成新的贸易架构，增进两岸经贸往来，为两岸经贸和政治关系的突破带来机会 。同时，两岸直航也将有助于台湾企业加入东亚区域经济整合进程并发挥其特有的优势。从台湾而言，只有整合区域资源，通过与大陆经济合作，才能顺利实现经济结构的升级转型，台湾企业也才能在未来的国际产业链中形成新的核心竞争力。历史表明，早期台湾劳动密集型产业向祖国大陆的大举迁移不仅使迁移的中小企业本身通过横向扩张维持了在国际市场中的竞争地位，也为台湾的新兴产业腾出了发展的空间；而近年来台湾中大型科技企业以及金融服务业的大陆投资更是这些企业面对全球竞争的战略之举。

四、几点建议

我们知道，两岸直航是一个隶属于公共、经济范畴的政策议题，并得到台湾菁英层和多数基层民众的支持，但已被执政当局演绎成一个有前提的公共议题，并用手中的公权力加以阻挠，因此当前较难通过技术手段解决。但为两岸人民福祉计，建议国共两党可否先行推动以下几方面的工作：

1. 能否中共方面在与台湾有关方面协商前提下，在空运方面，公布大陆方面第一批拟对台开放的机场；在航运方面，台湾方面开放两岸海上试点直航的船舶运送两岸贸易货物能“通关入境”，同时大陆方面宣布所有对外开放的港口均对台湾商船开放。

2. 两党共同推动两岸对等建立若干个经济合作试验区，争取先行进行直航；

3. 两党共同推动按 WTO 原则、以民间组织出面规划两岸产业分工事宜；

4. 两党进一步推动两岸民间往来，特别推动大陆各界尤其是工商界人士入台，与台各界建立更紧密的经贸联系。

作者简介：

海峡两岸关系研究中心特约研究员、南开大学台湾经济研究所所长，教授，博士生导师。1989年开始专职从事台湾经济、两岸经济关系、两岸经济比较研究，是中国大陆最早进行这方面研究的中青年学者之一。研究方向：台湾经济、两岸经济关系、两岸经济比较研究、东亚经济。

海峡两岸直航问题探讨

李　非

摘要：

当前两岸直航的发展形势正处于历史与未来的一个新的交界点上。随着台商在大陆的投资继续扩展，两岸贸易加速增长，货流规模日益扩大，客流形式也日显灵活，包机直航出现突破，“小三通”更是快速发展，从而使两岸间接通航的程序不断简化，直接通航的趋势越来越明显。这主要是由于巨大的直航市场需求，犹如一只“看不见的手”，在推动两岸通航联系不断发展。两岸每年都有数千万吨的贸易货物、数百万个集装箱、数百万人次通过各种中转的方式相互流动。如此规模的经贸与人员往来，产生了对两岸直航的市场需求，使间接通航的不合理性愈加明显。在间接通航模式越来越无法适应客观形势发展需要的情况下，两岸直航已是一个不可回避的现实问题，也不再是台湾当局手中可以随意运用的政治筹码。台湾岛内有限的经济资源和空间，要求其将视野扩大到海峡西岸，通过融合并吸纳大陆资源，拓展台湾经济的发展空间，为产业升级与贸易转型开辟一条出路，因而两岸直航对台湾产业发展策略与企业全球布局影响至深。虽然两岸直航的政治障碍依然存在，但是，经贸关系的时代大潮向前涌动，未来发展前景谨慎乐观。如果尽快实现两岸直航，台湾岛内的服务性企业就可以继续以台湾为基地，有效地为大陆台资生产性企业服务，形成一种全新的产业分工形态。

一、两岸直航的发展形势

自1979年起，大陆方面就一贯主张尽快实现两岸直接“三通”，积极推动两岸通航事宜。经过两岸同胞的共同努力，两岸直航的道路越走越宽。20多年来，两岸通航取得一定进展，从1986年起开始间接通航，到1995年开放“试点直航”，从2001年福建沿海地区局部直航，到2003年两岸“春节包机直航”，两岸各种形式的通航联系取得了初步的成效，间接通航的程序逐步简化，直接通航的趋势越来越明显。

转运通航蓬勃兴起：虽然目前两岸通航联系仍以间接形式为主导，但是，越来越多的航商考虑到运送方式的相对成本，更多地选择成本最低、效率最高的运送方式，从而使间接通航的程序不断简化，通航形式开始向直接形态转化。从转口简化而来的转运是以联货提单的方式付运货物，只在中间港海域重新集装整合，既节约了运输成本，又节省了运输时间，因而是离岸服务的一种重要形式。伴随着两岸转运通航的蓬勃兴起，一种由转运衍化而来的过境形式也随之出现。由于过境（或称弯靠，广义的转运包含过境）并未在中间港重新装卸与转换运输工具，不须中介服务，在运输成本和时间上，都比转运更加经济。在经济利益的驱动下，越来越多航行于两岸的商船从原来从事转运转为从事过境，从而形成过境超过转运（狭义的转运）的趋势。

“准直接”通航应运而生：两岸海运因最近距离仅149海里，经第三地绕道弯航（过境）至少增加数百海里，航程增加3倍以上，贸易商每年额外花在海运中转上的费用数十亿美元。为了节约运输成本，节省运输时间，航运界在过境运输中，又摸索出一种“转单不转运”的变通形式，灵活从事两岸贸易货物运输。这一做法就是，航行于两岸的国际商船，主要是大陆或台湾的权宜籍（即在海外注册）商船直接往来于两岸之间，只是形式办理“航自第三地”的过境手续。2005年，直接航行于两岸的船舶有数千艘，在距离台湾100多海里的日本冲绳县石垣岛外海寄港，有的甚至在远离石垣岛的公海上直接办理过境手续，以取得“航自日本的形式”。这一做法大大简化了过境贸易的手续与程序，是一种在形式上过境、实质上直接付运的“准直接”贸易。这种“转单不转运”的通航形式十分灵活，日益活跃，大有取代转运并主导两岸通航形式的趋势。

“包机直航”出现突破：在两岸经贸往来日益热络的带动下，两岸人员往来日趋频繁，2005年首次突破400万人次，累计达600万人，3800万人次。目前，在大陆常住的台胞已超过100万人，而且还在不断增加之中。由于台湾当局限定两岸空中不能直接飞航，两岸空运联系不得不采取间接通航的模式，大多仍然经港澳中转，约占两岸客流市场的85%以上。间接通航不仅徒增空运成本，也给民众旅行带来极大的不便。随着两岸人员交往日益密切，旅客流动量不断增大，中转旅行的规定愈加不能适应形势发展的需要。两岸民航界经过共同努力，达成“共同参与、合作经营、利益共享、互惠双赢”的共识，在2003年实施台商单向“春节包机”，首次突破两岸空中直航的限制，2005年又实现双向、不经停、多点（北京、上海、广州）、对飞的历史性跨越，2006年在搭载对象（惠及所有台胞）、航点（增加厦门）、航次等方面再取得进展，先后顺利完成三次两岸春节包机业务。两岸各有6家航空公司参与，台湾方面有中华、长荣、复兴、华信、立荣、远东航空公司，大陆方面有国际、东方、南方、海南、厦门、上海航空公司。两岸春节包机直航的成功实践充分说明，两岸空运在空中管制和地面服务等方面的条件已完全具备，直航的技术准备业已成熟。

厦金直航快速发展：为方便台胞通过金门往返两岸之间的“小三通”航线，自2001年1月开通以来，经过5年的实践，直航业务取得显著成效，尤其在2005年，航班密度明显增大，每天6艘船往返12班次，运送旅客快速成长，首次突破50万大关，达51.8万人次，5年累计116万人次。双方使用两岸资本并在两地注册的船舶，采用只挂公司旗的方式，经营海上客、货运航线，不仅使之成为金马地区民众以及大陆台商往来两岸经济、便捷的一条黄金水道，也是台胞生命救助的“绿色通道”。通过厦金航线，两岸人员往来每人每次节省近1万元新台币，时间也相应缩短近一半。目前，厦金航线主要是一条承运台商的特殊航线，未来应逐步发展成为承运两岸货物的重要航线，准许大陆物品经金门简单加工（包括包装）后进入台湾，台湾产品经金门进入大陆，使金门成为两岸货运中转地之一，并开放两岸所有同胞经金门中转旅行，使这一黄金水道的作用进一步扩大。

二、两岸直航的经济影响

两岸经济合则两利，通则双赢。两岸直航符合两岸同胞的切实利益，有利于两岸经济的共同发展，对产业发展策略和企业全球布局具有深远的影响。

（一）对产业发展策略的影响

推动两岸直航，就是要造就两地互利双赢、共同繁荣的局面，其对产业发展策略的影响主要表现在加速促进两岸产业的对接与融合。随着台商在大陆投资不断扩大，台湾制造业的转移经历了从第一波以轻纺为代表的劳力密集型产业，到第二波以石化为代表的资本密集型产业，再到第三波以电子为代表的技术密集型产业等三次赴大陆投资热潮。在台湾生产性行业为追求比较利益和降低生产成本相继将生产据点转移到大陆后，岛内服务性行业原有的生产服务对象自然成为大陆客户市场的重要组成部分。台湾服务业要继续有效地为大陆台资生产制造企业服务，必须有一个良好的生产要素和资源自由流动与交换的市场环境。然而，由于目前两岸暂时不能直航，虽然台湾制造业到大陆投资确实有效地降低了企业的生产成本，但是，企业的交易成本仍然居高不下，包括企业的资金、人员、货物等在内的基本生产要素均要经过第三地中转，从而在无形中阻碍了台湾服务业向大陆市场延伸。如果迟迟不开放两岸直航，台湾服务业为了争取客户市场，会加速向大陆转移，在大陆重要城市设立服务据点，寻找新的商业机会，拓展更广阔的发展空间；如果尽快实现两岸直航，台湾服务业就可以以台湾为基地，继续有效地为大陆台资企业服务。因此，两岸直航直接关系到台湾产业的发展策略，尤其是对外经贸发展的影响日益深刻。

从大陆方面看，两岸经济交流与合作大大增强了东南沿海地区的经济实力，促进了区域经济的快速发展。台资（包括第三地中转台资）已成为大陆第二大外资来源，为大陆提供约 1000 多万人的就业机会，不仅带来有形的资产设备和相对先进的生产技术，更重要的是，促进当地企业员工经济观念的变化。若实现两岸直航，则有利于进一步加速两地生产要素，尤其是人员和货物的自由流动和交换，增强大陆对台湾经济的吸引力，使两岸经济的关联程度不断加深。

（二）对企业全球布局的影响

推动两岸直航，能够为大陆台资企业创造良好的经济绩效。

目前，“落户”大陆的台资企业普遍盈利，盈利面在70%以上，其中工业生产企业盈利面高达80%以上。根据台湾“经济部”调查资料，大陆台资电子信息企业收益要好于大陆全部台资企业，也好于全部台湾的海外企业。据台湾“证期会”统计，前往大陆投资的上市公司以电子业获利最丰，在整体获利中占70%。赚钱最多的前20家电子上市公司，有七成是靠在大陆的企业赢利，母公司几乎全靠大陆工厂赚钱，岛内只留下“花钱”机构，如研发设计、营运总部、管理培训以及后勤支持等。由于获利普遍看好，大陆台资企业纷纷增资扩产，进行全方位的市场布局，抢占庞大商机。台资生产性企业在大陆的加速扩张，需要台湾服务性企业的大力配合与支持。若实现两岸直航，有利于留在岛内的企业“后勤”基地，如研发、设计、管理、营销等部门更好地为大陆台企服务。两岸不能直航给两岸人民，尤其是台湾工商界造成巨大损失，不仅多付出数倍的费用，也花费更多的时间。两岸实现直接“三通”，对于两地民众，尤其是台湾厂商而言，无疑是巨大的经济利益。如果台湾方面再自我设限，拒绝两岸直航，台湾企业将坐失商机。台湾有识之士坦承，直航再不松绑，台湾不仅丧失国际采购中心的地位，而且随着大陆生产基地的发展，国际大厂势必将采购中心移出台湾，届时台湾将有“边陲化”的危机。美国麦肯锡顾问公司也认为，台湾想要建立的“区域营运中心”或“营运总部”，80%的商机在大陆市场。开放两岸直航是台湾实现“营运中心”的关键所在。只有实现两岸全面、双向、直接“三通”，才是台湾摆脱经济困境的根本出路。

在21世纪世界经济格局中，区域之间的经济利益错综交织、相互影响，除了追求比较利益外，更为侧重对区域内的经济资源加以合理配置与利用。在区域经济合作日益增强的背景下，台湾厂商积极主动地寻求与大陆建立更紧密的经贸联系，纷纷西进寻找发展机遇，为企业扩展开辟新的空间与出路，促进企业全球布局和分工模式的转型。实际上，台湾企业的全球分工模式已从过去“日本提供技术——台湾加工生产——外销美欧市场”的“传统三角模式”转变为“日本进口——台湾设计——大陆加工——美欧销售”的“四角模式”，并进一步向“日本进口——台湾设计——大陆加工与销售”的“新三角模式”转化，对大陆的市场依赖度进一步加深。从长远趋势看，这种相互依赖关系最终将走向“双环模式”，即逐渐转变为直接运用大陆技术与市场的“大陆——台湾”之间的经济循环。为促进两岸生产要素的自由流动，台湾岛内有识之士纷纷提出建立“两岸自由贸易区”、“两岸共同市场”等主张，并与大陆达成“建立有效、稳定的两岸经济合作机制”的共识。各种良好的建议和主张，其实施的前提条件，首先是要实现两岸经济关系正常化，加速推动两岸直航进程。

三、两岸直航的政策走向

（一）两岸直航的政策互动

大陆方面推动两岸直航的原则是“一个中国、双向直航、互惠互利”。“两岸直接通邮、通航、通商，是两岸经济发展和各方面交往的客观需要，也是两岸同胞利益之所在，完全应当采取实际步骤加速实现直接‘三通’”。交通部多次表示，愿就两岸通航事宜与台湾交通界、航运界进行协商。只要把两岸直航看作是一个国家内部的事务，就可以以民间对民间、行业对行业、公司对公司协商的办法，尽快地通起来。为此，多年来大陆方面一直为早日实现两岸直航做出了不懈的努力。

尽管台湾当局千方百计拖延两岸直航进程，但是，在经济利益的驱动下，两岸直航还是不断取得进展和突破，从“间接通航”

到“试点直航”，从“小三通”到“包机直航”，各式各样的通航模式应运而生。在两岸航运界的共同努力下，两岸通航程序不断简化，“试点直航”取得初步成效，厦金直航正在逐步扩大，“包机直航”也无法阻挡，直接通航已发展到突破的临界点。这主要是由于巨大的直航市场需求，犹如一只“看不见的手”，在推动两岸通航联系不断发展。2005 年两岸贸易总额达 912 亿美元，其中台湾对大陆出口 817 亿美元，占台湾总出口的 37%；台商到大陆协议投资累计约6.8 万项、金额达 897 亿美元，实际开业或投产 4 多万家，到资 418 亿美元。两岸每年都有数千万吨的贸易货物、数百万个集装箱通过转口、转运或过境的方式相互流动。如此规模的经贸与人员往来，产生了对两岸直航的市场需求，使间接通航的不合理性愈加明显，暴露出来的问题也越来越多。

在间接通航模式越来越无法适应客观形势发展需要的情况下，两岸直航已是一个不可回避的现实问题。但是，台湾当局一直试图将两岸通航定位为“特殊的国际航线”，与大陆“特殊的国内航线”的定位正好相反，并把直航作为政治筹码，有意尽量拖延两岸直航进程，淡化开放直航的时间概念。尽管在短期内两岸实现全面、直接、双向的直航被许多台商看作陈水扁“不可能完成的任务”，但是，在客观形势的压力下，未来两岸直航还是有可能以某种变通的形式局部性开放，也就是说，为了突破目前两岸僵局，台湾方面将不得不有限度地、小步骤地开放两岸直航。近年来台湾当局也陆续出台一些两岸海运、货运便捷化的方案，如扩大“境外航运中心”的业务范围等。但是，这些方案有待进一步落实与推动，还需台湾有关部门展现诚意和智能。

台湾对两岸直航的政策调整，源于两岸经贸关系的实质进展。一旦两岸经贸交流规模发展到一定程度，直航政策将不得不表现出弹性和松动。台湾每次所谓的“政策开放”，往往是因在技术或行政上无法有效阻止而对既成事实的追认。从简化间接通航程序到设置境外航运中心，从开放“小三通”到春节包机直航，几乎都重复着“禁止—默许—开放”的“三部曲”，出现“法律落后于政策，政策又落后于现实”的脱节现象。直航已不再是台湾当局手中可以随意运用的政治筹码。台湾岛内有限的经济资源和空间，要求其将视野扩大到海峡西岸，通过融合并吸纳大陆资源，拓展台湾经济的发展空间，为产业升级与贸易转型开辟一条出路。

（二）两岸直航的政策思路

推动两岸直航，应紧紧围绕着“有利于两岸经济共同繁荣、有利于两岸关系互动发展、有利于两岸人民共同利益”的中心思想，灵活、务实、积极、稳妥地探寻突破途径和解决方案。

首先，不以政治分歧干扰两岸直航发展进程。两岸通航是一种以市场原则为取向、以利益需要为动力的交通联系。在市场运作越来越国际化的趋势下，经济力量日益成为推动两岸直航的主要动力。在当前两岸政治关系处于僵持、冷淡的对立状态下，推动两岸直航，应“求同存异”，表现出更具弹性和务实，尽量淡化政治色彩，减少政治阻力，让经济规律决定两岸直航的发展进程。国台办发言人多次表示，台海局势紧张并不影响两岸发展经贸关系，不应把像直航这样的经济问题“泛政治化”。具体而言，在不违背“一个中国”原则的前提下，适当以“政经分离”的方式，优先处理两岸直航问题。

其次，推动两岸通航正常化。两岸经贸关系在本质上属于“中国主体同其单独关税区（台湾）之间的经贸交流，纳入对外经贸管理体系进行管理”，两岸航运属于特殊管理的“两岸航线”，按外贸运输进行管理。在两岸通航联系的实际事务性操作中，涉及到许多技术性问题。为此，应以弹性的空间定位，规范和促进两岸直航，采取各种有效措施，切实解决两岸通航中出现的具体问题，包括“包机谈判”、“货运便捷化”、大陆居民赴台、澎、金、马旅游等问题，逐步改善两岸单向往来的局面，引导通航联系进入良性循环轨道，促进通航联系向双向、直接的方向发展。

第三，建立两岸通航联系机制。推动两岸直航发展进程，应在互相尊重和保障对方利益的前提下，秉承相互协商的准则，以地方对地方、企业对企业、民间对民间、行业对行业的接触方式，灵活处理有关通航事宜，探索建立互惠互利的两岸通航联系机制。大陆对台经贸政策应充分体现对台湾同胞的最大诚意与善意，在不违反 WTO 基本规则的前提下，继续贯彻“同等优先、适当放宽”的政策，鼓励台湾航商来大陆发展兴业，设立据点，让其享有正当、合法的权益，并适当让利于台商。具体而言，可适当采纳“两岸自由贸易区”或“两岸共同市场”等部分合理、可行的建议，比照 CEPA 模式，通过某种方式，优先向台商开放一些服务贸易领域。

作者简介：

1962年8月生。经济学博士。1986年厦门大学研究生毕业后，一直在厦门大学台湾研究所（院）从事科研与研究生教学工作，历任助教（1986）、讲师（1988）、副教授（1992）、教授（1999）、博士生导师（2001）、所长（2004）、教育部文科重点研究基地——厦门大学台湾研究中心副主任（2005），兼任厦门大学海峡两岸发展研究院副院长。社会兼职有：中国民主建国会中央委员、中国统一战线理论研究会常务理事、全国台湾研究会理事、海峡两岸关系研究中心兼职研究员、海峡两岸经贸交流协会理事、福建省人民政府顾问等。主讲《海峡两岸经济关系》、《台湾经济》、《区域经济学理论》等课程，独立培养区域经济学博士生21人，博士后2人。从事对台研究23年，累计发表学术论文200多篇，其中在核心刊物有100多篇；出版专著17部，其中独著6部。先后主持并完成国家、省、部级课题30多项，其中国家自然科学基金1项，国家社科基金5项，教育部社科重大项目2项等。获奖成果20多项，其中专著《台湾经济发展通论》获福建省第六届社科成果一等奖，《海峡两岸经济合作问题研究》获第三届全国高校优秀社科成果二等奖和第四届全国对台宣传优秀图书二等奖；《海峡两岸经贸关系》获福建省第三届社科优秀成果二等奖。

开放大陆居民赴台旅游与两岸旅游合作探析

黄福才

摘要：

开放大陆居民赴台旅游，加强旅游交往，实现两岸旅游双向互动及今后之进展，成为两岸旅游界同仁共同关注的问题。长期以来，两岸旅游交往一直处于以“单向、间接”为主的状态之中。论文以近些年台湾观光业发展中的具体统计数字及客源市场进一步拓展所遇的问题，从有利于台湾观光业的发展，开放大陆居民赴台旅游顺应国际旅游发展趋势，开放大陆民众赴台旅游具有巨大的现实需求、市场潜力和发展空间三方面，分析论述开放大陆居民赴台旅游的必要性和市场前景。接着从创造巨额的直接旅游收入、带动旅游业及相关产业的投资增长、对两岸都将产生积极的社会效益、将为台湾社会创造可观的就业机会、将有利于平衡岛内旅游淡旺季和资源合理配置、将为大陆游客带来实惠等从五个方面分析评价“开放大陆赴台旅游”的效益。最后分析两岸观光互动存在的问题，探讨如何更好地建立两岸旅游观光业双向互动、互利双赢的格局。

在全球旅游业迅猛发展和世界旅游客源市场东移的形势下，海峡两岸旅游业既面临着发展的大好机遇，又面临全面开放和周边地区激烈竞争的挑战。大陆与台湾旅游业的发展及交流的扩展为两岸旅游业互动提供了重要的基础与条件。在2005年台湾民众出岛旅游的820.81万人次中，有410.92万人次是前往中国大陆，比上年增长11.50%，占台湾民众出岛旅游总数的50.06%，大陆是台湾民众出岛旅游的首选目的地。据统计，2005年台湾同胞在大陆旅游花费为40.83亿美元，较上一年增长11.74%，占总花费的13.94%。台湾民众大量到大陆旅游，一方面促进了大陆入境旅游市场的发展，增加了大陆旅游经济收入；另一方面对台湾大众了解大陆社会经济的发展、改革开放的政策、增进手足情谊、缓和两岸对立的局势、发展经济合作发挥了重要的作用。正是由于海峡两岸不断加强的旅游交往，推动两岸经济文化交流，同时因为两岸旅游观光尚无法进入双向互动的正常发展阶段，使得两岸旅游业间互动及今后之进展成为两岸旅游界同仁共同关注的问题。鉴于1988年以来台湾民众到大陆旅游带来的影响已有较多的探讨，本文重点论述“开放大陆居民赴台旅游”对台湾社会经济尤其观光业的影响，同时分析两岸观光互动存在的问题，探讨如何更好地建立两岸旅游观光业双向互动、互利双赢的格局。

一、开放大陆居民赴台旅游的必要性和市场前景

自2003年台湾旅游业遭受SARS疫情的影响后，台湾有关方面逐年加大了对旅游业的扶持和投入。2003年以来，为迅速增加进岛旅游者的数量，台湾观光局等部门启动了“观光客倍增计划”；2004年台湾地区第一次全面启动“观光年”，以民俗文化为卖点，以地方节庆国际化为目标，展开了较大规模的国际宣传活动。与之相配合，岛内各地举办多种活动，带动了台湾民众岛内旅游和出岛游。2004年还实施了《服务业发展纲领及行动方案》，其中“观光及运动服务业”被正式确定为重点发展产业，并确立

了“以发展会议展览服务业为先导，优先改善观光投资经营环境、发展运动休闲产业和规划包装及营销休闲农业，建立台湾永续发展的观光服务产业”的发展方针。

我们高兴地看到，在种种鼓励政策的推动下，近年来台湾旅游业逐步回升，基本恢复到了2003年SARS危机之前的水平，并仍将向前不断发展。2004年到台湾旅游的旅客达295.03万人次，比2003年增长31.24%。但进岛旅游人数尚未达到预期的目标，2004年进岛旅客量仍比2002年下降0.92%。2004年观光外汇总收入达40.53亿美元，占台湾地区生产总值的1.33%。依“观光客倍增计划”的预期目标，2005年台湾接待进岛旅游人数应达到350万人次。但据最新统计数据显示，2005年进岛旅客累计337.81万人次，较2004年增长14.50%。不过，与原定目标相比，仍存在十几万人次的差距。因此，如何进一步拓展客源市场是台湾观光业发展中面临的严峻问题。开放大陆居民赴台旅游，两岸同胞互相往来，旅游双向互动是拓展台湾客源市场最有效最可行的举措，是两岸旅游观光业进一步发展的必然走向。

图1　2003～2005年进岛旅客人次分析

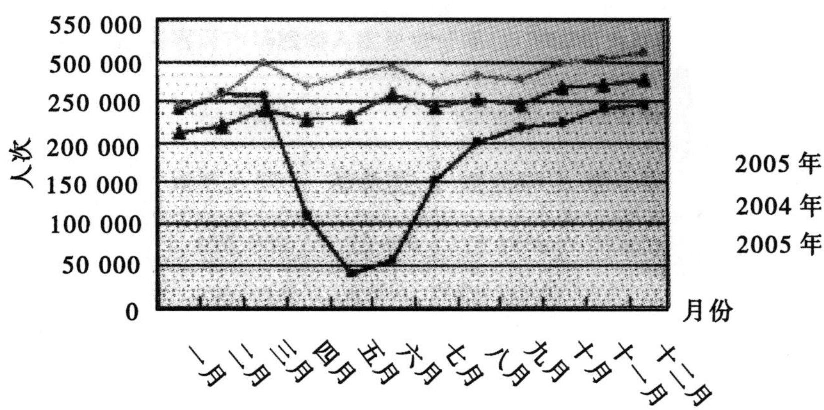

第一，有利于台湾观光业的发展。从长远的视角看，积极开拓新的客源市场是台湾旅游业发展的必然选择，而大陆客源市场是振兴台湾旅游业最重要的增长点。首先，台湾现有主要客源市场的成长空间比较有限，大幅增长存在一定困难。目前日本、美国、港澳和东南亚地区是台湾主要的客源地。其中，台湾第一大客源市场——日本旅客出游以欧美地区为主，未来赴台旅游的人数增长有限。香港及澳门旅客，一方面受到大陆旅游热的吸引，另加上台湾自 2005 年 4 月 1 日起向港澳居民收取落地签证及网上签证费用，致使赴台旅游成本相对增加，亦较难增加客源。美国旅客以商务旅游为主，除非有大型商务活动，否则市场也难有迅速的拓展。2005 年大陆居民1254.1 万人次到香港旅游，若能开放大陆居民赴台观光旅游，必将大大促进台湾入岛旅游业的发展。大陆民众怀着急迫的心情盼望游览阿里山，观赏日月潭，想了解宝岛台湾的民俗风情。大陆游客市场有着巨大的发展空间。

图 2　2004 年进岛旅游市场客源结构

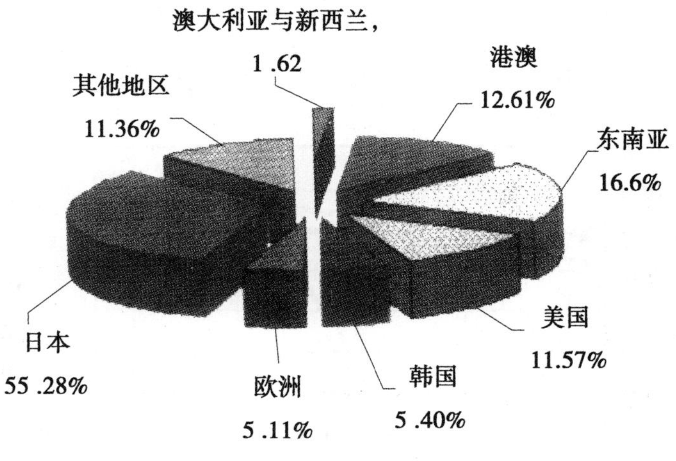

表1　各客源市场旅游人次及增长率(以2002年为基数)

客源国＼年份	2005		2004	2003	2002
	旅游人次	增长率	增长率	增长率	旅游人次
1.日本	1124334	12.6%	-11.14%	-34.20%	998497
2.港澳	432718	-5.22%	-8.64%	-29.21%	456554
3.东南亚	636925	20.1%	7.16%	-13.81%	530319
4.美国	390929	3.57%	1.42%	-27.71%	377470
5.韩国	182517	118.26%	77.10%	11.08%	83624
6.欧洲	172494	15.93%	10.85%	-20.13%	148797
7.澳大利亚与新西兰	54568	33.34%	21.44%	-21.73%	40924
其他地区	383633	12.34%	-2.75%	-13.86%	341507
总计	3378118	13.45%	-0.92%	-24.50%	2977692

资料来源:谭瑾瑜从大陆开放“个人游”成效,粗估大陆人士来台观光效益,“国政研究报告”,2005年6月15日,并结合台湾观光局网站上的统计数据计算。

台湾“2008观光客倍增计划”表示,2008年台湾进岛旅游人数突破500万人次,其中观光客倍增至200万人次。根据目前的进岛客源市场状况,台湾要达成这一目标,必须积极拓展新的客源市场。图1说明了当前台湾进岛旅游市场发展趋势与“观光客倍增计划”期望值之间的关系。其中,紫线为2000年至2005年台湾进岛旅游市场的实际人数,红线表示“观光客倍增计划”设定的2005年至2008年台湾进岛旅游人数的目标。金色虚线则是对2000年以来台湾进岛旅游人数进行线形回归后,得到的台湾进岛旅游市场发展趋势线。从图1可以清楚地看出,若不采取其他的市场拓展措施,按照当前的发展速度,2005年后的趋势值与目标值之间还存在着几十万人次的差距,实现“观光客倍增计划”的目标存在一定困难。在今后若干年的发展中,更需要开拓新的客源,持币盼游台湾的大陆民众是最好观光客。

图 3　台湾进岛旅游市场现状与发展分析

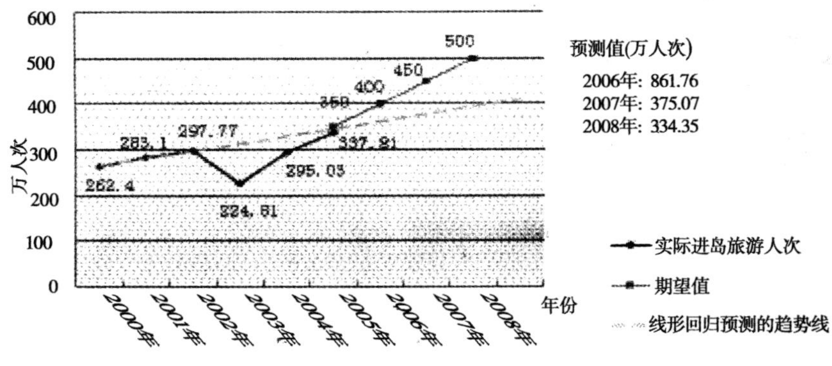

图 4　台湾进岛观光客市场现状与发展趋势

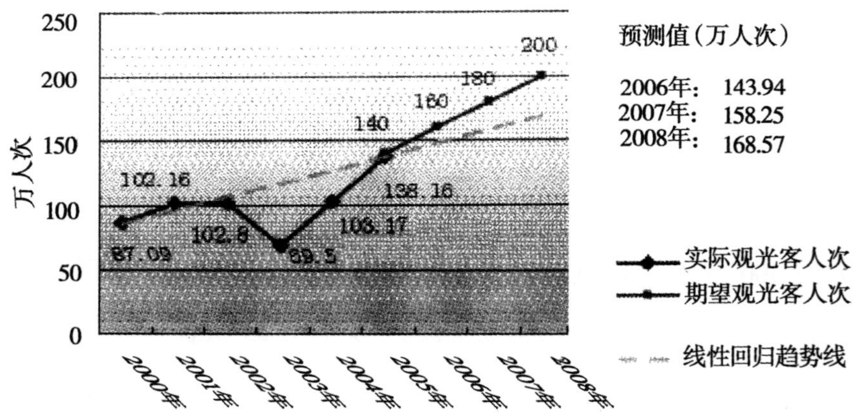

第二，开放大陆居民赴台旅游顺应国际旅游发展趋势。当前，世界旅游业运行中的旅游者“往来和旅行自由”、“尊重游客游玩的权利和自由”、“为旅行提供便利”等规则精神日益深入人心，人们希望有旅游之自由，不愿政治性因素影响旅游活动。大陆民众盼望通过有效途径的沟通，尽快撤销对大陆游客种种不必要的限制和监督，克服政治因素对旅游产业造成的负面干扰。观察全球观光发展趋势，新兴旅游地正在不断扩展，且竞争日趋白热化。目前大陆已开放居民赴 100 多个国家旅游，两岸是一家，台湾当

局没有理由拒绝大陆游客。全力发展海峡两岸观光产业，两岸旅游观光业者携手并肩参与国际竞争已刻不容缓。

第三，开放大陆民众赴台旅游具有巨大的现实需求、市场潜力和发展空间。大陆改革开放27年来，经济快速且平稳地发展，民众平均经济收入增长迅速，据统计数字显示，从1978年到2005年，大陆年均经济增长率达到9．6%，人均GDP从改革开放初期的不足200美元，增长到2005年的1700美元。按照国际经验，人均GDP超过1000美元，消费升级速度加快，旅游消费将明显增加。大陆居民生活水平的提高和消费观念的变化，促使民众国内旅游与出境旅游的迅猛发展。2005年大陆民众参与国内旅游达12.12亿人次，出游率达92.7%。出境旅游自1995年以来飞速发展，据统计自1995—2003年间大陆民众出境游以年均20.6%的速度增长，2003年突破2000万大关。2004年以来，出境游增长速度进一步加快，2005年大陆居民出境旅游总人数突破3000万大关，达3102.63万人次，比2004年增长7.5 %。其中因私出境旅游发展更为迅速，由1998年的378万增加到2005年的2514万人次，7年间年均增长率为31.1%。更值得注意的是，大陆游客出境游的高消费已经引起各接待国（地区）的关注，据国际亚太地区旅游监测机构（IPK）所属明中国旅游视屏统计显示，中国大陆旅游者一次长假旅游的平均日消费（不包括购物）为175美元。澳大利亚的调查显示，大陆游客在澳的平均消费为3000美元。另据瑞士信息网报道，大陆游客人均日消费为400瑞郎，约合313美元。又据统计，大陆内地游客在香港消费平均为6018港币，居所有到港旅游者之首。内地游客在澳门的消费也居最高位，比同期到澳游客日均消费1352澳元高出2/3，达2239澳元。大陆居民出境旅游人均消费已被公认为世界人均消费最高的国家之一。另一方面，大陆人民赴台旅游意愿强烈。根据中国四大旅游集团统计，有意愿来台观光的大陆人民达四百万之多。分析大陆人民来台意愿，除探亲与观光外，最主要原因就是大陆人民对于台湾过去几十年社会经济文化的变化以及人民的生活方式，充满好奇，希望亲身体验考察。据2004年有关媒体在北京、上海、广东做过民意调查显示，大概有81%的民众愿意选择到台湾旅游。另据大陆有关专家估计，旅游消费在二三万元人民币的大陆居民，有1000多万人。这对台湾旅游业来说，无疑是一个庞大的新市场。还应看到，大陆居民赴台湾旅游有着十分独特的市场需求，那就是存于大陆旅游者心里的“台湾情结”，它是一种讲不清道不白但又非常强烈的贴近感。因此，台湾是大陆民众最熟悉的陌生地，这种深深的心理旅游跟历史有关，跟文化有关，跟情感有关。旅游者到台湾有回家的感觉，有另外一种情境，休闲观光的时间会尽可能延长。

二、“开放大陆赴台旅游”的影响与效益分析

大陆游客赴台旅游对台湾旅游市场的发展有很大的益处。开放大陆居民赴台旅游可为台湾第三产业的发展注入新的活力，推动台湾旅游观光业及相关产业的发展。

第一，将为台湾旅游业带来可观的经济效益。首先可创造巨额的直接旅游收入。台湾这几年调查显示，在购物消费方面，大陆游客赴台旅游以人均每日购物消费49.77美元高居榜首，远超过美国、日本等地游客。一旦大陆游客到台湾旅游的限制全面解除，台湾游正式“足额”开放，按目前规定的每日开放1000人、台湾一年可接待大陆游客36.5万人次。根据有关停留期限“自入境的次日起不得逾十日”的规定，假设开放后大陆游客人均逗留十天，再基于2005年大陆游客在台湾人均日消费238美元进行粗略估计，开放大陆居民赴台旅游可为台湾带来直接收入8.69亿美

元。

通过对未来考虑“开放大陆居民赴台旅游”与不考虑此情况的预测比较（见图 4），我们发现开放大陆居民赴台旅游的收益增长，将使旅游外汇收入在原有基础上，提高 17%以上。

图 5　台湾旅游外汇收入现状与发展分析

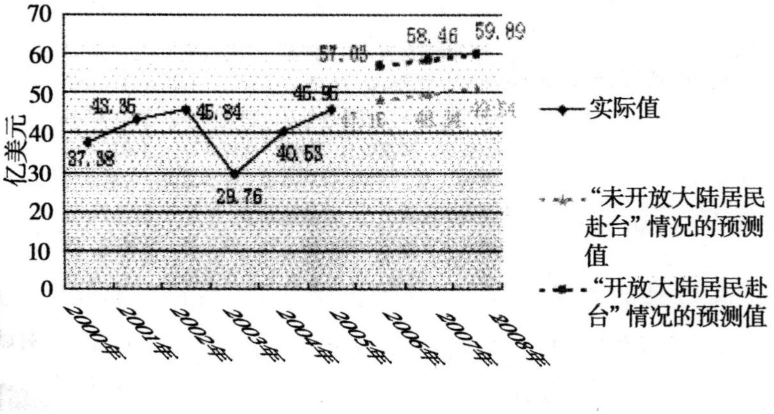

其次，可带动旅游业及相关产业的投资增长。旅游业是一个具有较强地区综合带动效应的产业。正如连战前主席所言，旅游业和其他产业的关联度高，对餐饮业、交通运输业、文化娱乐业、金融服务业、邮电通讯业以及咨询服务业的带动作用大，对社会就业的拉动效果明显。再据有关专家统计，与旅游产业相关联的产业、行业部门达 109 个。因此，积极发展旅游产业，无论对大陆经济的发展，还是对台湾经济的繁荣，都有积极的作用。根据国外有关研究表明：每 1 美元的直接旅游收入可带动2.5 美元的间接旅游收入。由此估计，由开放大陆居民赴台旅游带来的8.69 亿美元外汇增加额，可带动台湾地区国民生产总值增加21.7 亿美元，两项合计体现出开放大陆居民赴台旅游对台湾地区国民经济的总效益将达到30.39 亿美元。

为因应大陆居民赴台旅游的需求，岛内同仁们近期加快投资脚步，观光旅馆业、餐饮业、百货公司、大型游乐区等企业将增加民间投资，进一步带动经济成长。目前，一大批景区旅游设施和饭店已在兴建之中，特别是大陆游客集中的日月潭、阿里山等风景区，新的旅游设施或饭店正在兴建中。属于大阿里山地区的嘉义县市，新的饭店盖得如火如荼，剑湖山投资兴建的王子饭店，还有一些度假村正在积极赶工。到2006年底以前，“日月潭”、“阿里山”等风景区将会增加700个以上的房间。在寸土寸金的台北都会区，有关部门亦规划出了5处公有土地，用于兴建平价旅馆。另据台湾重要媒体2006年3月下旬的报道，有台湾民间钢铁“霸主”之誉的义联集团，不仅扩建旗下的观光饭店，还投巨资开发位于高雄县的“义大城”，规划修建购物、游乐与度假中心等设施，以因应开放大陆民众到台观光旅游的需求。此外，大陆人士赴台观光将会凸显景点对道路、桥梁、交通标志及景点内公共设施等公共建设的迫切需求，并带动台湾岛内公共设施及周边产业之投资，在中长期内带动岛内经济成长。“开放大陆居民赴台旅游”拉动经济的效应已初步显示。

第二，对两岸都将产生积极的社会效益。两岸同根同源，血脉相连，语言相通，两岸旅游交往与合作有着很好的基础，几十年隔离产生的神秘感，成为台湾吸引大陆游客的重要卖点。开放大陆居民赴台旅游可增进大陆人民对台湾社会的认识，加强文化交流，促进彼此之间的了解，进而有助于逐步化解认知的差距，扩大良性的互动，将进一步增进两岸人民情感，营造两岸更和谐气氛。旅游是和平的使者，友谊的桥梁，早日开放大陆居民赴台旅游是两岸同胞的共同心愿。

第三，将为台湾社会创造可观的就业机会。开放大陆人民赴台观光，将有助于台湾观光产业规模扩大并增加从业人员需求，直接创造新的就业机会，诱发相应的间接就业机会，从而将有助于纾缓台湾岛内的失业问题。台湾旅行商业同业公会的调查发现，岛内有七成的旅行业者对人力资源有需求，旅游观光业可连带创造航空、交通、餐饮、游乐区等的就业机会。据估计，开放大陆游客赴台观光，以一年36.5万人次计算，将可创造出2万多个的岛内直接就业机会。同时按国际惯例，每1直接旅游就业人员可带动2.5个间接就业。这样，2万个直接就业机会将相应带动5万个间接就业机会。两项合计达7万个直接和间接就业机会。随着开放程度的扩大，可提供的就业机会将迅速增加。

第四，将有利于平衡岛内旅游淡旺季和资源合理配置。台湾现有的主要客源，包括日本、港澳和东南亚各地旅游团，旅游目的地主要集中在台北和高雄等都会区，对台湾中部等地方观光产业的促进较为有限。但大陆游客不一样，台湾山水风光对他们来讲倍感亲切，具有神秘感和新鲜感，他们虽也想逛台北或高雄，但首选的地方景点是歌曲中传唱却未曾游览过的阿里山、日月潭，人们也想看看民族英雄郑成功和先辈们当年登陆、拓垦的台南等地，其中大多数人更希望进行环岛游，这对带动台湾地方旅游观光产业将产生重大影响。

目前岛内观光产业淡旺季差异较为悬殊，旅游资源及设施设备未充分利用，实施周休二日后更为明显，从表2的统计数字可看出，利用周末休息日外出旅游的比例占60.8%左右。因此，开放大陆地区人民赴台观光，透过接待行程规划，可更充分利用观光资源。大陆观光团可尽量安排在周一到周五到热点景区观光，刚好与岛内民众利用假日旅游的时间错开，解决旅游经营中淡旺季旅客量不均的问题。以阿里山为例，目前风景区内四个旅馆只有假日客满，平日主要接待大陆游客，正好可弥补淡旺季的差异，也不会明显地影响岛内民众的旅游品质。

表 2　台湾民众岛内旅游的时间选择

<table>
<tr><td colspan="2">出游时间</td><td colspan="2">2004 年</td><td colspan="2">2003 年</td><td colspan="2">2002 年</td></tr>
<tr><td colspan="2">公共假日</td><td colspan="2">6.7%</td><td colspan="2">13.2%</td><td colspan="2">15.7%</td></tr>
<tr><td colspan="2">周末休息日</td><td colspan="2">60.8%</td><td colspan="2">60.9%</td><td colspan="2">57.5%</td></tr>
<tr><td rowspan="3">平常日</td><td>带薪休假日</td><td>3.2%</td><td rowspan="3">32.5%</td><td>7.2%</td><td rowspan="3">25.9%</td><td>5.4%</td><td rowspan="3">26.8%</td></tr>
<tr><td>寒暑假</td><td>6.2%</td><td>5.4%</td><td>5.7%</td></tr>
<tr><td>其他平常日</td><td>25.1%</td><td>15.2%</td><td>17.7%</td></tr>
</table>

资料来源：台湾“交通部观光局”，《台湾地区 2004 年岛内旅游状况调查报告》，发布于台湾“交通部观光局”行政资讯网/观光统计 http://202.39.225.136/indexc.asp。

第五，将为大陆游客带来实惠。目前大陆居民赴台主要是商务和探亲客人，一些旅行社违规操作的所谓台湾商务旅游线路，大多是先飞至泰国、菲律宾，再通过泰国台北文化经济协会获得有效期 7 天或者 15 天的入台许可证，然后前往台湾。这种办理方式手续麻烦，不仅价格高，而且风险大，无法保障游客的正当权益，因此大陆有关部门一直是禁止的。如果开放大陆居民赴台旅游，特别是开放直航，大陆居民可直接赴台，将节省许多不必要的交通中转时间，同时也降低旅途成本和风险。台湾自然风光秀丽，人文景观独特，加上特殊的情结，大陆居民希望到宝岛一游。对于老一辈大陆人来说，去台湾看看，也许是他们“一辈子的心愿”；而对于年轻一代来说，能够去欣赏台北西门町的夜色，领略垦丁的热带风情，品尝别具风味的台湾小吃……也令他们无限神往。

因此，两岸旅游观光业者均认为，无论从拉动经济、促进地方产业发展，满足民众旅游等角度看，对大陆游客似乎没有不开放的理由。可以说，目前两岸区域旅游合作正逢其时，前景广阔。事实证明，“全面开放大陆居民赴台旅游”是民心所向、大势所趋。我们也希望台湾方面顺应两岸民意，顺应时代发展潮流，适应世界旅游业运行的规则，一方面，尽快改变其对大陆居民分类的做法；另一方面，尽快授权台湾方面民间旅游机构尽早启动大陆居民赴台旅游的磋商工作，两岸相互协作共同努力，推进旅游双向对接、两岸直接三通的进程。

三、对两岸旅游合作途径的思考

尽管全面开放大陆游客赴台湾旅游的时间尚待两岸磋商而定，两岸旅游界就“台湾游”的合作已在进行中。抱着尽快推动两岸旅游业互动的热忱，着眼于大陆这个庞大的旅游市场，台湾业者着手进行迎接大陆旅客赴台旅游的准备工作。金门、马祖正抓紧进行旅游接待设施改善与新建工作。台湾业者还在业务方面做了大量准备工作，包括缴付承办大陆团的保证金、接受相关业务培训、掌握大陆游客的接待方式等。为了刺激旅游市场，目前台湾许多大陆游客集中的热门景点，周边商家都开始接受人民币购物。相关业者表示，最近几年，人民币在台湾的流通越来越普遍，人们希望能提供人民币兑换服务。近期台湾有关方面表示，希望推出“高品质旅游”，将规划好安全管理与配套工作，由两岸高层旅游行业协会进行磋商沟通。双方协商议题可包括旅客身份确认、通报机制、旅行社保证金及惩罚规定，及如何解决履约和消费争议等等。

我们以同样急切的心情关注着两岸旅游业互动与进展，希望能在双方努力下共同建设海峡两岸旅游圈。长期以来，两岸旅游交往一直处于以“单向、间接”为主的状态之中，由于还没有实现双向互动，两岸旅游交流的真正潜力远没有发挥出来。2004 年随着两岸春节包机实现对飞、福建居民“金马游”先后启动，两岸旅游单向格局取得了突破。这标志着两岸旅游业务合作进入新阶段，对今后两岸旅游协作产生积极的作用。目前旅游业界等方面又针对当前“金马游”办证手续繁杂、审批过程较长、旅游行程安排单一、价格相对偏高等问题进行商协，陆续对有关政策、旅游内容与价格做出了调整，并加快了软硬件接待设施的建设。预计 2006 年下半年“金马游”将稳步增长。福建居民“金马游”成行，为全面开放大陆居民赴台旅游积累了经验。目前，福建居民赴“澎湖游”正在协商、筹备中，两地旅游业者正就有关业务问题进行商谈，具体内容包括旅游景点、旅游线路、主接社的安排、协商机制等。预计一旦条件成熟，“澎湖游”有望近期启动。大陆旅行业者近期频频受邀赴台考察，与台湾旅行社业者进行密切交流。通过旅游推介、研讨会等形式，促进两岸旅游领域的合作。两岸最大的旅游网站——携程网与易游网宣布共推“台湾游”产品，实现在业务合作、资源分享和技术互用方面的对接。特别是闽台两地的旅游合作更深入、广泛地进行，在 2005 年海峡两岸旅行商合作商谈会上，闽台两地旅行社代表签署了《闽台旅行商合作意向》，就旅游线路优惠互利、资源互享、信息互通、市场互动四点达成共识。此后，福建宁德与澎湖签订了海峡两岸岛屿旅游协作意向书，“两列”（宁德福瑶列岛—澎湖列岛）继“两门”、“两马”之后，成为闽台旅游互动的新渠道。与此同时，福建省旅游协会与台湾省六大旅行同业公会、香港旅游业议会、澳门旅游局共同签署《海峡旅游区域协作备忘录》，并就优势互补、资源共享、信息互通、市场互惠、机制互动等五个方面达成重要共识。“两门”（金门—厦门）、“两马”（马祖—马尾）旅游线路的开通，“两山”（武夷山—阿里山）、“两湖”（大金湖—日月潭）旅游对接协议的签署，为“海峡两岸旅游圈”的建设、开发提供了一个较为良好的协议框架。目前两岸旅游界正为两岸旅游市场的规范化和良性互动、双方合作推进旅游诚信体系建设而共同努力，推动两岸旅游交流与合作健康、有序地向前发展；并希望以务实、共赢为原则，共同开展规划、营销和人力资源培训；同时发挥各自优势，开展互利共赢的旅游促销、旅游项目投资开发等多方面合作。

在推动大陆居民赴台旅游，加强两岸旅游合作的进程中，有许多问题值得人们关心、协商与妥善安排，比如，当前大陆居民赴台要绕道香港或澳门，甚至东南亚国家，旅费高，风险大，如何通过直航，节省两岸旅游往来时间及成本，以利于旅游市场的开发。另如，如何解决赴台申请程序繁琐的问题，进一步简化赴台手续。又如，如何进一步健全旅游法规和配套措施，尽量避免一些违规操作的旅游企业甚至是国际“人蛇”集团有机可乘。再如，目前大陆游客在岛内不能使用人民币消费，又被禁止将人民币兑换成新台币，这势必使大陆旅游者消费能力大打折扣。在当前岛内民众兑换人民币需求日益增大、人民币黑市交易盛行的情况下，怎样早日开放人民币在台合法兑换，允许大陆游客使用人民币或兑换人民币，从而利于台湾金融秩序的稳定，发挥出台湾旅游市场的最大潜力。如何突出特色和重点，打造两岸资源组合的品牌；如何发挥各方面的作用，加强两岸旅游行业、企业、学术界的交流，探讨合作中的难题；如何发挥协会、企业的作用，建立有效的合作机制，包括在风险防范、危机管理、突发事故处理方面建立合作保障体系等等。这些问题的解决将有待两岸业界共同讨论、协商，并以智慧和实际行动加以解决。

四、结束语

海峡两岸同根同源、同胞手足情深，早日实现大陆居民赴台旅游是顺潮流、应民意、开新局的有益之举。进一步加强两岸旅游合作与交流，实现两岸旅游的双向互动，有利于推动两岸旅游产业的发展，增强两岸旅游业的竞争实力实现携手共赢，有利于增进两岸人民的感情融合，有利于两岸人民的福祉。尽管目前两岸旅游的双向开放还存在种种问题困难，但我们相信，只要我们共同携手，拿出非凡的勇气和智慧，以足够的信心和耐心，两岸本着互惠双赢、优势互补、多层次互动的精神，共同协商，一定可以找到解决困难的途径，完成我们这一代人所肩负的历史重任，开创两岸旅游交往互利互惠、双赢共荣的美好远景。

作者简介：

福建泉州人，汉族，现任厦门大学管理学院旅游系教授、旅游管理博士生导师；兼任厦门大学管理学院副院长、厦门大学旅游管理与规划研究所所长，并曾兼任旅游系系主任。自1976年起进行海峡两岸经济与文化史、旅游管理的教学与研究工作。现在主要从事旅游学理论、旅游规划与开发、旅游与历史文化（特别是台湾旅游与社会经济、历史文化）方面的研究。已出版专著、编著（包括合著）6部：《旅游学概论》(25万字)、《台湾商业史》(21万字)、《闽台文化交融史》（27万字)、《台湾社会经济史》(28万字，2004年分别获福建省和厦门市社会科学优秀成果二等奖)、《旅游饭店服务规范》、《透视中国东南——文化经济的整合研究》中“台海关系——东南文化经济的特殊分布”（近13万字）。先后承担“八五”、“九五”国家社科重点项目（研究闽台与两岸社会经济问题）的主要研究。近些年发表数十篇有关台湾经济文化、两岸旅游问题的论文，如“大陆入境旅游业中台湾客源市场的特征和走向”、“论台湾旅游业的若干作用和发展特点”、“论闽台旅游合作区的构建”、“试析现代台湾进出岛旅游业各阶段的发展变化”、“加入WTO对福建旅游业的影响及对策”、“金门旅游形象识别研究——对厦门市场的调查”、“台湾旅游业发展形势分析与展望”（2004、2005年，该两篇论文载中国社会科学院旅游研究中心编2005与2006年《旅游绿皮书》）、“大陆旅游市场中台湾旅游者行为研究”、“区域旅游业发展水平综合评价与实证研究”、“略论台湾宗教信仰的移民特征”、“福建构建闽台旅游合作区若干问题探析”等。数十次作为专家参加福建省、厦门市及周边省有关县市的旅游发展规划的评审鉴定工作。曾多次赴台、港、澳进行学术交流活动，推动和加强厦门大学管理学院旅游系与有关台港澳旅游院校的学术联系。

大陆市场与台湾观光产业发展关系之探讨

苏成田

摘要：

观光产业是本世纪的明星产业，世界各国莫不戮力于观光产业的发展。世界观光旅游委员会（WTTC）预估，今（2006）年全球的观光产业总产值将达6.48兆美元，占全球GDP的10.3%、提供总工作机会的8.7%。另一方面，世界观光组织（WTO，World Tourism Organization）则预测，全球观光旅游人次将逐年成长，平均年成长率达4%，2020年将达到全球人口数的五分之一，约15.6亿人次。

台湾地区2001年的观光产业总值为3950亿元新台币，约占GDP的4.15%，从业人员约23.5万人；不论从业人数或经济产值，均已超越传统初级产业的两倍以上，但是距离全球性的亮眼绩效，我们还有二倍以上的发展与努力空间。

大陆地区与台湾仅仅一水之隔，语言及生活饮食习性相同，过去台湾地区民众赴大陆观光旅游及洽商，每年约有300万至400万人次，而大陆地区民众赴台人次则仅约10余万人次之谱；呈现极不平衡的态势。事实上，单是沿海各省市民众，心仪台湾的风光、高度希望来台观光的人数，依据前些年曾经做过的调查统计资料，便高达5000万人。这么具有优势与发展潜势的观光商机，绝对是两岸观光旅游业者应该要好好把握与规划的市场。

当然，囿于过去一些技术面的疑虑，两岸对于开放大陆人民来台观光政策，一直有所迟疑。但是透过公私部门的共同努力，加重旅游业者的保证责任、妥善规划行程、提高旅游内涵与品质，相信一定能有效开创两岸观光旅游的新世纪。

一、前言

观光产业是提供本国人及外国访客旅游服务的行业，它不但创造就业机会、赚取外汇，而且也具有所得再分配、促进地方经济发展的功能，其重要性为世所公认。

根据世界观光旅游委员会（World Tourism and Travel Committee，WTTC）最新之估计，2006 年全球观光旅游产业部门之产值将达 6.48 兆美元，约占全球总生产毛额（GDP）的10.3%，它可提供 2.34 亿个工作机会，占世界总工作机会的8.7%。而世界观光组织（World Tourism Organization，WTO）则预估到 2010 年，全球的国际观光旅游人数，将成长至10.06 亿人次，2020 年将达15.61 亿人次，平均年成长率可达 4%。观光旅游产业乃是全球最大的单一产业部门，并且被誉为与信息科技产业一样是 21 世纪的明星产业，世界各国无不致力发展观光产业。

台湾经济研究院所做之观光卫星账（Tourism Satellite Account，TSA）则显示，2001 年台湾之观光产值为 3950 亿元（台币），占总生产毛额（GDP）的4.15%，超过了农业部门的1.95%，观光及相关产业之就业人数为23.5 万人。观光产业已成为传统工业外移及农业发展萎缩之后，维系地方社经发展的重要产业部门。

有鉴于此，台湾方面乃于 2000 年 10 月宣布将观光产业列为重要的策略性产业，并在 2002 年 5 月启动“观光客倍增计划”，开始致力发展观光，并企图在 2008 年时达到来台旅客 500 万人次之目标。积极发展观光产业是台湾全民支持之政策，但对 6 年内要使观光客人数倍增到500万，则不予乐观，除非能有效打开大陆市场，吸引大陆观光客来台，才有可能毕竟其功。然而，就观光产业的角度而言，大陆观光市场在健全台湾观光产业的经营环境上，则扮演更重要的角色。

二、台湾观光产业的发展近况

近几年来，台湾的观光产业由于遭逢1999年“9·21”大地震、2000年纽约“9·11”恐怖攻击事件、2003年全球发生SARS疫情等重大天灾、人祸事件之冲击，发展过程颇为坎坷，不过也有相当程度的进展，谨略述如下：

（一）观光业产值占GDP之比重逐年上升（表一）

根据台湾经济研究院所做的观光卫星账数据，1996年台湾观光业之产值占全国GDP之比重为2.44%（台币1873.5亿元），1999年为2.39%（2209.4亿元），至2001年则增加为2.7%（2569.8亿元）。2004年由于尚无卫星账分析数据，尚无法确知观光业占GDP之百分比，但以服务业占GDP之比重上升至68.72%及台湾人民在岛内及海外旅游与来台旅客增加情形（表二）估计，观光业之比重应已接近3%，甚至超过。

表一　1996年至2004年观光业产值占GDP比重之变化

单位%

年份	农业	工业	服务业	观光业	总生产毛额(百万元)
1996	3.19	35.72	61.09	2.44	7678126
1999	2.56	33.19	64.29	2.39	9244438
2001	1.95	31.09	66.96	2.72	9447649
2004	1.74	29.54	68.72	–	10205899

资料来源：观光局观光年报、历年旅游状况调查报告。

表二 1996年至2005年台湾旅游人口成长情形

年份	境内旅游		境外旅游		访台旅客	
	人次（千人）	成长率（%）	人次（千人）	成长率（%）	人次（千人）	成长率（%）
1996	-	-	5713.5	10.12	2358.2	1.13
1997	71879	-	6161.9	7.85	2372.2	0.59
1998	-	-	5912.4	-4.05	2298.7	-3.1
1999	72651	-	6558.7	10.93	2411.2	4.9
2000	-	-	7328.8	11.74	2624.0	8.82
2001	97445	-	7152.9	-2.4	2831.0	7.89
2002	106278	9.1	7319.5	2.33	2977.7	5.8
2003	102399	-4.0	5923.1	-19.08	2248.1	-24.5
2004	109338	6.8	7780.7	31.36	2950.3	31.24
2005	-	8208.1	9.54	3378.1	14.5	

资料来源：观光局观光年报、历年旅游状况调查报告。

（二）台湾方面公部门的观光投资有相当程度之增加

公部门的观光投资主要表现在观光资源的开发及观光推广营销两大方面。

台湾负责观光建设的部门主要为观光局，办理重要风景区之建设与管理及国际观光推广与营销。其他各相关单位分别办理森林游乐区及县市级风景特定区等。过去10年，各类的风景区呈现数倍的成长，每年公部门在观光资源的开发建设上投入之经费约有台币60亿元之谱。至于观光宣传推广之投资，在2002年“观光客倍增计划”启动之后，亦有相当程度的增加。

（三）民间之观光投资虽未大幅成长，但蓄势待发

民间之观光投资主要为住宿设施及观光游乐设施。目前

（2005 年底）台湾拥有观光旅馆 87 家（房间数 21434 个），一般旅馆 2561 家（房间数 95131 个），民营游乐区 41 个。就数量上看，过去 5 年并无太大变化，但过去几年经观光局核准筹建之观光旅馆投资案累计有 52 个之多，房间数达 13000 个。不过，其中三分之二并未动工兴建，原因各有不同，但观望大陆市场开放时机，乃是最主要原因。若全面开放大陆人士到台湾观光，预料此等蓄势待发之旅馆投资案将会陆续进行建设。

（四）民宿及温泉休闲近年来形成一股热潮

受旅游活动由观光游览转向休闲度假趋势的影响，及观光局在 2000 年推动温泉观光年及温泉开发管理方案、2001 年制订民宿辅导管理办法催化下，过去 5 年台湾的民宿数量从寥寥数家大幅增加到 2005 年底的 1800 多家，民宿成为人们假日旅游最爱的住宿设施。而温泉旅馆及温泉休闲设施也如雨后春笋陆续冒出，民宿业及温泉旅馆业已成为近年来最热门的观光旅宿业。

（五）国民旅游是台湾观光产业的支柱，但尖离峰需求差异大

从 2004 年台湾居民在岛内旅游 109338000 人次，每次平均旅游天数1.7 天，及访台旅客 2950300 人次，每次平均停留7.61 天，所计算的旅游人日数比较来看，台湾旅游市场之需求约89.5%来自本身市场，只有11.5%是境外旅客的贡献，显现台湾的观光产业高度依赖本身市场，而且极大部分旅游地区之客源，完全以台湾居民为主。这种市场需求极度依赖岛内的情形，固然呈现本身市场的重要性，但却因为居民出游之时间 70%在周末或假日，以致旅游需求产生明显的尖离峰之现象，造成周末、假日风景区人满为患、交通拥塞、旅馆难订、旅游质量下降的问题，而旅馆业及游乐园业在“三天打鱼两天晒网”的情况下，陷入经营上之困难。

（六）2005年访台旅客人数大幅成长，但后续不易

受全球旅游热潮高升，主要客源国家出国观光人数增加，及近三四年来投入大量经费进行海外推广营销等因素的影响下，2005年来台旅客人数达到337.8万人次较2004年之295万人次成长14.5%，是极为难得的成绩，也促使全台观光旅馆之年平均住房率达到72%，较2004年之65.6%增加6.4%。不过，这个高成长率的成果，在目前情况下能否延续下去，则难予乐观。

三、台湾观光产业的SWOT分析

（一）优势（Strength）

1. 台湾乃自然风光及人文风貌相当多元而丰富的地方，观光魅力与邻近竞争国家和地区不惶多让。

2. 交通及观光基础设施遍及全岛各角落，有利于包装多样性的观光旅游行程。

3. 人民热情好客的特质博得外国访客的良好口碑。

4. 旅游安全之国际形象良好。

5. 台湾位于亚洲主要客源市场之中枢地位，具交通上之便利性。

（二）劣势（Weakness）

1. 台湾本身之旅游需求有明显的尖离峰现象，不利于产业之经营。

2. 观光产业之投资、营运成本均高，造成产品价格相对偏高，削弱了国际竞争力。

3. 目前门户开放程度不够，排拒不少潜在的观光市场，尤其是大陆市场。

4. 台湾与大陆同属中华文化，文化观光之卖点在海外的宣传营销不易。

5. 台湾的观光形象仍未获外国人士的广泛认知。

（三）机会（Opportunity）

1. 观光产业已列为重要之策略性产业，公部门之观光投资增加后，带给这项产业一个较好的发展条件。

2. 大陆市场全面开放后，大陆观光客源将是台湾观光产业持续发展之一大支柱。

（四）威胁（Threaten）

1. 国际市场之竞争日益激烈，新兴旅游产品推陈出新，国际营销经常处于受威胁的状态。

2. 天灾、疫情之负面报导容易渲染扩大，而造成短期间之不利影响。

3. 国际上对台湾与大陆政治互动事件的负面报导，会造成国际人士对台湾旅游安全之疑虑。

如何扭转劣势，排除威胁的因素，有效改善产业的经营环境，使台湾观光产业具有永续发展的前景，是政府及业界应该努力解决的课题。不过，在所有课题中当以积极开放大陆市场为首要。

四、大陆市场与台湾观光产业发展之关系

（一）大陆将是全球最大观光客源市场，也是台湾观光产业未来的主力市场

近几年来，大陆之经济快速发展、人民所得提高的结果，已明显反应在观光旅游的需求上。根据中国统计年鉴资料，2004 年大陆出国观光人数已达 2885 万人次，较 1994 年的 610 万人次增加 4.7 倍之多，大陆已是亚洲最大观光市场，并且很快会成为世界最大观光客源国。各国对庞大之大陆市场无不极力争取，2005 年大陆人民前往香港及澳门旅游的人数分别为 1254 万人次及 1046 万人次之多，可惜台湾目前无法分享这块市场大饼。不过，大陆人民向往台湾一游者众，根据有关民意调查，大陆沿海城市民众

将台湾当成出境旅游首选目的地者，便高达 5000 万人，若每年开放 100 万人次来台观光，要 50 年才能消化完毕。毫无疑问，只要解决大陆人民来台观光之课题，大陆必然成为台湾观光产业的主力市场。

（二）两岸人民往来观光旅游人数极不平衡（表三）

由于台湾对大陆人士来台旅游采行限制政策，而大陆亦未将台湾列入可以前往旅游地区之故，过去 10 年来，虽然大陆出境旅游人数从 1994 年之610.6 万人次快速成长到 2004 年之 2885 万人次，但到台湾之人数却只从 24700 人增加到 139360 人，增加极为缓慢。2002 年起才有 2200 人以观光为目的访台者，2004 年时观光人数增加到 19200 人，2005 年在大陆宣布开放大陆人士到台湾观光后，来台观光人数才有明显的增加，但也只有 54178 人。但反观台湾人民到大陆旅游人数从 1994 年之139.02 万人次快速增加到 2005 年之410.92 万人次。不但成长快、数量大，而且占全部出境旅游人次之比例从 1994 年之30.3%上升到 2005 年之 50.1%，台湾乃是除香港、澳门外，对大陆总入境旅游人次贡献最大的市场。

表三　海峡两岸人民相互观光人数及成长率统计

（单位:万人次,%）

年度	大陆			台湾		E/D(%)
	A.出国观光人数	B.来台观光人数	C.来台参访人数	D.出境旅游人数	E.赴大陆旅游人数	
1994	610.60	–	2.37	474.44	139.02	29.30
1995	713.90	–	4.23	518.87	153.23	30.12
1996	758.82	–	5.65	571.35	173.39	30.34
1997	817.54	–	7.38	616.19	211.76	34.36

续表

年度	大陆			台湾		E/D(%)
	A.出国观光人数	B.来台观光人数	C.来台参访人数	D.出境旅游人数	E.赴大陆旅游人数	
1998	842.56	-	9.04	591.24	217.46	36.78
1999	923.24	-	10.63	655.87	258.46	39.40
2000	1047.26	-	11.63	732.88	310.86	42.41
2001	1213.44	-	13.39	715.29	344.20	48.12
2002	1660.23	0.22	15.48	731.95	366.06	50.01
2003	2022.19	1.28	13.37	592.31	273.19	46.12
2004	2885.00	1.92	13.93	778.07	368.53	47.36
2005		5.42		820.81	410.92	50.06

资料来源：1.台湾"陆委会"《两岸经济统计月报》148期。

2.中国国家统计局《2004年中国统计年鉴》。

（三）大陆观光客能有效疏解台湾旅游市场离尖峰差距过大的问题

台湾旅游需求之离尖峰问题已如前述。为了解决离峰日旅游人口稀少的问题，台湾在2003年实施强制公务人员休假之措施，并且企图以旅游卡制度，约束公务人员实际休假出外旅游方能领取休假补助费，但这项措施由于倡导不够及存在漏洞之故，实施三年至今已经失去效果。至于对离峰需求有帮助的外国观光客，则因人数不够多，且旅游地点集中在台北地区之故，也不能发挥帮助其他观光地区离峰需求的功能。然而大陆观光客，由于访台天数较长（目前多为7天以上），且多数为环岛行程，因此能带给旅游在线旅馆业、餐饮业及土产业的商机，使其在离峰时间亦有游客上门，如果大陆来台人数足够，即可有效疏解其离峰时门可罗雀的困境。

（四）台北地区及部分观光地区之旅馆短期内无法容纳大量之大陆观光客

以台北地区观光旅馆过去 2000 年至 2005 年间之年平均住房率，与全年来台旅客人数做比较（表四），显示全年访台旅客人数约每增加4.1 万人次（或每月 34150 人次），其住房率会增加 1%。以 2005 年之住房率已达 77%之情形估算，来台旅客人数再增加 100 万人次，台北地区之观光旅馆住房率即会达爆满之程度。由于台北乃来台观光客必到之地，若旅馆房间数无法快速增加，则来台旅客人数达到 400 万人次时，即会出现严重旅馆短缺的问题。至于大陆人士向往的热门景点日月潭与阿里山，若大陆人数每日 1000 人到访，即会发生难以应付的状况。

表四　台北地区 2000 - 2005 年观光旅馆住房率与来台旅客人次之比较

年份	A 来台旅客人数(人)	B 住房率(%)	A∶B
2000	2624037	72.60	36148∶1
2001	2831035	69.65	40651∶1
2002	2977692	69.12	43080∶1
2003	2248117	57.37	39186∶1
2004	2950342	69.30	42573∶1
2005	3378100	77.00	43871∶1
平均	2834887	69.17	40984∶1

（五）开放大陆人士来台观光势必带动旅馆业的投资及相关产业的发展

由于大陆客源可期，开放大陆市场将发生旅馆短缺的情势下，新的旅馆投资将会在开放政策确定之后快速增加，相关服务业（汽车租贷、旅行服务、航空运输、餐饮、零售业等）也自然会被带动发展。

根据谭瑾瑜所撰“从大陆开放个人旅游成效粗估大陆人士来台观光效益”报告指出：开放30万人次大陆人士来台旅游，将可创造211.1亿元台币的观光收益……旅馆业总营业收入将可以因而多成长25.88%，综合商品零售业及餐饮业将可多成长0.67%，客运业将可多成长9.81%……以台湾长期消费乘数约为4估计，30万人次大陆人士来台旅游、所创造的211.1亿元观光收益衍生的所得效果，将可使台湾GDP增加844.4亿元台币。

五、台湾开放大陆人士来台观光课题之探讨

台湾在2002年开始准许大陆人士，以观光目的到台湾旅游迄今已经四年，由于两岸在这项事务上未经协商建立机制，以致问题丛生、进展缓慢，检讨其课题有以下数端：

（一）台湾对大陆地区人民来台观光之管理机制过于严谨

首先，台湾方面将大陆人民来台观光之开放方式分所谓一、二、三类人士逐步之做法，令大陆方面相当反感，而且成为大陆不愿配合开放的理由；其次，目前对大陆人士来台旅游之一些管理机制实过于严谨，执行若有偏差即会造成误会和不悦，使开放观光之美意打了折扣。

（二）大陆来台观光人士脱团情事仍时有发生

台湾自2002年开放大陆人士来台观光迄2006年2月，发生行方不明、脱团事件累计有40件共103人，脱团率约0.1%。虽然脱逃者已寻回70人，但这种现象一直是台湾考虑是否进一步开放大陆人士来台观光的因素之一，两岸亦必需在这个课题上共同合作。

（三）台湾旅行社之接团费杀价竞争，造成旅游质量下降

根据台湾旅行业全联会之信息，目前台湾旅行社承接由大陆观光团之团费80%在每日35至40美元的价位（其余约在50至60美元之间），这种不符成本的恶性低价竞争情形，已造成接待质量不佳的现象。一方面业者的利润必须要靠购物之回扣赚取，另一方面则造成大陆人士对台湾观光评价不好的后果。全联会虽要求接团旅行社签订自律公约，但因无法律约束力，事实上没有产生效果。

（四）两岸旅游事务之协商迟无进展

两岸旅游事务之协商事宜过去几年因双方存在歧见，管道亦不畅通的情况下仅于各说各话的地步，毫无具体的作为。2005年6月连战主席访问大陆之后，大陆即宣布开放大陆人士来台观光，台湾方面虽也随后在8月间，委托旅行业全联会协助处理两岸协商之先期联系与沟通事宜，大陆亦以成立海峡两岸旅游交流协会作为对口单位，但时过数月协商事宜却毫无动静。原因固然是政治因素之故，但却也因此延宕了台湾分享大陆观光市场的时机与利益，更造成大陆观光客必须绕道他国才能来台湾旅游的不便。

针对这些课题，台湾之相关单位目前正研拟因应措施，包括：

1．加重旅行业保证责任

（1）提高旅行业接待资格，保证金额度从100万元调整为200万元。

（2）强化大陆组团社及台湾旅行业责任，旅客发生脱队滞留，双方旅行社均应负责。

如：旅客每脱逃滞留1人，即从台湾旅行社所缴保证金中没入10万元作为协寻及后续处理费用，并拟透过协商约定大陆送团旅行社须为每个脱逃团员支付台币8万元作为收容及遣返费用。

2．提升大陆观光团旅游质量

（1）规划优质行程供业者包装行程参考。

（2）将团费分 ABC 三等级，并订定各级团费合理收费标准。

（3）请旅行业质量保障协会规划购物商店认证机制。

（4）违反自律公约之旅行业将处以暂停接团之处罚，并纳入法令中规定。

六、结论与建议

观光产业是关联层面相当广泛，需要公私部门共同努力推动的产业部门。一方面要有先天的发展条件，另一方面要有后天的人为努力。台湾拥有的不错的观光资源，公共建设颇为完善，观光设施服务也已具基础和水平，发展观光产业的条件堪称良好，若能尽早打开大陆市场，则台湾的观光产业必能很快蓬勃地发展起来。不过，开放大陆人士来台观光事宜，亟待两岸抛弃政治歧见，积极协商解决有关课题。谨做以下之建议：

（一）台湾方面

1．积极结合民间及观光业界的力量，敦促当局早日全面开放大陆人民来台观光。

2．检讨目前有关大陆人民来台观光旅游管理之法令及措施，减少或取消不必要之限制。

3．促请当局积极循协商包机直航之澳门模式与大陆之海峡两岸旅游交流协会协商全面开放大陆人民来台观光之有关事务。

4．配合大陆人民来台观光之需要，促请当局开放周末常态包机直航。

（二）大陆方面

1．建请尽早颁布“大陆人民赴台观光旅游管理办法”，建立大陆人士赴台观光旅游之管理机制，并将台湾列为可前往观光旅游的地方。

2. 加强对大陆办理赴台观光旅行社之管理，以建立有秩序的观光旅游交流活动。

3. 建请同意双方循澳门模式立即展开协商。

观光旅游是促进两岸人民的交流，增彼此了解的最佳方式，期盼两岸当局在观光事务上能撇开政治之歧见，尽快进行协商，共创双赢的成果。

学经历简介：

学历：中兴大学土木工程学士
亚洲理工学院系统工程硕士
德国 Dortmund 大学空间规划研究所进修（1984）

经历："行政院经建会"技正（1973－1988）
观光局东部海岸国家风景区管理处处长（1988．6－1996．4）
"交通部"观光局副局长（1996．4－2002．8）
"交通部"观光局局长

现职：中华大学餐旅管理学系系主任

专长：观光行政
风景区经营管理
景观工程
观光营销

开创两岸旅游双赢共荣新局面

陈文杰

大陆与台湾是同根同源的骨肉同胞，两岸的经济有着很强的互补性，两岸的经贸关系、旅游往来和民间交流对促进两岸经济发展有着巨大的推动作用。如大家所知，两岸目前只维持着单向的旅游往来，台湾去年有368多万游客到大陆旅游，今年1－8月超过242万人；而去年大陆居民应邀赴台、探亲、奔丧的仅有14万多人，今年上半年仅有7万多人，两岸人员往来的人数极为悬殊。对照去年内地游客到香港的高达1224万人次、今年1－8月达894万人次；今年1－8月到澳门的游客达555万人次等情况，从中就可见大陆到台湾旅游的潜力有多大，这是对两岸业者都是不容忽视的巨大市场。下面我想就开放大陆居民赴台旅游、中旅总社对赴台旅游的一些设想及建议，与参加大会的业者交换一下意见。

一、中旅总社与台湾游客和台湾游的历史渊源

中国旅行社总社（简称中旅总社）始建于1949年11月，是大陆最早专门定位服务于华侨、华人和港澳台同胞的旅行社。经过56年的发展，中旅总社逐步发展成为集入境游、出境游、国内游、商务旅游、会议和奖励旅游、签证认证代办、航空票务等多业并举的综合性的大型旅行社集团，并建立起覆盖全国、延伸海外的综合服务网络。中旅总社创写了大陆旅游行业的多个“第

一”——首家接待台湾同胞，首家经营大陆居民“港澳游”，首家试点开展中国公民赴东南亚游，率先将旅游与文化、体育、探险、企业奖励、国际会议等相结合，“中旅”也因此成为大陆最具知名度的驰名商标。

追溯50多年的发展历程，中旅总社早在1973年就开始接待港澳和侨居海外的台湾同胞；1977年，随着越来越多的旅居海外的台湾同胞到大陆旅游，中旅总社开始组织全国中旅系统提供良好的接待服务，尤其是1987年台湾宣布开放岛内居民来大陆探亲以来，中旅总社认真组织全国接待网络进行业务培训，在北京、上海、广东、浙江、山东、桂林等地设立了台湾同胞旅游接待和机票预定中心，为较好地接待台湾同胞奠定了基础，截至上世纪末中旅系统先后接待了数百万台湾同胞到大陆旅游、探亲；1984年，中旅总社委托各地和港澳中国旅行社负责承办归侨、侨眷和港澳台眷属赴港澳地区探亲旅行团在内地的全部组织工作，在全国设立了96个代理点，为上百万人次的家庭团聚提供办证和相关的旅游服务，尽了我们的一份力。

回顾过去，在我们长时间的接待台胞工作中，中旅总社与台湾旅游界的朋友保持着良好的合作与交流，建立起彼此互信的关系，并结下深厚的友谊。在上世纪90年代末，中旅总社也曾组织大陆中旅十多家旅行社到台湾考察，了解台湾的旅游资源和接待设施，希望能有机会组织大陆游客到台湾旅游，也使两岸的业者受惠。可惜因种种原因，这一良好的愿望至今尚未实现。我们希望，中旅总社与台湾的渊源、广泛的代理网络以及我们与台湾业界的良好关系，能在即将到来的开放大陆居民赴台湾旅游发挥更加重要的作用，为两岸游客提供周到的服务，也为两岸的业者带来实际的经济利益。

二、两岸经贸、旅游往来呼唤开放大陆居民赴台旅游

如上所提到的，自1987年台湾当局开放岛内居民来大陆探亲以来，台湾同胞到大陆的人数逐年大幅度增长，现已形成相当的规模。据统计，2004年，台湾同胞来大陆人数达368万人次，比上一年增长35%。截止到2004年的17年间，台湾同胞来大陆探亲、旅游、经商、求学和从事其他交流活动的人数累计达3387万人次，年均增长率达17%。台湾已成为大陆入境旅游的重要客源市场。

据台湾方面统计，在2300万台胞中，已有500多万人来过大陆；来访目的已由早期单一的探亲旅游，不断向观光、商务、探亲、交流等多方向发展，形成了多层次、多元化的旅游客源市场。到访目的地，已由东南沿海一带辐射到大陆各地，形成了地域广泛、形式多样的旅游格局。大陆不仅是台湾同胞出岛旅行的理想目的地，也是台湾同胞发展投资贸易的首选之地，目前有数十万台胞在大陆兴业投资、工作、学习和生活，两岸年贸易额也已突破500亿美元。无论两岸政治形势发生什么变化，台湾同胞到大陆进行经贸活动、旅游已经成为不可阻挡的潮流。

两岸不仅在经济发展方面有很强的互补性，存在大量多层次、多方面互补与合作的空间。而且，两岸人民同根、同源，语言相通，习俗相近，十分有利于开展旅游。台湾的风土民情、文化、美食和旅游商品令大陆旅游者向往，这样的人文氛围对开展大规模的旅游有利。大陆改革开放以来，经济增长迅猛，大陆居民旅游的需求日益增长，世界各地都欢迎来自中国的游客。现在已有109个国家和地区成为中国大陆居民的旅游目的地，其中已开始运作的有79个，中国大陆居民每年出境旅游已达近4000万人次，大陆旅游者的购物和消费能力颇受目的地欢迎，各国、各地区旅

游局和旅游协会业各出奇招来大陆促销，吸引更多中国大陆的旅游者前去旅游，中国大陆已成为各国瞩目的重要客源地。据我们了解，大陆旅游者对台湾游的市场需求强烈，如果台湾开放大陆居民赴台旅游，大陆居民在台的吃、住、行、游、购、娱有助于拉动台湾的经济，必将给台湾的经济带来新的增长因素。近年来，尽管台湾开放一、二类大陆居民赴台旅游，但数量很少；此外还有小部分旅游者违规通过第三地绕道转机到台湾，但此类产品存在很多问题，一是产品价格偏高，二是中间商层层盘剥，旅游品质没有保障，消费者和业者均得不到实惠，对两岸旅游交往与健康发展不利。

因此，我们希望台湾能尽快开放大陆居民赴台旅游，带动两岸旅行社业务的增长和提升。开放大陆居民赴台旅游，在两岸都是得民心、顺民意的事，有利于增进两岸人员往来，增进两岸人民的了解，有利于推动台湾地区旅游业的发展，促进台湾旅行社、餐饮、购物、娱乐等相关服务业的发展与繁荣，给民众带来实实在在的利益。海峡两岸旅行社间形成良性的合作互动，也将使两岸旅游行业长期受惠。因此，我们希望这样的好事不但要早做，而且要做好。

三、中旅总社对开放台湾游的工作设想和建议

（一）工作设想

自中国国民党主席连战、亲民党主席宋楚瑜访问大陆后，大陆居民到台湾旅游的心情更加迫切，许多旅游者纷纷来电向中旅总社咨询赴台旅游的相关信息，甚至到我们的门市询问何时可以成行，很多旅游者还留下姓名和联系方式，希望台湾一旦开放大陆居民赴台旅游能在第一时间通知他们，使他们有机会参加首发团前往台湾旅游。可能各位也已从媒体的相关报道中看到，中旅

总社在做开放台湾旅游的市场调查中游客的热烈反映程度，在第一天回收的近千张问卷，无一例外地表示希望到台湾旅游。目前，中旅总社正在积极为大陆居民赴台旅游进行前期准备。

1．组织保障。为了开拓台湾市场，中旅总社拟将原有港澳部扩充为港澳台部，并增加人手，以确保开放台湾游后产品策划、团队组织接待工作的顺利有序。

2．市场调查。我们正在进一步了解拟到台湾的游客需求和台湾旅游资源和接待设施的情况。目前已向老客户发放“赴台旅游预约登记表”，现已有上千名游客填写了预约登记表。根据预约和咨询情况，中旅总社初步摸清了客源的构成和需求情况，我们根据游客的需求，将会在行程安排、产品组合上多下工夫，希望能组合出满足游客需求的产品。

3．建立销售体系和服务规范。我们准备充分利用原来开展港澳游的96家代理商队伍，并适当调整和增加，在台湾游正式开放前集中培训，以统一产品、统一接待规范、统一销售的形式，确保向游客提供物有所值的产品和优质的服务，使台湾游得以健康发展。

（二）建议

中旅总社从事大陆开放居民到港澳进行探亲游至今，已有20多年的历史了。作为大陆第一家开展这方面业务的旅行社，我们的经验是：这一对两岸旅游长远发展有利的业务，一定要把头开好，一定要在开始时就要制定管理规范和可行的实施细则，让一些重信誉、有实力、高质素的旅行社尽最大可能吸引高素质的游客到台湾旅游。在推进过程中，要不断总结经验，不断提高，逐步放开，循序渐进。

中旅总社在和台湾的业者的交流和商讨中得知，台湾方面的旅行社也正在为大陆居民赴台旅游的开放做着充分的准备，不少人员纷纷来大陆了解游客的需求情况，开始考虑产品组合，培训专门接待大陆游客的导游，建立了接待大陆游客的服务保障措施，这些都将有利于台湾游的健康发展。我们将和台湾的业者一道，密切配合、共同努力把这件好事办好。

借这个机会，我想就进一步开放两岸旅游往来和业务合作提出如下建议：

1．目前，大陆旅行社缺乏熟悉台湾旅游资源和设施的业务骨干，因此在产品设计和线路开发上存在一定困难，我希望两岸业者能重视这一问题，给大陆业者提供更多赴台考察的机会。

2．进一步加强两岸旅游业界人士的交流和沟通，应利用各种旅游主题活动、国际性旅游交易会等契机，宣传和介绍各自美丽山川、风土民情和当地的文化，充分进行业务交流，增进彼此间的了解和业务合作。

3．两岸应先行选择有信誉、有实力、高素质的大型旅行社对接运作，统一部署，规范管理，提高游客满意度，从而促进海峡两岸的旅游向健康、有序的方向发展。

早日开放大陆居民赴台旅游，是海峡两岸同胞和业者多年的期盼，海峡两岸旅游界人士也为此做出了长期不懈的努力。在此，我衷心地希望海峡两岸旅游界进一步携手共进，加强交流，相互协作，促进大陆居民赴台旅游早日实现，为开创两岸旅游交往双向互惠、双赢共荣的美好远景而共同努力奋斗！

作者简介：

1975．7－1978．8 上山下乡知识青年；1978．9－1982．7 厦门大学中文系；1982．8－1991．3 中国旅游报社记者、编辑，副主任；1991．4－1993．4国家旅游局’92中国友好观光年组委会宣传部副部长；1993．5－1999．9香港中国国际旅行社市场部、业务拓展部、酒店预定中心高级经理；1993．8－1994．8香港国际旅游交易会有限公司总经理；1999．10－2001．6天伦度假发展有限公司总经理；2001．7－2003．9中国中旅（集团）公司发展部总监；2003．9－2005．10中国旅行社总社常务副总经理；2005．10至今中国旅行社常务副总裁。

加强两岸金融交流
促进两岸经贸发展

宋逢明

摘要：

自1978年以来，大陆20多年金融改革在金融机构的改革、资本市场的培育、金融监管以及金融开放等方面取得成绩，金融体系不断完善，现代金融制度初步建立，为经济的快速发展提供了有力的支持。目前，大陆已是台湾第一大出口市场和最大贸易顺差来源地，台湾也是大陆第二大进口市场，两岸经济依存关系越来越密切。但与迅速发展的两岸经贸形成对比的是，两岸的金融往来的过程是间接的，途径是迂回的。造成两岸金融交流与合作如此曲折的原因，主要是台湾当局的政策性障碍，至于金融业的统计、会计标准这些技术问题，如果双方能够在一个平台进行友好协商，那么这些技术问题是很容易解决的。尽管现阶段两岸金融往来不是非常便利，未来短期业商不能抱以乐观，但是，由于两岸经贸往来已经成为势不可挡的潮流，对金融服务的需求日益膨胀，使两岸金融合作的推动力不断增强，台湾当局的人为政策只能限制一时，但不能永远限制经济发展的客观规律。因此，从长远来看，两岸的金融合作可以逐步向较高的层次演进。针对目前两岸在金融合作当中存在问题，两岸金融界可先从加强两岸金融同业协会交流、利用香港在两岸金融合作中的桥梁作用、几个方面推进合作和交流、引导和鼓励两岸金融机构进行金融创新等方面加强交流与合作。

自1978年以来，大陆的金融改革历经四个阶段：第一个阶段，从1978年到1983年，是银行业务恢复时期；第二个阶段，从1984年到1993年，是中央银行制度建立与金融业务扩张时期；第三个阶段，从1993年到1998年，是中央银行制度加强与金融业务规范发展时期；第四个阶段，从1998年开始，是现代金融制度建立时期。经过这么多年的不断探索和改革，大陆的金融改革取得很大的成果，金融体系不断完善，现代金融制度初步建立，为经济的快速发展提供了有力的支持。下面我将具体从金融机构的改革、资本市场的培育、金融监管以及金融开放四个方面来介绍大陆的金融改革成果。

金融机构的改革

金融机构的改革主要集中在产权制度的改革以及新的金融机构的培育上。通过20年的努力，大陆已经建立了中央银行——金融企业的二级金融机构体系，在这一体系下，培育出了银行、证券、保险等多种类型的金融机构。截至去年年底，我国银行类金融机构有：4家国有商业银行、12家股份制商业银行、4家资产管理公司、112家城市商业银行、59家信托投资公司、74家财务公司、12家金融租赁公司；证券类金融机构包括：133家证券公司、45家基金管理公司；保险类金融机构包含：69家保险公司、5家保险集团和控股公司、4家保险资产管理公司、1317家专业保险中介机构、兼业保险中介机构11万多家。银行类金融机构总资产（本外币）达31.49万亿元，证券公司总资产达4045亿元，基金净值资产为3238亿元，保险公司总资达到1.18万亿元。随着金融机构产权改革的不断推进，四大国有商业银行中的建设银行、中国银行、工商银行陆续开展了股份制改革，其中建设银行已于去年年底完成了股份制改革并在香港上市获得巨大的成功，相信不久工商银行与中国银行也会取得股份制改革的成功。证券类金融机构近些年也进行了改革重组，其中破产和淘汰了一些经营不善的证券公司，整合了优势互补的证券类金融机构，提高证券类金融机构的经营效率。在保险类金融机构改革当中，实行了产、寿分业经营，2003 年人保控股和人寿保险公司都构建了独立的资金管理公司，对保险资金实行专业化管理和集中统一运用，2003 年人民保险公司、人寿保险公司和中国再保险公司顺利完成了重组改制和人保、人寿的境外上市。通过这些金融机构体制改革，极大地改善了金融机构的治理机制，提高了金融机构的经营效率，反过来也促进了金融市场的发展，有利于金融改革的继续推进。

资本市场的改革

通过 10 多年的努力，大陆目前已经建立了两个大型的证券交易所——上海证券交易所和深圳证券交易所。上海证券交易所成立于 1990 年 11 月 26 日，截至目前，上海证券交易所拥有 837 家上市公司，上市证券品种 996 个，上市股票总市值26014.34 亿元。深圳证券交易所成立于 1990 年 12 月 1 日，目前深圳证券交易所拥有 540 家上市公司，上市证券品种 706 种，上市股票总市值 10169.27 亿元。除了这两个证券交易所以外，大陆还建立了银行间交易市场用于银行间的国债交易，前不久在人民银行的主导下还开放了短期票据的交易。此外新兴金融产品的创新也是资本市场改革的一个重点。在这些年的金融改革当中，大陆陆续推出了短期融资券、商品期货、认股权证（相当于期权）等一些金融衍生品。针对原来证券市场中存在的国有股与流通股并存的股权分置情况，大陆还对国有上市公司进行了“全流通”改革。通过这些针对资本市场的金融改革，大陆不但从无到有建立了初具规模的资本市场，而且还针对大陆新兴金融市场所存在的问题进行了深入的改革，提高了资本市场的效率，扩展了大陆企业的融资渠道。这十多年来，一大批国民经济支柱企业、重点企业、基础行业企业和高新科技企业通过资本市场筹集了资金，促进了整个经济发展。在1990年以前，大陆企业的融资渠道只有银行贷款这一条路，目前通过资本市场的直接融资已经占到了整个融资的15%－20%左右，而且直接融资占GDP的比重也从90年代初期的2.06%上升到了目前的11.3%。

金融监管的改革

经过几十年的探索和实践，大陆从中国人民银行一统天下的金融体系，改革为中国人民银行主要负责宏观金融、金融监管与金融服务，具体业务经营由各位金融机构各司其职，交叉竞争。1992年，建立证监会，专门负责证券业监督，分离了人民银行的一部分职能；1998年，保监会成立，再次分离了人民银行对保险业监督的职能；2003年银监会成立，又一次将银行业监督的具体职能单设。至此大陆的金融监管的专业化分业格局正式形成，按照运行要求，各监管部门也出台了许多法规和措施，银监会推出了贷款五级分类制度，初步建立起银行风险评价体系，及时地提醒商业银行防范信贷风险。证监会加强对上市公司、证券经营机构规范化运作，稳妥地撤销、关闭和处置一些有问题的证券公司和其他金融机构，保障资本市场运行秩序；保监会强化保险市场行为监管，加强保险新产品和保险资金运用的风险防范制度，推动偿付能力监管。

金融业的开放

根据 WTO 的原则和与有关国家达成的协议，大陆金融业正在进一步加大对外开放的力度，这其中包括：逐年增加外资金融机构在华设立分支机构；不断扩大外资银行在华办理和经营人民币业务的地域范围和业务对象；允许成立中外合资证券公司和合资基金管理公司；扩大外资保险公司业务范围和经营区域；支持国内的金融机构到境外开展业务。截至去年年末，外资银行在大陆设立经营性机构 211 家，其中法人机构 14 家，下设支行 11 家，分行 167 家，支行 19 家，设立代表处 220 家；中外合资证券公司 4 家；合资基金管理公司 13 家；27 家外资机构获得了合格境外投资者资格（QFII），累计获批外汇额度约 30 亿美元；外资保险公司 37 家。不仅如此，大陆也欢迎外资金融机构加入到金融改革当中，帮助大陆金融改革不断深入，例如在国有商业银行股份制改革当中，建行、工行与中国银行都分别引入了外资银行作为战略投资者，在一些证券公司的重组当中也引入了外资的金融机构。所有的这些都说明，大陆正在尽自己最大的努力加大金融开放的步伐，吸引更多的外资金融机构进入大陆金融业开展合作与交流。

在前面，我着重介绍了大陆金融改革在这二十多年间所取得的进步和成绩。其中在介绍金融开放时，我提到了目前已有一些外资的金融机构加入到了大陆的金融改革当中，帮助大陆金融改革的不断推进，但是很遗憾在这其中没有看到台湾地区金融机构的身影。大陆是非常希望台湾地区金融机构能够进入大陆，甚至加入到金融改革的行列当中。台湾地区作为一个新兴金融市场，和大陆的金融市场有很多相似的地方，但是台湾金融业的发展比大陆起步要早一些，已经积累了一些新兴金融市场发展的经验，如果能够把这些经验带到大陆来，那么对于推动大陆金融改革与发展是非常有帮助的。但是从目前的状况来看，两岸在金融在交流和合作上还存在一些障碍和问题，下面我就针对两岸的金融交流与合作谈一些我的看法。

从 1979 年两岸开始规模化的经贸往来以来，两岸经贸交流的规模与质量均有了较大提升。目前，大陆已是台湾第一大出口市场和最大贸易顺差来源地，台湾也是大陆第二大进口市场，两岸经济依存关系越来越密切。但与迅速发展的两岸经贸形成对比的是，两岸的金融往来的过程是间接的，途径是迂回的。两岸的金融往来并没有为两岸经贸提供便利和必要的金融服务。截至目前，台湾金融机构在大陆设代表处包含：7 家台资银行 7 个代表处、14 家台资证券公司 24 个代表处、11 家台资保险公司 15 个代表处。从中可以看到，目前还没有一家台资银行在大陆设立分行，这样一来就给两岸银行合作带来了很大的困难。另外，虽然在 2002 年 8 月两岸开通了“通汇”业务，但是由于台湾当局只允许 OBU（即离岸银行，Offshore Banking Unit）与大陆开通“通汇”业务，所以这次“通汇”虽然较之以前有了一些进步，但是实际上仍然没有完全摆脱过去间接往来的模式，这是因为：一、台湾银行的 OBU 虽然与其总行同址营业，但是它的会计账户是独立的，它只是办理境外金融业务，以境外客户为往来对象，二，按照目前两岸直接通汇的格局，只有在 OBU 设有账户的企业才能进行直接通汇，对于岛内的广大企业和个人仍然需要间接通汇。从以上情况来看，两岸的金融往来十分迂回、曲折，离真正意义上的交流与合作还有很大的距离。造成两岸金融交流与合作如此曲折的原因，我认为主要有以下几点：

1. 台湾当局的思维偏误和人为设立的政策障碍。

从大陆方面来看，为了促进两岸金融的交流与合作，多年来做了许多积极的工作。中国人民银行一直乐见两岸金融合作能有所成效，并为此提供了政策面的大力支持。比如，在台湾地区金融当局对两岸金融关系做出政策调整之后，中国人民银行及时核准两岸直接“通汇”，批准台资银行赴大陆设立办事处，允许台资银行比照国际金融公司等外资金融机构的做法参股大陆商业银行等。显然，两岸金融关系迟迟不能打开局面的障碍不是来自大陆一方。

从台湾方面来看，依台湾《两岸人民关系条例》，台湾当局主管部门禁止台资银行到大陆设立分行，而且禁止台湾民众投资大陆证券市场，也禁止台券商受托买卖大陆股票。台湾当局由于担心两岸金融直接往来会使台湾经贸对大陆的依赖程度增加，借故采取种种借口阻挠两岸金融合作，导致目前两岸金融交流未能取得进一步的进展。

2．两岸金融合作缺乏交流协商的平台。

两岸金融合作间有关事务的协商，本来可以通过已经建立的两会协商机制进行商谈。但由于台湾当局领导人否认“九二共识”破坏了两会商谈的基础，致使两会对话、商谈迄今无法恢复。而且由于缺乏交流平台，两岸在金融监管上不能签订监管备忘录，这也给金融合作带来了困难。

3．金融业统计、会计的标准不同以及金融法规的不协调。

两岸在金融业的统计与会计的标准的不同也会给两岸的金融合作带来一定的困难，这会给金融合作上的数据以及信息共享带来困难。金融法规的不协调，则会对金融机构的设立以及高级管理人员的资格认定带来认识上的不一致，这就会对金融监管带来困难，也会对金融合作带来障碍。

从上面的分析来看，两岸金融合作的主要问题主要来自于台湾当局的政策性障碍，至于金融业的统计、会计标准这些技术问题，如果双方能够在一个平台进行友好协商，那么这些技术问题是很容易解决的。尽管现阶段两岸金融往来不是非常便利，未来短期也尚不能抱以乐观，但是，由于两岸经贸往来已经成为势不可挡的潮流，对金融服务的需求日益膨胀，使两岸金融合作的推动力不断增强，台湾当局的人为政策只能限制一时，但不能永远限制经济发展的客观规律。因此，从长远来看，两岸的金融合作可以逐步向较高的层次演进。针对目前两岸在金融合作当中存在问题，我认为两岸金融界可先从以下几个方面推进合作和交流：

利用两岸金融同业协会作为平台，加强交流与合作

在台湾当局两岸金融政策未解禁的情况下，两岸金融界不宜坐等观望，建议通过两岸金融同业协会这一民间的管道，对未来两岸金融机构互设分支机构提前作技术上的准备，比如：建立交换金融信息的制度化管道，加强与改进两地代理行的关系，讨论统计、会计标准如何衔接和统一等等，通过商谈，可较清楚、具体地了解对方的需求，尽可能做好业务上、技术上的对接，为全面提升合作层次打好基础。

利用香港在两岸金融合作中的桥梁作用

迄今为止，台湾地区银行在香港已经设立16家分支机构，其中12家为分行、4家为办事处，香港在两岸三地的金融合作中处于重要的中转站。目前大陆银行缺乏正式管道了解台商、尤其是新投资企业的资信情况，影响了台商的融资。两岸银行可以通过在香港的分支机构及时开展资讯交流与交换，使大陆银行能够了解台商母公司的资信，方便台商在大陆与银行建立信用关系、获取融资。

近期以来，大陆优质企业选择香港作为上市地，香港股票市场正在逐渐发展成为内地企业的资本运作平台。台商金融机构通过这个运作平台参与大陆的金融体制改革将是大有可为的。

引导和鼓励两岸金融机构进行金融创新，规避台湾当局的政策管制

一是可以通过金融工具的创新，规避台湾当局的政策管制。例如鉴于台商在大陆银行缺乏信用往来关系记录导致融资困难，而台湾的银行对其母公司的资信情况是熟悉和了解的，这时候可以利用信用担保证这一金融工具，将母公司在台湾的信用资源，延伸到大陆的子公司。二是可以通过金融机构的创新，例如可以吸收台商资金参与地方性股份制中小银行的增资扩股，进而就可以通过该股份制银行增强对当地台商的金融服务。

作者简介：

清华大学教授、博士生导师，经济管理学院国际贸易与金融系主任；中国金融学会副秘书长，金融工程专业委员会主任委员，中国数量经济学会、中国投资学会、中国城市金融学会常务理事、学术委员会委员；中国建设银行独立董事，清华控股有限公司监事长。在国际、国内经济与金融学术刊物上发表近百篇论文。

两岸金融合作：现状与前景

巴曙松

摘要：

两岸持续多年的经贸往来取得了重大突破，但相应的金融合作则显著滞后于贸易往来，这种状况使得台资企业在大陆地区的生产、投资、运营和大陆面向台湾的业务都缺乏更便捷有效的金融支持。从经济发展层面看，抓住当前有利时机适时推进两岸金融直接、高效、便捷的合作将是对两岸经济都有利的共赢选择。今年，大陆正式通过实施《国民经济和社会发展第十一个五年规划纲要》，这是大陆经济发展到特定阶段的必然选择，开启了经济建设、政治建设、文化建设和社会建设和谐推进的新篇章。大陆经济结构的调整和金融市场的改革给两岸合作带来了重要机遇，双方在推动新农村建设、深化农村金融体制改革，加强自主创新完善多层次资本市场以及完善社会保障资金市场化运营体系等方面都能进一步深入合作和交流。同时，两岸应该保持双向的、互利的合作才能获得共赢的结果。而目前来看，由于台湾一些人为限制的设定使得两岸合作存在一定的不平衡性。这种两岸交流的不对称一定程度上使台湾丧失了潜在的合作机会。长远来看，两岸经济交往将会更为密切，双方市场对相互的影响也会更为重要，特别是大陆地区巨大的发展潜力对于台湾市场而言无疑是分享大陆成长收益、促进岛内经济增长的助推动力。在两岸同时面临经济结构调整的背景下，抓住机遇，积极试点，有序开放两岸金融合作，将是具有深远意义的共赢之举。

一、两岸总体经贸往来持续增长但金融业合作相对滞后

两岸持续多年的经贸往来取得了重大突破，但相应的金融合作则显著滞后于贸易往来。从 1979 年起两岸开始了规模化的经贸往来，两岸经贸关系在历经了 1979 - 1986 年的试探阶段及 1987 - 2000 年的稳定增长阶段后，从 2001 年开始出现了迅速增长的态势，两岸经贸交流的规模与质量均有了较大提升。长期以来台湾一直维持着对大陆的贸易顺差，主要贸易领域包括电子产品、光学器材、化学品、塑橡胶及其制品，以及机械。据商务部统计，截至 2005 年底大陆累计共批准台商投资项目 68095 项，合同台资金额896.95 亿美元，台商实际投资417.6 亿美元；两岸间接贸易总额累计4958.05 亿美元，其中大陆对台出口817.28 亿美元，台湾向大陆出口4140.77 亿美元，台湾对大陆实现贸易顺差累计达 3323.49 亿美元。大陆是台湾第一大出口市场和最大贸易顺差来源地，台湾是大陆第二大进口市场。而与此相应的金融服务却发展有限，在台湾当局尚未允许大陆的金融机构入岛设立分支机构的情况下，大陆仍积极推动两岸金融合作、鼓励和欢迎台湾金融业者来大陆发展。截至 2005 年台湾地区金融机构在大陆设代表处包括 7 家台资银行代表处、14 家台资证券公司 24 个代表处、11 家台资保险公司 15 个代表处；设营业性机构只含 1 家台资保险合资公司；两岸商业银行 2002 年 8 月起才建立直接通汇业务往来关系并开办相应的业务；而从去年 10 月 3 日起台湾开始在金门、马祖试办人民币兑换业务。金融合作滞后于经贸往来的状况使得台资企业在大陆地区的生产、投资、运营和大陆面向台湾的业务都缺

乏更便捷有效的金融支持。

从经济发展层面看，抓住当前有利时机适时推进两岸金融直接、高效、便捷的合作将是对两岸经济都有利的共赢选择。规模日益增加的经济往来显然需要发展相应的金融服务体系，才能为所需的资金往来提供便利渠道。事实上，近几年来对大陆的金融服务业成为台湾金融市场的重要业务，如截至去年 8 月份的数据表明，经营 OBU（Offshore Banking Unit）业务的台湾本地银行达到 70 家，总资产规模达到 638 亿美元，成为台商资金运作的中心之一。其中，台湾本地银行所占比例从27.95%上升为 46.47%。同期，OBU 办理的两岸金融业务总额达到 80 亿美元，较 2001 年开办时的 4 亿美元增长了近 20 倍，汇款是其中主要业务，达 76 亿美元，占整个业务的 95%。再加上两岸旅游、文化、民间交流的不断增加，也需要相应提供更多的个人金融业务服务。各个方面巨大的潜在需求表明，提供直接、便捷、高效的金融服务已经成为维系两岸经济往来不可或缺的要素，当前适时推动两岸金融合作将具有深远意义。

二、大陆经济发展进入新阶段为两岸金融合作提供双赢机会

今年，大陆正式通过实施《国民经济和社会发展第十一个五年规划纲要》，这是大陆经济发展到特定阶段的必然选择，开启了经济建设、政治建设、文化建设和社会建设和谐推进的新篇章。在经济建设上，扩大内需、自主创新将成为未来五年大陆经济发展的主旋律，这也成为今后金融改革的内在动力。大陆经济结构的调整和金融市场的改革给两岸合作带来了重要机遇。

十一五规划指出加快经济结构的战略性调整，要进一步扩大国内需求，调整投资和消费的关系，增强消费对经济增长的拉动作用，着力建设社会主义新农村。相应地在金融改革上提出深化

农村金融体制改革，规范发展适合农村特点的金融组织，探索和发展农业保险，改善农村金融服务。当前大陆的农村金融制度较为薄弱，今后将重点支持农业信贷、农村信用合作社以及政策性农村基础设施建设贷款等。台湾经过多年发展，伴随着多次农村改革也建立起广泛深入的农村金融体制，形成包括合作金库及分支机构和基层农渔会信用部等组成的网络完善、覆盖面广的农村金融制度。这种制度对于大陆地区的农村金融改革是一个借鉴，同时台湾也能在大陆新农村建设、农村金融体制完善过程中寻找合适的投资和参与机会。

十一五规划把增强自主创新能力作为国家战略摆在经济社会发展的突出位置，确定了走中国特色的自主创新之路，建设创新型国家的方针。建设多层次的金融市场则是为自主创新提供基础，今后大陆将通过有效的金融改革促进对原来形成的单一的资本市场体制的突破和制度创新，加快包括创业板市场、代办股份转让系统、OTC 市场等在内的多层次资本市场建设，更好地为科技创新和经济发展服务。当前台资企业的投资已经较为明显地体现出由珠三角、长三角、闽东南地区和环渤海经济区向中西部地区发展；大企业投资加快、大项目增多；从中、下游产业向上游产业发展的特征。在产业格局调整的宏观背景下，随着大陆多层次资本市场的完善，台资企业在大陆的投资获得更为完善的金融服务，台资金融机构也有可能参与到大陆金融市场的改革和深化，从而直接或间接地参与大陆金融改革，分享经济成长收益。

十一五规划还强调完善社会保障制度，特别是要培育企业年金市场和推出养老保险个人基金账户投资管理，除了能有效维护职工退休生活水平、减轻养老后顾之忧，也有利于促进居民提前消费，促进消费拉动型增长模式的转变，同时也能增强金融市场投资的有效性，大力建设机构投资者，减少市场系统性风险。在这方面，台湾也面临同样的问题，2005 年台湾将原劳动基准法（LSL）改为新的劳工退休金条例（LPA），后者规定了以“个人退休金专户制”为主，“年金保险制”为辅的养老体系，与现代化的三支柱养老体系基本吻合。比较两岸当前养老金体系有诸多相似之处，特别是在养老金投资管理上，如何实现更为市场化的运作而同时做好风险控制与防范，两岸都能在探索和合作中获得更多的经验交流。

三、相对滞后和不对称的金融开放格局需要改进

大陆金融改革具有广阔的发展潜力，如能抓住机遇，则两岸在推动金融行业的互补和合作上无疑将大有作为。但另一方面看，两岸的交流也是双向的，互利的合作才能获得共赢的结果。而目前来看，由于台湾当局部分人为限制的设定，使得两岸的合作存在一定的不平衡性，例如大陆对台湾地区金融机构和金融业务的开放程度相对要高于台湾对大陆的情况，截至 2005 年底，大陆批准的台湾银行在大陆设立的办事处有 7 家，与台商合资的银行有 2 家。而相对应的，台湾对大陆地区的金融机构进入始终持过于严格的审批态度，大陆于 2003 年就批准上海浦东银行、招商银行、兴业银行与香港工银亚洲四家银行赴台设立办事处，但一直没有实质性进展，包括台湾当局对其本土面向大陆的金融机构和金融业务审批也较为严格。同时大陆对经台湾批准的金融机构进入大陆的接纳程度也较高，台湾当局批准 15 家保险公司在大陆设立 41 家办事处与 2 家分公司的申请案，其中大陆批准台湾 11 家保险公司在大陆设立了 15 家办事处、1 家台湾保险经纪人公司与 1 家保险合资公司。而其他方面大陆在引进台资的同时也提供了很多相应的配套支持措施，例如早在上世纪 90 年代初就积极为台

商投资提供固定资产专项配套资金，为台资企业解决 30 多亿元人民币的资金需求，2005 年 9 月更是通过签署《关于支持台湾同胞投资企业发展开发性金融合作协议》为台商提供 300 亿元人民币的开发性贷款。

两岸交流的不对称一定程度上使台湾丧失了潜在的合作机会，例如通过接纳大陆金融机构入台开展针对两岸经贸交流的业务合作，为台湾与大陆人员往来提供个人金融业务支持，为同时在台湾和大陆设立的台湾企业集团提供金融服务等，这些业务合作都能为台湾地区金融市场带来潜在利润。同时，大陆也面临着经济发展和金融改革的大好机遇，众多潜在的投资机会吸引了海外的资金和资源，同时大陆地区金融市场对外开放的步伐进展有序，特别是在 2006 年底银行业全面开放的背景下，众多外资银行和其他金融机构通过不同的方式加紧在大陆金融市场布局，但具有文化、地缘优势的台湾地区金融机构进入大陆地区发展步伐却进展缓慢，对于岛内金融行业的发展是不利的。台湾地区现在正处于上世纪 50 年代以来的第五次经济转型，其主要特征是新兴产业大量外移和经济自由化深入加剧了岛内金融行业的客户流失和竞争加剧。长期以来台湾金融服务业较多依靠第二产业，因而在其第二产业陆续转向内地的同时，服务业特别是金融服务业已呈现出失去服务对象的趋势，大量优质贷款流失，因此也迫切需要随同第二产业转向大陆地区。因而在这样的背景下，台湾的金融服务行业也有打开目标客户市场，向大陆或周边地区延伸的必要，否则难以维持经济体系的健康有序发展。而对大陆金融机构和金融业务的开放也能推动大陆对台湾的产业支持，对双方都是合作互利的。正是在两岸都面临着的经济转型和结构调整的大背景下，积极推动经济合作下的金融合作更具有重要意义，这是对双方都有利的战略性选择。

长远来看，两岸经济交往将会更为密切，双方市场对相互的影响也会更为重要，特别是大陆地区巨大的发展潜力对于台湾市场而言无疑是分享大陆成长收益、促进岛内经济增长的助推动力。在两岸同时面临经济结构调整的背景下，抓住机遇，积极试点，有序开放两岸金融合作，将是具有深远意义的共赢之举。

作者简介：

国务院发展研究中心金融研究所副所长，研究员，博士生导师，享受国务院特殊津贴，中央国家机关青联常委，金融学教授。主要研究领域为金融机构风险管理与金融市场监管，还担任亚洲开发银行监管咨询专家；企业年金资格评审专家；中国证监会基金评议专家委员会委员，中国银监会考试专家委员会委员，中国黄金投资分析师资格评审委员会委员；中国（海南）改革发展研究院、华中科技大学、中国科技大学等高校兼职教授并指导硕士和博士研究生。在金融业有10多年的实际经营管理经验，曾经担任中国证券业协会发展战略委员会主任、中银香港有限公司风险管理部助理总经理、中国银行杭州市分行副行长等职务，并曾在北京大学中国经济研究中心从事博士后研究。

从台湾金融发展经验谈两岸金融合作

许振明

一、前言

目前台湾资金过剩，且产业对外投资兴盛，在世界各地投资大幅度的成长，尤其是在中国大陆的投资大幅增加，最为显著。但是有些人士却认为对大陆投资快速增加，不利于台湾的经济发展，而建议政府对于大陆的投资采取限制的措施，尤其是希望透过诸多管制措施，以限制对大陆台商的融资。在这种情形下，两岸的金融往来可能因为人为的扭曲，而无法正常的运行，不但使得台湾的金融发展受到影响，连带在中国大陆的台商融资亦受到限制。

然而也许是受到这些人士主张的影响，民进党当局自今年春以来接二连三的提出紧缩两岸经贸的措施，两岸金融开放政策的实施可能遥遥无期。值此时刻，两岸金融的交流应如何进行，以突破当前困境，颇值得深思讨论。

基本上，吾人对于官方管道的经贸交流协商希望渺茫，唯一可行之途径为透过民间的经贸交流以达成此目的。做法上以非营利事业的组织（NGO）居中协调，邀请大陆具官方身份的人员，透过非官方的管道来台访问，促成民间的金融机构与大陆方面主管金融业务的官员进行接触，双方进行交流会谈，进而迸出火花。

如果发展顺利的话，即使在民进党执政的两年间，未能有具体的金融开放成果，然而若泛蓝能够在2008年取得政权，则亦可达成开花结果之目的。

二、两岸金融合作之重要性

自从大陆于2001年12月入世，即加入世界贸易组织（WTO）以来，业已经过四年多。在入世之初，大陆当局已宣示同意在五年后全面开放国内金融市场，并预计于2006年12月1日达成此目标。

大陆自从1980年改革开放以来，虽然经济快速成长，加上外来资金急速流入，使得对外贸易迅速扩大，加剧产业贸易结构的变化，然而在金融发展方面，仍然处于发展中的阶段。金融发展缓慢原因，主要在于1980年代之前，货币金融制度系采取计划性单一集中的货币金融体制，因而较缺乏商业银行及金融资本市场之交易经验。事实上，在20世纪初，中国的上海曾经是亚洲的金融中心，拥有辉煌灿烂的金融交易盛况。然而在1950年代之后，随着大陆经济体制的转变，许多金融业外移至台湾及香港，使得上海的金融业繁华不再，同时也造就台湾及香港金融事业的崛起。

如今台北及香港陆续成为东亚的区域金融中心，不但产生许多银行保险及资本市场的金融事业机构，而且也创造了许多金融人才。这些经验都是未来大陆经济及金融发展的基础。

虽然大陆将于2006年12月对外开放金融，但是两岸金融往来却因两岸特殊的政经环境而未顺利的发展。倒是香港在2004年与大陆签订更紧密的经贸关系安排（CEPA），使得香港金融业可以提前进入大陆内地发展。这种金融发展局势，使得大陆之金融发展呈现偏向采取香港金融发展模式，而较缺乏引进台湾金融发展经验，这是令人惋惜的地方。尽管大陆在1990年代，多少引进台湾的各项金融法规制度，例如证券交易法、担保法等，然而许多宝贵的银行、创业投资、工业银行、信托投资公司、及中小企业信用担保等事业的发展经验却未能同时引进到大陆发展。

事实上台湾及香港的金融发展模式各有优点，香港金融擅长于直接金融创新，而台湾的利基在于间接金融机构之发达，包括银行、保险、创投、信托、保证等事业的发展。尤其是台湾的制造业发达，产业结构的不断调整，由早期的劳力密集产业发展为技术资本密集产业，而金融事业配合提供的金融服务之成功经验，与香港的金融模式发展不尽相同。特别是这些制造业等生产事业，多数为民间的中小企业，其早期创业投资之融资尤其需要银行、票券及信托投资公司、创投公司等的融资辅助，方能成就事业。这些都是台湾宝贵的金融发展经验。

此外，台商在大陆的发展，对于两岸之间的交流有很大的助益，更是两岸经济成长的基本要素之一。因此，如何加强对台商的协助，金融融资的管道畅通是未来两岸经济发展的重点。在大陆投资的台商多半为中小企业，缺乏融资的管道，如何引进台湾的中小企业融资的经验，以协助台商及两岸的经济发展是当前重要的课题。

为因应大陆加入 WTO 后的金融开放承诺，并且将台湾的金融发展与大陆的金融改革相结合，使得两岸金融往来正常化，俾建立两岸间的区域性金融整合。基本上，我们期待：

1. 大陆方面能够特许台湾金融业比照港、澳条件进入大陆开业，同时希望台湾当局也能开放陆资银行来台营业；

2. 两岸尽早协商建立金融监理体制。

互相开放金融机构设立，为金融正常往来、实现金融一体化及金融整合的必要策略。两岸金融主管机关从事金融监理，是对两岸人民应尽的义务。因为金融机构从民众取得资金，负有善加保管及运用的责任，必须接受金融监理机关的监督，这是自然的道理。因此容许两岸的金融监理机关共同监督管理至彼岸设立的金融机构，是两岸保护存款户大众的应尽义务。

此外，我们建议：

3．两岸银行开放人民币、台币挂牌对外买卖；

4．两岸的货币当局协商货币清算机制。

两岸人民往来日益密切，不但旅游探亲人数遽增，且台商大陆投资及经贸汇兑往来亦十分昌盛。但是台币及人民币的直接兑换受到重重阻碍，必须透过兑换美元等外币才能够间接兑换，十分不便，而且亦增添兑换时的汇率风险，不利于两岸人民的福祉。因此两岸应及早开放两岸银行挂牌从事人民币及台币的兑换业务。

然而毕竟人民币及台币非国际性的金融市场交易货币，因此在一段时间内，若台资银行拥有大量的人民币，而陆资银行拥有大量的台币，则透过货币兑换机制兑换成外汇，才不至于让两岸的商业银行产生资金闲置的不经济情况。且银行换得外汇之后，可以从事贸易交易，运用资金获取正常的利润，均有助金融的发展。因此建议两岸的货币当局应及早建立人民币、台币的兑换机制。

三、两岸金融及外汇政策合作

自1990年初，台湾开放民营银行设立，并且追求金融自由化、国际化，希望建立区域金融中心。区域金融中心的前提为以东亚区域为主要腹地，尤其是服务在中国大陆的台商为主要考虑之一。随着1997年至1998年亚洲金融风暴出现，台湾企业财务受影响，拖累银行的经营，使得银行的不良资产逐渐增加。

虽然两岸的经贸往来在1990年代快速成长，尤其台商在大陆的投资于1993年以后，随着台湾当局开放的政策而快速成长，但是进入21世纪，两岸的关系有恶化迹象，使得银行经营的困境逐渐显现。银行的业务范围受到限制，无法在中国大陆市场展开。于是出现台湾内部银行过多，导致恶性竞争的局面。

为了解决银行经营的困境，民进党当局主张的金融改革以金融机构合并重整为主要策略。然而台湾银行面临的困境并非光靠金融整并即可解决。基本上，银行存贷市场及金融市场的规模扩大若无法解决，恐怕银行欲恢复1990年代初的荣景，相当不易。

基本上，台湾的银行彼此之间竞争激烈在于市场局限于台湾，而未能扩及两岸，这是非常可惜的事情。当局的政策要求金融业者要以国际布局为主要策略，但是金融业要踏出国际谈何容易。以银行业这种高风险的行业而言，在国际竞争激烈的环境下，生存实属不易。

台湾的银行业虽然经过多次金融困境，但是却学习到许多处理金融问题的经验与对策。尤其是台湾的银行业不是由中国大陆辗转来台复业，就是日据时代留下来的银行，具有相当水平的商业银行经营经验，这是中国大陆的银行无法比拟的。有此利基何以台湾的银行业不能登陆在大陆发展呢？

就目前中国大陆金融现况观察，以公营银行为主的银行，其经营效率不佳，对于大陆的经济发展并未有明显的正效果。反而随着经济的快速成长，大陆的银行业因为体质不佳，而有妨碍经济成长的现象。此外，中国大陆虽然由台湾吸取了一些金融法规及制度变革的经验，但却因缺乏人力资源，无法有效的运用金融技术及金融管理。因此，如何引进台湾的金融发展经验，帮忙中国大陆训练金融人才，为台湾金融业及金融监理当局的利基。

此外，台湾的存款保险机制已经运作20年，过去20年间对于稳定金融颇有贡献：主要在于协助金融监理机关处理流动性不足的银行业。而中国大陆对于WTO的承诺于2006年开放外资银行到大陆营业，同时亦将开放民间银行设立经营，均会对整体金融产业产生影响，因此早日建立存款保险机制实有必要。尤其是台湾的存款保险机制在第一次金改的期间，亦肩负金融重建的工作，协助金融主管机关运作金融重建基金，对于营运不善的金融机构退出市场及金融整并颇有贡献。在这一方面，台湾引进欧美先进国家的存款保险机制颇值得借镜。

台湾自1990年代以来经历过多次金融问题，具有丰富处理金融问题的经验与政策。依据北大经济研究中心的研究数据显示，大陆以国营事业为主的银行之逾放比率平均在25%以上，若再根据章家敦教授的资料，更高达50%，可见财务问题严重。Hsu and Liu（2002）指出，中国大陆金融深化的结果并未对于大陆经济成长有明显的正效果，其理由为大陆金融发展速度相较于经济成长的速度偏低，实证数据显示中国大陆的教育、人力资本及国营事业对经济成长的贡献不明显。此外，大陆对于国际收支账的金融账管制，汇率机制仍然维持人民币小幅浮动钉住美元制度，与1980年代初期新台币之中心汇率制度相同。

因此，相较之下台湾拥有较为进步的管理技术及金融改革、金融自由化及外汇自由化，与处理金融问题之经验，尤其台湾自1991年开始公营银行民营化的经验，足可供大陆参考。为两岸金融安定与经贸往来发展起见，本文建议台湾应及早开放银行业前往大陆设立分行，大陆方面放宽设立银行的资本额限制，让台湾的银行业能顺利登陆，两岸并且共同合作金融检查，由台湾提供经验，建立监督机制。一方面可帮助台商取得融资，另一方面也可以改善大陆金融问题，有助于两岸及亚太地区的安定。

四、建立中小企业融资辅导体系

中国大陆之银行业发展，由计划经济迈向市场化经济之过程中，在金融体制化及业务创新方面有所进展，唯本质上，仍然是以四大国有独资银行为骨干，再配合百余家之区域性银行及城市银行之银行体系。这些银行，多属中央或地方政府或国营企业所控制。少数虽属民间企业拥有，唯人事任命权仍由政府控制，因此在经营方面，仍然无法独立自主及朝市场化经营目标迈进，政企关系难以分离，银行贷款受到政府牵制。不但四大国有独资银行之于国营大企业及企业集团之贷款，受政策指导阴影始终无法排除，而且区域性银行及城市银行贷款受地方政府干预亦十分严重，使得民营中小企业经常贷款无门。

根据中国人民银行的调查显示，从 2000 年到 2003 年，大陆中小企业融资出现六项特点：（1）短期资金融通难度降低，但长期融通资金取得不易；（2）中小企业融资普遍困难，只有当中的"小巨人"借款容易；（3）人民银行货币政策调控对中小企业冲击较大；（4）大城市借钱容易，但是县级以下企业贷款大不易；（5）大陆东部、中部以及西部地区性金融机构，担保机构对中小企业支持度逐步攀升，但仍有区域不均现象；（6）抵押担保是目前中小企业融资的主要手段，中小企业信用担保机构发展，也出现多元化趋势，但仍存在较大的金融风险。

从上述分析及六项特点可以看出，大陆中小企业向银行融资的限制颇多，逼迫许多中小企业从台面上走到台面下，从正常管道走向非法管道，加上 2004 年大陆实行宏观调控后，信贷审查资格趋严，正常融资管道大幅缩减，都是造成大陆地下金融盛行的主因之一。

当前大陆地下金融有多严重呢？根据中国大陆中央财经大学

于2004年所做的一项调查研究指出，2003年中国地下信贷规模约介于7400亿－8300亿人民币之间。这里所谓的“地下金融”，是指处于正规金融体制以外，国民经济统计核算难以触及的经济形态。其为地下经济一部分，包括为地下经济服务的金融组织，如“标会”、“互助会”等。事实上，上述数字可能还是一个较为保守的数字。因为此项调查可能忽略了企业“自有资金”来自于地下融资管道的部分。

该份报告亦指出，20个被调查省、区、市的地下金融规模平均指数为28.7，也就是说，这20省地下金融规模与正规金融规模相较，比例接近三成（28.7%）。①

长期以来，中国大陆的中小企业融资管道除了银行等正规金融机构之外，更多是依靠非正规的金融途径，如私人钱庄、企业相互拆借、甚至是企业自己通过不正当手段进行融资等。该份报告指出，中国全国17个省份的中小企业有超过3成的融资来自非正规金融途径。就区域而言，西部6省和中部均接近4成，东部最低也超过3成。有的省份中小企业非正规贷款比例甚至接近7成。

对于这样的现象实在令人感到忧心，因为这些“体外循环”的钱形成中国的“地下金融”现象，可能加剧经济过热，造成存贷款风险提高，从而威胁到中国整体的银行系统。而从社会层面来看，地下金融本身所潜藏对社会秩序的破坏性本质，更可能藉由组织化与显性化的转变，扩大为全面性的社会危机，严重威胁社会与政治的安定。

五、大陆中小企业信用担保体系之发展

中国大陆各地区之工业化推进速度并不一致，尤其是市场化

① 所谓的“地下金融规模指数”，指的是非正规金融规模与正规金融规模的比例。

程度及中小企业发展的情况有极大差异。中国社会科学院之王洛林及魏后凯（2003）就指出，中国大陆西部经济因为缺乏发展民营中小企业加工制造业，而太集中发展国有大型企业，以至于投资结构单一化，无法培育经济成长之内生能力及内源动力。

依据《中国民营经济发展报告No.1》（2004）之研究，广义民营经济（包括农村经济及外商投资经济）的产出占整个中国大陆国民经济产出的比例于2002年已达64%。若扣除外商投资经济，内资民营经济所占比重为48.5%。而在就业的劳动者方面，广义民营经济中之就业占全社会就业比例为90.3%，扣除农业劳动力，则为42%。由此可知，民营经济不仅在规模上已经成为中国大陆经济中最重要的组成部分，而且是最具活力的部分。

1989年至2002年，民营经济中的个私经济总产值年平均增加率为35%，是同期规模以上工业企业总产值平均成长率（17.6%）的两倍。此亦说明在中国大陆，凡是经济成长最快，最具有经济活力的地区，往往是民营经济最活跃的地区。民营经济中最重要的企业仍是以中小企业为主。然而中小企业融资困难，乃是全球普遍现象。以台湾为例，自从1960年代开始开放民营经济以来，中小企业融资问题一直备受关切。台湾于1974年7月设置公营之“中小企业信用保证基金”，以为中小企业向银行融资时无力提出足额担保品时担保。然而，由于公营之中小企业信用担保基金之资金来源常常倚赖当局预算，以至于功能受到限制。

幸而台湾于日据时代就遗留下来一些中小企业融资机构，包括各地区之合会（后改制为中小企业银行）、信用合作社及农（渔）会信用部等。经过几十年的发展，这些金融机构培育造就许多征信人才。此外，由于高储蓄率，许多民间储蓄资金储存于各乡镇市之邮汇储金账户，累积了上兆元新台币的邮政储金。为运用这些资金，台湾于1990年代初期建立“中长期资金运用计划”。主要目的在于将这些资金运用于基础建设及重要科技事业投资。此计划所成立之小组及工作小组亦培育了不少征信人才。

最近两年多以来中国大陆为了促进民营中小企业之发展，积极建立民营企业担保体系。部分省、自治区、直辖市已开展中小企业信用担保试点，许多城市已建立了信用担保机构，其中部分省、直辖市尚办理再担保业务。

基本上，中国大陆之民营企业信用担保体系包括：

(1) 以政府为主体之政策性信用担保体系。其中由各级政府财政出资，设立具有法人资格之独立的担保机构。

(2) 商业性担保体系。以法人、自然人为主出资，按《公司法》要求组建具有独立法人资格的、实行商业化运作并且以营利为目的之担保公司。这些担保公司按照市场原则为中小企业提供融资担保服务。而政策性担保机构可以按一定比例对商业性担保公司进行再担保。

(3) 互助型担保基金。基金按照互助、互信、互担风险的原则，向会员提供信用保证，协助会员向银行取得融资。

民营之商业性及互助型担保机构，一方面与协作银行要建立良好的合作关系，共同做好对民营企业贷款后之资金运用监督管理工作；另一方面于企业贷款前从事征信调查，选择协作银行，与协作银行明确保证责任形式、担保资金的放大倍数、担保范围、责任分担比例等内容后，担保机构将担保资金存入协作银行。至于企业向协作银行申请贷款时，仍由银行自主决定是否发放担保贷款。贷款之损失按责任分摊比例分担。基本上，此种信用担保业务可视为一种“民营企业贷款保证保险”之业务，其中担保公司系从事信用保险业务，为中小企业提供贷款保险服务，可以转移银行部分风险，而以收取保险手续费为营利目的。但信用担保机构应如何管理信用风险，实与一般银行之信用风险管理相同。因此，台湾于过去几十年之银行发展经验，实可为借镜。

六、两岸信用担保之合作

台商企业在大陆的经营所面临的问题之一在于融资困难。一方面由台湾之金融机构取得融资不易，另一方面由大陆之银行取得融资更困难。最近大陆之国家发展银行将以人民币300亿元融资给台商企业，然其优先贷款对象为开发性质的投资项目。对于满足台商所需之短期性的营运资金之需求仍嫌不足。如何解决台商中小企业的融资困境仍有待进一步的方案来解决。

以台湾过去50年来的经济发展经验，中小企业扮演经济发展前锋角色，其初期融资管道不甚畅通，后来随着民间的储蓄累积，倚赖出口所累积的外汇存底，所创造出来的资金再加上民间强大的储蓄力量，来提供强大的资金供给。这些银行的资金透过各类型的金融机构转贷给中小企业，其中包括中小企业银行、票券金融公司及其他的信用担保与信用评估机构。信用担保机构包括中小企业信用保证基金，而信用评估机构包括中长期资金运用小组。藉由这些中小企业信用中介机构，中小企业得以向中小企业银行取得资金，而且可以由一般的商业银行取得融资。许多新创的事业更可以由工业银行取得资金。因此，过去50年来台湾之经济及金融发展累积了宝贵的经验，造就许多中小企业融资的人才。

近年来，中国大陆所建立的中小企业信用担保体系，以非营利为目的之中小企业信用担保机构为主，属于政府进阶之非金融机构；以营利为目的之商业性担保机构及中小企业互助担保机构则为辅助性的中小企业信用担保之机构。后两类之担保机构以民营为主。

观察大陆信用担保体系，对于台资企业之融资的帮助有限。主要原因在该中小企业信用担保体系系以服务大陆中小企业为主要业务，而非台资及外资之企业。因此若能开放台资成立中小企业信用保证机构及商业性的担保机构，必能有益于台商在大陆的资金融资。以台湾过去50年来所训练之中小企业信用评估及信用贷款之人才，当有助于台资企业之融资中介机构的发展。

参考文献

《中华人民共和国担保法》，1995年7月4日。

《中小企业融资担保机构风险管理暂行办法》，2001年3月26日。

《中华人民共和国财政部关于加强地方财政部门对中小企业信用担保机构财务管理和政策支持若干问题的通知》，2003年7月17日。

《福建省人民政府办公厅转发省体改委及省工商联关于组建非公有制契约贷款担保基金的指导意见的通知》。

《福建省人民政府办公厅关于印发“福建省外汇贷款抵押和担保管理暂行规定”的通知》。

《甘肃省中小企业信用担保机构资质认证及管理办法》。

《云南省融资担保管理暂行办法》。

《北京市中小企业担保资金管理办法》。

《西安高新技术产业开发区主要优惠政策汇编：“中小企业信用担保机构贷款担保补贴暂行办法”（2003年5月16日）》，2005年4月。

《中国银行台商投资企业专项贷款暂行管理办法》。

《关于建立中小企业信用担保体系四点的指导意见》，1999年

6月22日。

《国务院关于2005年深化经济体制改革的意见》，2005年4月18日《人民日报》。

王洛林、魏后凯："我国西部大开发的进展及效果评价"，《财贸经济》，2003年第10期。

王晨波："中国地下金融已近万亿，东北成为新灾区"，中国新闻网，2005年，http：//www. chinanews. com. cn/。

朱磊："2004年台湾金融形势、金融改革与两岸金融往来"，中国网，2004年，http：//big5. china. com. cn/chinese/zhuanti/jjzw/740911. htm。

李扬、王国刚、杨涛、胡滨："从政策性金融到开发性金融：以国家开发银行为例"，《中国金融发展报告NO. 2（2005）》，298－308页。

林钟雄："防制地下金融活动问题之研究"，"行政院研考会"，1991。

林宝安："金融自由化与新银行开放的政策分析"，2001年，http：//mail. nhu. edu. tw/～society/e－j/14/14－1. htm#_ftn1。

周子衡："中国经济发展的地缘战略与东亚经济一体化"，《中国金融发展报告NO. 1（2004）》，487－498页。

高新才、滕堂传及郭爱君："西部大开发战略与政策调整研究"，《2004－2005年：中国区域经济发展报告》，366－379页。

许嘉栋："台湾的金融制度与经济发展"，《中央研究院经济研究所研讨论文》，1996。

许振明："台湾的两岸经贸政策及两岸经济政策合作之分析"，《国家政策研究基金会财金（研）093－006号》，2004年。

《中长期资金运用之策划及推动相关规范汇编》，2004年4月。

Hsu, Chen – Min, and W. C. Liu (2002), "The Role of Open – Door Policy in China' s Economic Development and Integration Process.", Paper presented at the Academic Conference of The Political and Economic Reforms under the Transition of International Society, Mainland Affairs Council, and the College of Society, National Taiwan University.

学经历简介:

主要学历:

毕/肄业学校　科系所或主修学门　学位　起迄年月

台湾大学　经济学系　学士　1972/9 – 1976/6

台湾大学　经济学研究所　硕士　1978/9 – 1980/6

美国 Johns Hopkins　大学经济学研究所　硕士　1980/9 – 1982/6

美国 Johns Hopkins　大学经济学研究所　博士　1982/6 – 1984/8

荣誉及奖学金:

中山学术著作奖，1990

美国芝加哥大学管理学院研究补助金，1991，1 – 1991，9

"国科会""优等研究奖"1987 – 1988，1990 – 1991，1991 – 1992，1994 – 1995

Fulbright Regular Research Grant，1988 – 1989

"国科会"26 届"科学与技术人员出国研究进修"奖助，1988 – 1989

美国约翰霍浦金斯大学奖学金，1980 – 1984

著作:

货币银行学、总体经济分析及失业、通货紧缩及财经

政策10余本

研究领域：

货币银行、国际金融、总体经济理论、财务经济学

经历：

现任：台湾大学经济学系教授

政治大学国贸学系及金融学系兼任教授

“中国国际商业银行”董事

“中央存款保险公司”咨询委员

“经建会”中长期资金工作小组委员

“经济部”产业发展咨询委员会审议委员

“行政院”公共工程委员会之民间参与公共建设甄审委员

“行政院”金融重建基金鉴价工作小组委员

“BOT暨政府采购”评价委员

中华金融业务发展研究协会理事

中华金融学会常务理事

中华贸易研究协会常务理事

亚洲影子金融监督委员会委员

国政研究基金会政策委员

台湾综合研究院金融证券投资咨询委员会委员

台北市经济发展委员会财政金融组委员

台北市政府顾问

曾任：暨南国际大学经济学研究所创所所长及系主任

芝加哥大学傅尔布莱特交换学者

有价证券上市审议委员

协助企业经营资金项目小组委员

金融革新小组委员

金融改革委员会银行工作小组委员

“行政院国家金融安定基金委员会”委员

经济发展咨询委员会咨询委员暨筹备委员

“行政院大陆委员会”咨询委员

促进两岸金融合作
共创互惠经济环境

张春雄

摘要：

2001年台湾举行经济发展会议，在两岸金融往来方面得到共识，已达成某些成果，包括开放直接通汇、开放国际金融业务分行对大陆台商承做部分金融业务，开放银行赴大陆设代表处、开放保险业及证券业赴大陆设分支机构以及开放金马试办人民币兑换等，其中成果比较显著的部分，是国际金融业务分行（OBU）的两岸业务有了大幅成长。目前OBU的两岸业务包括：汇款、开发信用状、信用状通知、出口押汇、出口托收、出口应收账款收买、进口结汇及进口托收等项目。2005年OBU所经办的两岸金融业务量将近千亿美元，汇款部分约占400亿美元，其中汇出部分约175亿美元，汇入部分约225亿美元。台资银行办理之部分约占48%，已明显改变了2000年以前由外资银行垄断两岸金融业务的情况。

两岸金融合作迟滞不前，两岸应该理性检讨，寻求适当途径突破困局，以共创两岸互惠环境。目前在两岸金融合作方面亟待解决的事项包括：(1) 人民币与新台币兑换与货币清算机制；(2) 两岸金融监理合作；(3) 两岸金融机构互设分支机构；(4) 大陆台商融资辅导等。两岸货币兑换部分，台湾于2004年开放金门、马祖试办人民币现钞买卖，大陆人民银行也批准由福建省试办人民币和新台币兑换业务。有关两岸金融监理协议已协商多时，可惜至今尚无结果，造成两岸金融合作无法顺利推展。台资银行、证券和保险业在大陆已设有数十家代表处，可是没有一家正式营业。大陆应在开放外资银行办理存放款业务之前，准许台资银行升格正式营业。两岸金融合作必须双向进行，台湾也应该允许大陆的银行来台营业。大陆台商大多数是中小企业，面临融资的困难，2005 年大陆国家发展银行宣布将在未来五年提拨人民币 300 亿元供台商从事基础建设或高新技术企业贷款，这项项目贷款对台商企业具有相当激励作用，希望大陆方面应建立一套台商中小企业辅导体系，并进一步保障台商的投资安全。

一、前言

大陆和台湾于 2001 年先后加入 WTO，势必遵照 WTO 的规定，对外开放金融市场，大陆方面与 WTO 的协议，于 2003 年开放外资银行办理人民币业务，可以办理国内企业的贷款，今年（2006 年）底以前将开放外资银行办理个人存款及贷款业务，目前在大陆已有来自 20 个国家或地区 71 家银行设立 238 个营业单位，分布在 23 个城市；可是，台资银行只有 7 家银行设立代表处，无法从事业务活动，面对外资银行积极布局，抢占大陆市场的局面，台资银行只能束手旁观，两岸金融合作状况如此消极，不仅是对台资银行的业务发展是一大障碍，对大陆台资企业的金融支持更是力不从心。两岸金融合作迟滞不前，对两岸经济利益造成不利影响，两岸理应在既有的基础上，寻求有利的突破途径，以共创互惠的经济环境。

目前两岸金融合作的最大障碍可能在于信心问题，在台湾有一部分人担心台资银行在大陆设立分行，会造成资金大量流向大陆，影响台湾的经济发展，另一方面又担心一旦开放大陆银行来台设分行，万一大陆货币金融情势有大幅变动，会冲击台湾的金融稳定。这些论点，其实都局限在封闭经济的思维，台湾资金外流与产业外移的主要原因，是台湾的投资环境失去了竞争力，企业经营者时时在寻求有利的投资环境和投资机会，到目前为止，台资银行没有在大陆设分行，依然有数千亿新台币资金流到大陆投资，如果大陆投资环境持续发展，不管台资银行去不去大陆设分行，资金流动的管道很多，台湾资金仍然会继续流向大陆投资，要留住台湾资金，根本之道是改善台湾的经济环境，创造有利的投资机会。另一方面，担心大陆银行来台设分行，可能影响台湾金融稳定的问题，似乎多虑了，所有外资银行在台湾分行的业务活动，金融监理机关负责监督，有任何异常状况，主管机关自有处理与因应之道，过度的忧虑，造成自我设限，反而阻碍了台湾银行业的发展空间，也限制了台湾的产业发展。

二、两岸金融合作的成果

2001 年台湾方面举行经济发展会议，在两岸金融往来方面得到四点共同意见：(1) 建立两岸资金流动的灵活机制；(2) 依循国际惯例，开放金融服务业赴大陆投资进行业务、设立分行或子公司；(3) 循序开放大陆资金来台投资；(4) 评估建立境外资本市场。五年来经过多方面的努力推动，已达成某些成果，包括开放直接通汇、开放国际金融业务分行对大陆台商承作部分金融业务，开放银行赴大陆设代表处、开放保险业及证券业赴大陆设分支机构等，其中成果比较显著的部分是国际金融业务分行（OBU）的两岸业务有了大幅成长。目前 OBU 的两岸业务包括：汇款、开发信用状、信用状通知、出口押汇、出口托收、出口应收账款收买、进口结汇及进口托收等项目。目前台湾有 70 家银行设有

OBU，其中台资银行 41 家，外资银行 29 家，2005 年 OBU 所经办的两岸金融业务量将近千亿美元，根据“中央银行”外汇局统计数据显示，汇款部分约占 400 亿美元，其中汇出部分约 175 亿美元，汇入部分约 225 亿美元，自 2004 年以来，自大陆汇入台湾金额已超过自台湾汇往大陆金额。在银行方面，台资银行办理之部分约占 48%，外资银行部分占 52%，已明显改变了 2000 年以前由外资银行垄断两岸金融业务的情况。

在保险业方面，目前有 10 家台湾的人寿保险公司在大陆设立 13 处办事处，另有一家保险经纪人公司；在证券业方面，则有 17 家台湾证券公司在大陆设立 26 个办事处，这些办事处只能进行信息蒐集和信息服务性活动，不能开展实质业务，面对蓬勃成长的大陆保险与证券市场，台湾的保险业和证券业仍然无法在大陆开展业务。因此有几家台湾证券公司乃透过香港分公司或子公司，间接进入大陆进行相关业务，不过，实质限制仍多。

根据台湾方面的统计资料，自 1991 年至 2005 年，台商对大陆的投资件数累计约 35000 件，累计投资金额约 473 亿美元，厂商家数在两万家以上，其中股票上市或上柜的公司有 803 家。而在两岸贸易方面，根据“大陆委员会”的估算，2005 年台湾对大陆出口总额约 517 亿美元，进口总额约 199 亿美元，产生 318 亿美元的顺差，而根据大陆海关的统计，台湾对大陆的贸易顺差则高达 580 亿美元。从投资、贸易与汇款的统计数字，足见两岸经贸关系密切的程度，两岸之间资金的流通量每年高达 1000 多亿美元，对金融服务的需求十分迫切。

三、两岸金融往来亟待突破

在经济全球化的推展下，国际产业分工结构产生了重大变化，台湾在制造业及加工业方面的竞争力逐渐降低，加上近年经济区域整合形态的形成，对国际贸易关系造成冲击，台湾产业的外移是不可阻挡的趋势，市场是21世纪国家经济发展的最大关键，台湾的金融业在岛内发展碰到瓶颈，要往美国或欧洲发展困难度很高，甚至往东南亚发展都存在很多客观的障碍，而往大陆市场，基于同文化传统及使用相同语言，在业务推展有客观的优势。目前遇到的困难都是主观的自我设限，两岸金融合作迟滞不前，两岸应该理性检讨，寻求适当途径突破困局，以共创两岸互惠环境。目前在两岸金融合作方面亟待解决的事项包括：（1）人民币与新台币兑换与货币清算机制；（2）两岸金融监理合作；（3）两岸金融机构互设分支机构；（4）大陆台商融资辅导等。

（1）建立两岸货币兑换与清算机制

台湾方面于2004年10月3日开放金门、马祖金融机构试办人民币现钞买卖业务，实际上是由台湾银行与台湾土地银行的金门、马祖分行办理此项业务，每人每天兑换上限为人民币1万元，开放以来，兑换金额每天平均在100万元人民币以上，配合金、马“小三通”之推行，成果良好。不过因为两岸银行并未建立人民币与新台币直接买卖与结算机制，此两家银行有关人民币现钞的抛补与结算，却是透过美国银行或上海汇丰银行进行，两岸业务必须经过第三者，不但增加成本，也影响效率。台湾当局宣称在金马地区试办之后，再推展到岛内桃园中正机场和高雄小港机场，进一步在台北、台中及高雄三大都市扩大办理，唯到目前为止仍未落实施行。在另一方面，2004年11月中，大陆方面人民银行也批准由福建省试办人民币和新台币兑换业务，初步规定大陆旅行社与台湾旅行社因业务往来所需资金，可以自由兑换货币并办理人民币清算，台湾的旅行社可以在福建境内金融机构开立人民币存款账户，用于团费结算，业务收入的人民币亦可携出境外，或换成新台币携出。

福建试办顺利，将会扩大到其他地区。不过，前述试办项目目前都局限在小范围，而台湾到大陆旅客 2005 年已超过 400 万人次，大陆访台人数也有 18 万人次，不久将来可能大幅放宽大陆旅客到台湾观光，为了数百万人的商旅需要，两岸决策层理应尽速协商建立货币清算机制，以利全面开放人民币和新台币自由兑换。

（2）建立两岸金融监理机制

任何一个国家准许本国金融机构到国外设分支机构，必须顾虑到监督与管理的可行性，以确保金融的稳定。国际清算银行对跨国金融机构的监理有所规范，台湾和大陆开放外国银行设立分支机构，已有数十年的历史，国内银行在国外都设有很多分支机构，因此双方在跨国金融监理都具有长期经验，有关两岸金融监理协议已协商多时，可惜至今尚无结果，造成两岸金融合作无法顺利推展，两岸当局应该捐弃成见，以理性务实的态度，积极进行协商，及早完成签订两岸金融监理协议。

（3）尽速开放两岸金融机构互设营业分支机构

虽然台资银行、证券和保险业在大陆已设有数十家代表处，可是没有一家正式营业，如果在大陆开放外资银行办理人民币存放款业务之前，台资银行未能抢得先机，让在大陆分支机构升格开办业务，一旦失去先机，让外资银行在大陆市场先入为主，则对台湾银行未来的发展将是一大挫折。当然两岸金融合作必须双向进行，台湾也应该允许大陆的银行来台营业，只要双方金融监理单位适度合作，台湾监理外商银行有五十年的经验，大陆开放外资银行也有十多年的历练，两岸金融往来对两岸的经济发展都会产生有利的影响，不至于影响到金融市场的稳定。

（4）建立台商中小企业融资辅导体系

大陆台商总数在两万家以上，其中股票上市或上柜公司只有803家，可见大陆台商绝大多数是中小型企业，由于台湾的银行未在大陆营业，而大陆的银行又不提供融资台商。虽然台湾开放银行的国际金融业务分行可以对台商办理投信，可是限制很多，主要是办理进出口融资，大多数的大陆台商中小企业面临融资的困难。2005年9月大陆方面国台办和国家开发银行签署第一项协议，由国家开发银行在未来五年内提拨人民币300亿元供台商做开发性贷款。这项贷款将优先提供给从事基础建设或高新技术产业的台资企业申请使用，这对解决台商融资问题是个好的开始。根据该项贷款办法，大小型的台资或合资企业都有资格申请，贷款的项目包括农业、能源、环保、交通、材料及资源开发等，期限从半年到五年都可以，这项项目贷款对台商企业具有相当激励作用，希望大陆方面视执行情形，逐渐扩大对台商企业的融资辅导，特别是对中小型企业，应给予更大的重视，依台湾经验，中小企业是开发中经济的主力，也是培养创业人才的摇篮，台商中小企业可以提供很好的经验示范，大陆方面应建立一套台商中小企业辅导体系，并进一步保障台商的投资安全。

四、结语

由于两岸金融往来陷入僵局，给香港的银行创造了良好的机会，不仅是香港本地银行积极争取大陆台商金融业务，连台湾的银行在无法直接进入大陆市场的情况下，有多家台湾的银行乃在香港建立据点，以分行或子公司方式，间接地推展大陆业务，造就香港成为大陆台商的融资中心。为了两岸共同的经济利益，两岸应该理性务实面对情势，积极促成协商以签订两岸金融监理协议，以及两岸货币兑换与清算协议，并采取WTO精神以互惠方式准许双方银行、证券及保险等金融业尽速互设分支机构实质进行两岸金融业务合作与发展。对台湾方面，把大陆台商融资主导权拉回台北，促成台北发展成为大华人经济圈的一个筹资中心。

学经历简介：

现职：实践大学企业管理研究所讲座教授

专长：

1. 金融理论与实务：在政治大学及义守大学任教财务金融相关课程近三十年，并曾任第一银行监察人、高雄银行常务董事、泛亚银行董事长、台湾证券交易所董事、保险事业发展基金会管理委员，对银行、证券及保险兼具理论及实务经验。
2. 教育行政：在大学任教三十年，曾任系主任、研究所所长、院长、训导长、副校长等职务，教学及教育行政经验丰富。

学历及考试：

1990 年　美国马利兰大学企业管理博士（PhD）

1980 年　美国南加州大学财务金融硕士（MSBA）

1971 年　美国夏威夷大学经济研究所研究员（研究中国大陆经济制度及经济发展）

1970 年　美国奥本大学企业管理硕士（MBA）

1965 年　政治大学商学士（银行系毕业）

1961 年　建国中学高中部毕业

1958 年　建国中学初中部毕业

1955 年　南投县炎峰小学毕业

考试院 1969 年社会工作人员特考乙等考试及格

教育经历：

2004. 8月迄今　实践大学企业管理研究所讲座教授

1998. 11－2004. 7　义守大学专任教授兼任副校长及管理学院院长

1991年－1996年　政治大学银行学系（现改为金融学系）专任教授

1993年－1996年　担任银行学系主任

1992年－1993年　担任保险学系主任及保险研究所所长

1988年－1990年　担任训导长（现改为学务长）

1975年－1981年　政治大学银行学系专任副教授

1971年－1975年　政治大学银行学系专任讲师

其他专业经历：

2004. 7月迄今　台湾糖业股份有限公司监察人

2002. 7－2004. 6　台湾糖业股份有限公司董事（经济部代表）

2002年　"教育部技术学院"评鉴委员会财经组委员

1995年－2003年　公务人员退抚基金监理委员会顾问

1999年－2002年　高雄银行常务董事（高雄市政府代表）

1996年－1998年　泛亚银行董事长（专任）

1992年－1995年　第一商业银行监察人（省政府代表）

1992年－1996年　"财政部"保险事业发展基金管理委员会委员

1989年－1992年　台湾证券交易所董事（公益代表）

1993年　"教育部"技术学院评鉴委员会训辅组召集人

1991年、1994年　"教育部"专科学校评鉴委员会银行保险科召集人

1996 年　“考试院”典试委员（台湾公务人员高等考试暨普通考试）

1991 年　“考试院”典试委员（台湾公务人员升级考试）

1991 年　“考试院”典试委员（退除役军人转任公务人员暨安检行政人员特种考试）

1990 年　“考试院”典试委员（专门职业暨技术人员高等考试）

1990 年　“考试院”典试委员（台湾公务人员高等考试暨普通考试）

1989 年　“考试院”典试委员（退除役军人转任公务人员特种考试）

其他优良事迹：

2000 年　2000 年世界年鉴台湾名人录

1995 年　“行政院”二等服务奖章

1991 年　美国 Beta Gamma Sigma 荣誉学会会员

1990 年　政大商学院杰出研究奖

1990 年　“中国训育学会”优秀训辅人员奖

1989 年　率领幼狮管乐团访问美国参加美国建国 200 周年庆祝活动

1984 年　“行政院”社会科学人员进修奖学金

1980 年　“中华民国”企业名人录

1978 年　担任美国南加州中国同学会会长

1977 年　美国亚洲协会企管教师进修奖学金

1975 年　新庄国际青年商会创会会长

1974 年　第一届青年访问团副领队（访问美国 17 州 34 所大学）

著作：

1. 专书：

(1) 张春雄著：欧洲美元市场与国际金融，环球经济社，台北（1980）。

(2) 张春雄著：财务管理，三民书局，台北（1975初版，1981二版，1991三版）。

(3) 张春雄、刘金华、杨宗明著：货币银行学，吉田出版社，台中（2002）。

(4) 张春雄、林胜安、郑厅宜、杨成福著：财政学，吉田出版社，台中（2002）。

(5) 张春雄、张丽娟著：财务管理与实务分析，吉田出版社，台中（2003）。

(6) 张春雄、林显达、黄新宗、刘美芳著：风险管理，吉田出版社，台中（2003）。

2. 研究论文：

中文部分：

(1) 张春雄，"美国货币市场之分析兼论我国货币市场之建立"，政治大学学报31期，第15－51页（1975年5月）。

(2) 张春雄，陈隆麒，夏侯欣荣，"台湾地区新上市股票异常报酬率之研究"，中山大学第一届证券金融市场理论与实务研讨会论文集，第241－257页（1992年12月）。

(3) 张春雄，李桐豪，"台湾采行大陆出口台湾押汇措施之调查研究"，"行政院大陆委员会"研究报告（1993年5月）。

(4) 张春雄，康荣宝，"我国设立专业财务金融公司可行性之研究”，政治大学银行系研究报告（1994 年 12 月）。

(5) 张春雄，康荣宝，“非银行外围金融业务产业结构分析”，“行政院国科会”研究报告（1995 年 9 月）。

(6) 张春雄，“基层金融机构改制问题之探讨”，存款保险信息季刊 9 卷 3 期，第 27－38 页（1996 年 3 月）。

(7) 张春雄，张文添，“银行购并信用合作社相关实务问题”，存款保险信息资讯季刊第 11 卷第 3 期，第 24－36 页（1998 年 3 月）。

(8) 张春雄（总计划主持人），“医疗产业供需行为分析与医疗机构竞争力之研究”，“行政院国家科学委员会”专题研究计划成果报告（一），编号：NSC 89－2745－P－214－005，2002 年 2 月。

(9) 曾惠明，张春雄，黄锡深，“公司行号欠缴全民健保费原因之探索性研究”，义守大学学报，九期，第 65－87 页（2002 年）。

(10) 张春雄（总计划主持人），“医疗产业供需行为分析与医疗机构竞争力之研究”，“行政院国家科学委员会”专题研究计划成果报告（二），编号：NSC 90－2745－P－214－005，2002 年 12 月。

(11) 张春雄，曾惠明，黄锡深，“全民健保局欠缴保费催收作业反应调查分析：以民营公司行号为例”，管理评论，22 卷 3 期（2003 年 7 月）。

(12) 张春雄（总计划主持人），“医疗产业供需行为分析与医疗机构竞争力之研究”，“行政院国家科学委员会”专题研究计划成果报告（三），编号：NSC 91－2745－P－214－005，2004 年 2 月。

英文部分：

（1）Chang，Chun Shyong（张春雄），“Using Financial Data to Measure Effects of Government Regulation”，辅仁学志商学院之部 13 期，第 261－334 页（1981 年 1 月）。

（2）Chang，Chun Shyong（张春雄），“A Study on Global Inflation”，政治大学学报 43 期，第 17－44 页（1981 年 5 月）。

（3）Chang，Chun Shyong（张春雄），“ The Economic Impacts of American Investment in Taiwan”，Proceeding of the Symposium on ROC－US Relation under the Taiwan Relations Act，第 97－112 页（1988 年 4 月）。

（4）Chang，Chun Shyong（张春雄），“The Association Between Stock Trading Volume and the Belief Changes among Investors”，政治大学学报 57 期，第 25－61 页（1988 年 5 月）。

（5）Chang，Chun Shyong（张春雄），“The Information Contents of Taiwanese Financial Statements：The Case for Loan Defaults”，1989 年“国科会”专题研究报告，第 1－250 页。

（6）Chang，Chun Shyong（张春雄），“An Empirical Test on the Use of Financial Statements：For Loan Defaults Risk Analysis”，政治大学学报 61 期，第 1－64 页（1990 年 5 月）。

（7）Chang，Chun Shyong（张春雄），“A Cross Sectional Analysis of Financial Statements：The Case of Taiwan and the United States”，中山大学第四届比较管理国际研讨会论文（1991 年 6 月）。

（8）Chang，Chun－Shyong（张春雄），Lee，Yun－San（李

庸三），Chen，Long－Chie（陈隆麒）and Kuo，Min－Hua（郭敏华），“How Much does the Informational Asymmetry Cost?”，中山大学第七届证券金融市场理论与实务研讨会，第1－14页（1998年12月）。